불국기

역주자 김규현

서울에서 태어나 성균관대학교(화공과 자퇴)와 해인불교전문강원을 거쳐 베이징의 중앙미술대학, 티베트 라싸의 티베트대학에서 수인목판화와 탕카를 연구하고, 1993년부터 '쌍어문 화두'를 들고 양자강, 황하강, 갠지스강, 인더스강과 티베트고원을 종주하면서 그 여행기를 신문 잡지에 연재하였다.
1997년 강원도 홍천강 '수리재(水里齋)'에 한국티베트문화연구소를 설립하여 우리 문화와 티베트 문화의 연결고리에 관련된 저술에 몰두하여 『티베트의 신비와 명상』(2000), 『티베트 역사산책』, 『티베트의 문화산책』, 『혜초 따라 5만리』(상·하), 『바람의 땅, 티베트』(상·하) 저술하고 한편 국내외에서 개인전 [공간미술관(1989년), 경인미술관, 티베트 라싸예총 초대전] 등을 열었고, 화집으로 〈월인천강별곡(月印千江別曲)시리즈〉, 〈싣다르타의 꿈〉 등에서 다수의 작품을 발표하였다.
또한 근래에는 KBS다큐 〈차마고도〉(6부작), KBS역사기행 〈당번고도〉(2부작), KBS역사스페셜 〈혜초〉(2부작), KBS다큐 〈티베트고원을 가다〉(6부작), MBC다큐 〈샤먼로드〉 같은 다큐를 기획하는 등 리포터 및 고문역을 맡아왔다.

실크로드 고전여행기 3

불국기

© 김규현, 2013

1판 1쇄 인쇄: 2013년 02월 15일
1판 1쇄 발행: 2013년 02월 25일

역주자: 김규현
펴낸이: 홍정표
펴낸곳: 글로벌콘텐츠
　　　　등　록＿제25100-2008-24호

공급처: (주)글로벌콘텐츠출판그룹
　　　　이　사＿양정섭
　　　　디자인＿김미미
　　　　편　집＿노경민 배소정
　　　　기획·마케팅＿배정일
　　　　경영지원＿안선영
　　　　주　소＿서울특별시 강동구 길동 349-6 정일빌딩 401호
　　　　전　화＿02-488-3280
　　　　팩　스＿02-488-3281
　　　　홈페이지＿http://www.gcbook.co.kr
　　　　이메일＿edit@gcbook.co.kr

값 19,000원
ISBN 978-89-93908-62-6 93220

路) (9-1) 사리쿨 고개길(Sari-kul Pwy) (9-2) 와칸주랑 북쪽길(Wakhan Corridor north way) (9-3) 와칸주랑 남쪽길(Wakhan Corridor south way) (9-4) 다르코트 고개길(Darkot Pwy/ 高仙芝路) (9-5) 쿤제랍 고개길(Khunjerab Pwy) (9-6) 카라코람 고개길(Karakoram Pwy) / 10. 서남아로(西南亞路/ 中東路) (10-1) 우즈벡의 사마르칸드→부하라(Bukhara)→히바(Kiva)→투르크메니스탄의 메르브(Merv)→파르티아(Parthia)→이란→이라크 메소포타미아 지방→지중해 연안→로마 (10-2) 파키스탄의 폐샤와르(Peshawar)→카이버(Kiber)고개→아프칸 카불→이란→이라크-로마 / 11. 해양로(海洋路)

실크로드 고전여행기 3

불국기

다정 김규현 역주

글로벌콘텐츠

법현 도행로 총도

#(1-3)옌치[烏夷國]
高昌
#(1-2)
사 沙
둔황[敦惶]
쿠챠[庫車]
#(1-5)차레크
(구슴國)
차레크
선선국(鄯善國)
하 河
장액진
#(2-1)타쉬쿠르간
#(1-4)호탄[于闐國]
노푸노르호수
#(2-2)총령
어미국
길깃트
#(3-5)핫다
#(3-1)우디아나
#(3-6)나가라하라
타이국
#(3-3)탁시라
#(3-7)소설산:
흑령(힌두쿠시산맥)
#(4-6)카필라바스투
#(4-5)스라바스티
인더스강
#(4-1)마튜라
#(4-8)쿠시나가라
#(4-3)칸나우지
파트나
#(4-9)바이샬리국
#(4-17)참파
#(4-11)
라지기르
#(4-12)보드가야
계족산
#(4-18)탐라립티(탐룩)
벵갈만
아라비아해
#(5-1)스리랑카
#(6-1)인도양
#(5-2)불치정사
말레
수마트라섬

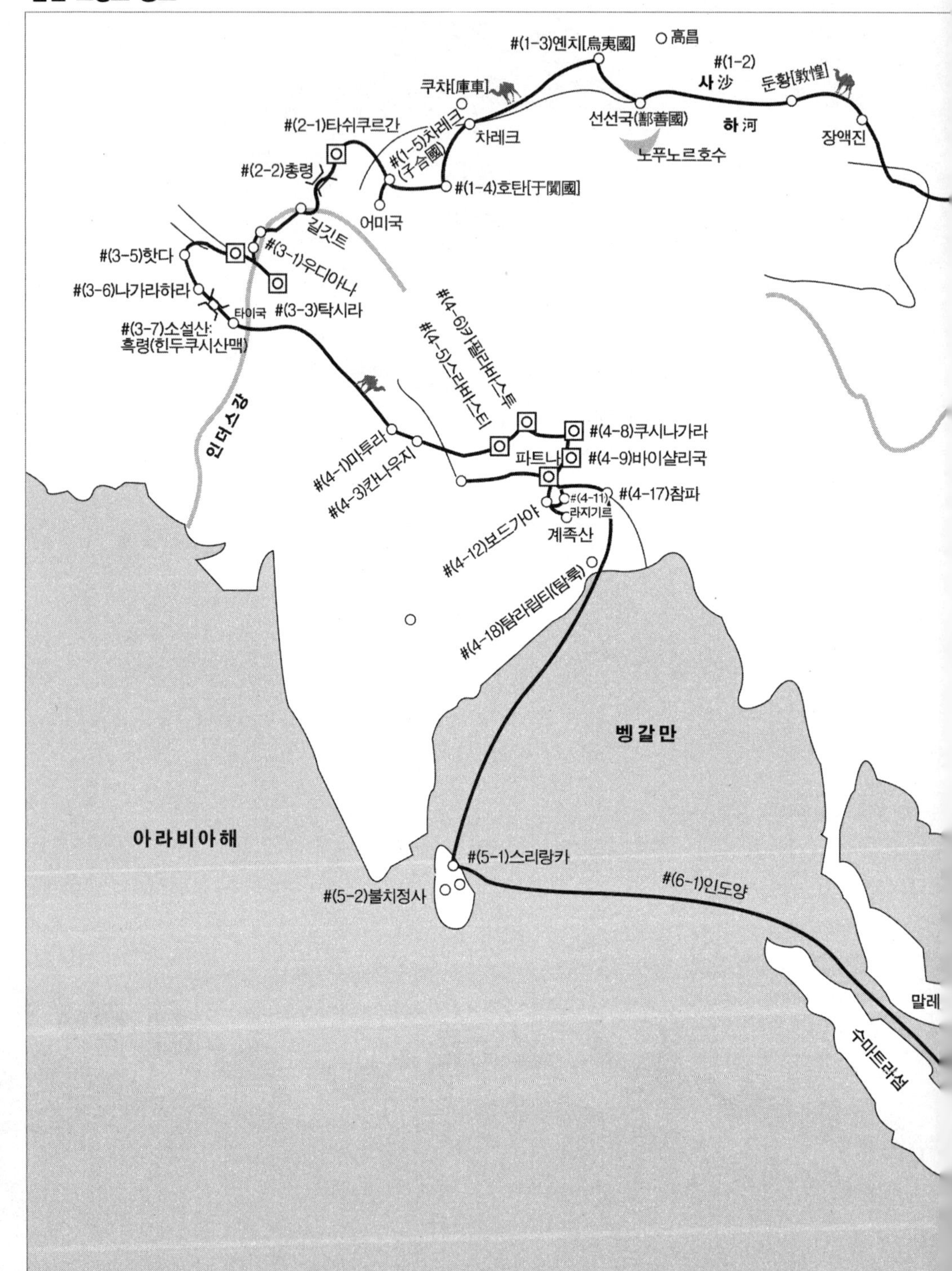

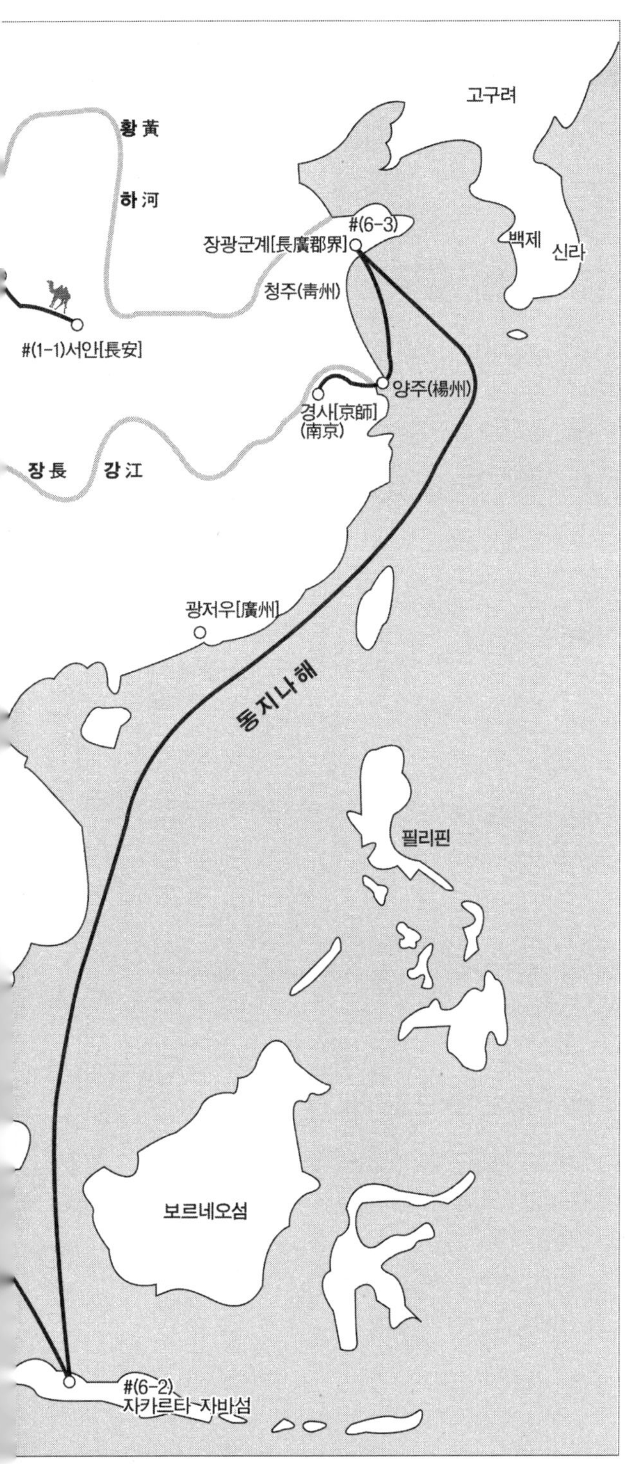

··· 정식명칭 ···

1-1. 장안성(長安城)에서 둔황[敦惶]까지
1-2. 타클라마칸(塔克拉瑪干/ Taklamakan)
1-3. 옌치(焉耆/ Arki/ 阿耆尼國/ 烏夷國)
1-4. 호탄(和闐/ Hotian/ 于闐國)
1-5. 차레크(恰熱克/ Qiareke/ 子合國)
2-1. 타쉬쿠르간(Tashkurghan/ 竭叉國)
2-2. 총령(蔥嶺/ Pamir)
3-1. 우디야나(Uddiyana/ 鬱地引那/ 오장국/ 烏長國)
3-3. 탁시라(Taxila/ 축찰시라/ 竺刹尸羅)
3-5. 핫다성(Hadda/ 헤라성/ 醯羅城)
3-6. 나가라하라(Nagarahara/ 那揭羅曷國)
3-7. 소설산: 흑령(힌두쿠시산맥)
4-1. 마투라(Mathura/ 마두라국/ 摩頭羅國)
4-3. 칸나우지(Kanauji/ 계요이성/ 罽饒夷城)
4-5. 스라바스티(Sravasti/ 사위성/ 舍衛城)
4-6. 카필라바스투(Kapilavāstu/ 迦維羅衛城)
4-8. 쿠시나가라(Kusinagara/ 拘夷那竭城)
4-9. 바이샬리국(Vaishali/ 비사이국/ 毘舍離國)
4-11. 라지기르(Rajigir/ 왕사신성/ 王舍新城)
4-12. 보드가야(Buddh Gayā/ 가야성/ 伽耶城)
4-17. 참파(Campā/ 참파대국/ 瞻波大國)
4-18. 탐라립티(Tamrā-lipti/ 多摩梨帝國)
5-1. 스리랑카(Sri Lankā/ 사자국/ 師子國)
5-2. 불치정사(佛齒)와 무외정사(無畏)
6-1. 인도양
6-2. 자카르타 자바섬
6-3. 산동(山東)반도

〈실크로드 고전여행기〉 총서의 각 원문은『고려대장경』(K)과『대정신수대장경』(T)에 수록된 목록은 다음과 같다.

『구법고승전(求法高僧傳)』 K.1072 (32-732) T.2066 (51-1)

『기귀전(寄歸傳)』 K.1082 (33-672) T.2125 (54-204)

『고승법현전(高僧法顯傳)』 K.1073 (32-749) T.2085 (51-857)

『대당서역기(大唐西域記)』 K.1065 (32-369) T.2087 (51-867)

『일체경음의(一切經音義)』 K.1063 (32-1) T 없음

다시 나그네 꿈을 꾸면서…

1. 프롤로그

미지의 세계로 향해 뻗어 있는 길을 걸어가야만 직성이 풀리는, 이른바 역마살(驛馬煞)의 운명을 타고 태어난 사람들이 어찌 한두 명이었겠냐마는, 그들 중의 일부는 그 무지개 꿈을 좇아서 길을 떠났을 것이다. 물론 그들의 DNA 속에는 먼 옛날 호랑이가 담배 피기 이전, 곰이 담배 피던 시절, 아득히 먼 '세상의 지붕'이라는 파미르고원에서부터 샛별을 따라 동쪽으로 동쪽으로 이주해 온 한 노마드(Nomad)민족의 혈통이 잠재해 있었을 것이다.

당시의 여행은 달러($)만 있으면 아무 나라나 갈 수 있는 지금과 는 사뭇 차원이 다른 원초적인 상태였을 것이다. 그냥 가는 곳마다 즉석에서 물물교환의 방식이나 또는 엽전이나 물품을 보시(布施) 받아서 필요한 것을 구하면서 다니는 여행이었다. 말하자면 "집 떠나면 개고생"이란 말이 딱 어울리는 그런 시대였다는 말이다.

그들은 대개 실크로드의 본격적인 시발점인 둔황[敦煌] 교외의 서역행의 양대 관문인 양관(陽關) 내지 옥문관(玉門關)으로 나아가 우선 '카라부란'이 불어대는 '사하(沙河)'라는 모래 강을 건너야 했다.

여기서 '카라부란'이란 '검은 바람'이란 뜻으로 사막에서 불어대는 모래바람을 말하는데, 한 번 불기 시작하면 하늘이 보이지 않기 때문에 부쳐진 이름이고, '사하'란 바로 현지어로 '쿰 다리아'인데 '쿰'은 모래를, '다리아'는 강물을 의미하여 '모래가 강물처럼 흐르는 모래의 강'이란 뜻으로 바람에 따라 움직이는 지형을 말한다. 현장법사의 평전인 『대자은전』에는 이에 대해 다음과 같은 기록하고 있다.

온통 모래뿐인데 바람 따라 모이고 흩어진다. 발자국이 남지 않아 길을 잃는 수가 많다. 그래서 그곳을 왕래함에 있어서는 유해(遺骸)를 목표물로 삼는다. 바람이 일기 시작하면 사람 짐승 할 것 없이 눈을 뜨지 못하며 때로는 노랫소리가 들리고 때로는 울부짖는 소리도 듣게 되는데 그것을 듣는 사이 어디로 가는지 모른다. 이렇게 해서 가끔 목숨을 잃는 경우가 많은데, 이는 모두가 악귀의 소행이다.

그들이 만난 첫 관문은 현 지도상으로는 고비사막의 서쪽 끝과 타클라마칸사막의 동쪽 끝에 해당되는 지역으로 둔황의 서쪽의 관문을 지나 옛 선선국(鄯善國)에 이르는 사이에 있는 사막이다.

이제부터 눈앞에 한없이 전개되는 막막한 타클라마칸 사막의 넓이와 크기는 우리처럼 좁은 나라에 태어난 사람들은 선뜻 감이 잘 안 잡히는 그런 것으로, 무려 가로 6,000리에 세로가 1,600리나 되는 장방형의 크기이다.

이처럼 우리에게 친근한 '리(里)'라는 단위로 환산해보면 실감이 조금 나기는 하지만, 그 크기의 개념이 안 잡히기는 마찬가지이다.

'타클라마칸'이란 말은 본토인의 위구르어로 "한 번 들어가면 나올 수 없다"라는 뜻인데, 이 말의 행간 속에서 우리는 그들 원주민조차 그 막막한 모래벌판에서 느끼는 두려움을 엿볼 수 있다 하겠다.

아무튼 그들 순례승들은 살아 돌아올 기약이 없는 사막 속으로 스스로의 목숨을 담보로 맡겨 놓고 들어가야만 했다. 이렇게 사막을 건너서부터 시작해야 하는 일반적인 순례승들이 겪어야 하는 통과의례적인 고생담을 요약한 5세기 초의 석담무갈(釋曇無竭) 일행의 여행담의 한 구절을 보면 그들이 치러야 하는 행동은 생명줄과 거의 이어져 있음을 알 수 있게 한다. 구원의 손길이란 자신들이 믿는 불보살의 명호뿐이었다.

특히 대협곡을 건너갈 때와 대설산을 넘을 때의 광경은 읽는 이의 손에 땀을 쥐게 하기에 충분할 정도이다.

설산의 독기(毒氣)는 1,000겹으로 겹쳐 있고, 층층이 쌓인 눈과 얼음은 만 리에 뻗쳐 있으며, 아래로는 큰 강이 쏜살같이 흘러내려갔다. [강을 건널 때는] 동쪽과 서쪽의 두 산허리에 굵은 줄을 매어 다리로 삼아서는 열 사람이 일단 건너가 저쪽 기슭에 도착하면 연기를 피워서 뒷사람은 이 연기를 보고 앞사람이 이미 도착했음을 알아 비로소 다시 나아갔다. 만일 오랫동안 연기가 오르지 않으면, 사나운 바람이 그 줄을 흔들어 사람이 강물 속으로 떨어졌음을 비로소 알 수 있었다.

설산을 넘은 지 3일이 지나 다시 대설산(大雪山)에 올랐다. 깎아지른 듯한 절벽에는 어디에도 발 디딜 곳이 없었지만, 절벽에는 모두 곳곳에 오래된 말뚝 구멍이 서로 마주 대하고 늘어 서 있었기에 한 사람이 각각 네 개의 말뚝을 쥐고서는 먼저 아래의 말뚝을 뽑아, 손으로 위의 말뚝을 움켜잡고 계속해서 서로 바꿔가며 기어 올라가서 그렇게 하루를 지내고서야 가까스로 대설산을 넘어왔다. 평지에 도착하여 서로 점검해보니 도반 열두 명을 잃었다.

끝없는 사막과 대협곡과 대설산을 넘어서 천축에 도착했다고
해서 안전한 것만은 아니었던지….

　차차 사위국(舍衛國)에 이를 무렵, 들판에서 산 코끼리 한 떼를 만났
다. 그들은 관세음보살의 명호를 부르고 신명을 다하여 가르침에 귀의
하자 곧 수풀 속에서 사자가 튀어나와, 코끼리떼가 놀라 어쩔 줄을 모
르며 달아났다. 또 뒤에 항하(恒河/ 갠지스강)를 건너서 또 들소 한 떼
를 만났는데, 으르렁거리며 달려들어 막 사람을 해치려하였다. 그들은
귀의하기를 처음과 같이 하였더니 이윽고 커다란 솔개가 날아올라 들
소들이 놀라 흩어져서 드디어 벗어날 수 있었다.

　이렇듯 모든 순례승들의 행로는 내일을 기약할 수가 없었지만,
그들은 그런 두려움을 떨쳐내고 떠났던 것이다. 여기서 '떠났다'는
의미는 어떤 신념이나 열정이 있었기에 가능했던 일이었겠지만,
하여간 그들은 하나밖에 없는 목숨을 담보로 맡겨놓고 스스로를
채찍질하며 스스로의 열정을 불태우며 그 유서 깊은 길 위를 걸어
갔을 것이다.

　물론 그들 중 기록을 남기지 않은 무명의 나그네들이 얼마나 되
는지는 알 수는 없지만, 그 중에서 중화권의 입축구법승(入竺求法僧)
의 통계수치를 보면 3~11세기까지 약 180여 명에 달하는 이름이
확인되고 있다. 그러나 아쉽게도 그들은 여행기라는 기록유산을
남기지 않았기에 크게 주목을 역사의 뒤안길로 점차로 사라져 갔
다. 그런 면에서 이번 〈실크로드 고전여행기〉에 주인공들은 행운아
인 셈인데, 그 이유는 기록을 남겨 놓았기 때문일 것이다.

　5세기의 법현(法顯)은 하얀 백지였던 그길 위로 첫 발을 내딛었
고, 6세기 위(魏)나라의 송운(宋雲)과 혜생(惠生)은 시대적 공백기의
가운데서 귀중한 서역여행기를 남겼고, 7세기에 들어와서는 현장

(玄奘)이 18년의 고행 끝에 장안성(長安城)으로 돌아와서 대하기행기 『대당서역기(大唐西域記)』를 남겨 커다란 족적을 남겼고, 그리고 해양실크로드의 백미인『대당서역구법고승전(大唐西域求法高僧傳)』이 의정(義淨)에 의해 써졌고, 8세기에는 우리나라의 자랑거리인 신라의 혜초(慧超)가 역시 그 길을 따라 떠나서 실크로드의 심장부를 지나 저 멀리 아라비아 근처까지 다녀와 대미를 장식하면서 인류역사의 하늘 위에 찬연히 빛나는 별이 되어 지금까지 빛나고 있다.

2. 새로운 패러다임으로서의 실크로드

‘비단길’이라고 하면 그 말 자체로서는 한 없이 부드러운 느낌을 주는 것이 사실이지만, 사실은 이 길은 험난하기 짝이 없는 길로 타클라마칸(Taklamakan)이라는 대사막을 동서남북으로 이어지는 여러 갈래의 길을 주축으로 하는 길이다.

푸른 하늘에 우뚝 솟아 있는 천산산맥의 드넓은 기슭 여기저기에는 오아시스 무리들이 여기저기 흩어져 있는데, 어떤 이의 표현대로, “이들을 하늘에서 내려다보면, 아마도 황갈색 융단 위에 눈부시게 빛나는 초록색의 보석을 아로새긴 것”같이 보인다고 한다. 이 보석 같은 오아시스를 잇는 길이 바로 ‘오아시스길’이고 ‘실크로드’이며 ‘서역남·북로’인 것이다.

‘실크로드(Silk Road/ 絲綢之路)’란 용어는 1877년 독일의 지리학자 리히트호펜(F. v. Richthofen)이 동서양을 잇는 ‘고대의 국제교역로’를 ‘비단’이라는, 당시의 주된 교역물품에 초점을 맞추어 명명한 ‘쟈이덴 슈트라세(Seiden strasse)’라는 학술용어인데, 영어로 번역되어 폭 넓게 쓰이게 되면서 세계화되었다. 후에는 중원의 순례승들이 이 길을 이용하여 인도를 드나들었기에 구법로(求法路)로서의 기능도 함께 지니게 되어 문화사적으로도 큰 의미를 더하였다.

사실 실크로드는 오래전부터 이미 어떤 부류의 사람들에게는 가슴속의 무엇인가를 들끓게 하였던 말이었지만, 이제는 우리 주위에서도 새삼스러운 것이 아닐 만큼 익숙해졌다. 그 이유 중에 하나는 2010년 말부터 전국의 국립박물관에서 연이어 열렸던 일련의 〈실크로드와 둔황〉이라는 전시회도 한 몫을 했을 것이다. 그 때 우리는 그 동안 희미한 사진으로만 보아왔던, 파리박물관에 소장되어 있던 『왕오천축국전』의 원본도 볼 수 있는 행운도 맛보았다. 그만큼 실크로드는 부쩍 우리 가까이에 들어와 있다고 하겠다.

그러나 이제는 과거 유라시아 대륙에서 명멸했던 여러 문화들의 형성과 발전과 변용의 산물인 이 실크로드를 새로운 시대의 패러다임으로 볼 때가 되었다. 사실 한동안 문화는 서쪽에서 동쪽으로 흘러온 것 같은 일방통행이었지만, 동아시아 새로운 도약에 의해 이제는 새로운 소통로의 정립이 필요한 때가 되었고, 그러기 위해서는 옛 길에서 다시 새 길을 찾아야 하는 방법도 그 대안 중에 하나이리라….

3. 불교의 동점(東漸)과 그 주역들

인도 대륙이라는 철학적 나라에서 생겨나고 발전된 불교는 기존의 노장(老莊)사상이나 유가적 가치기준에 젖어 있던 중원 대륙의 중국인들에게는 이질적이고 파격적일 수밖에 없었다.

그러나 자비와 인간평등이라는 보편타당성 있는 불교적 아이콘은 붉은 순교의 피바람도, 기존 가치관과의 큰 마찰도 없이 무사히 중국 대륙에 연착륙하게 하였고, 나아가 자생화하면서 선종(禪宗)

이라는 이질적인 새로운 종파까지 생겨나게 만들었다.

고대로 올라갈수록 종교가 '문화를 실어 나르는 배' 노릇을 충실히 했다는 것은 이미 역사적으로 증명된 사실 중 하나이다. 인도에서 전래된 불교는 전래 초기에는 나라와 절대왕권을 수호하는 호국종교로서 정치권력과 밀접한 관계를 유지하면서 동양권 전체에서 커다란 변혁을 일으키는 패러다임으로 물질과 정신 양면에서 중생의 삶의 질을 향상시키는 중요한 역할(공헌)을 하였다.

당시 승려는 가람 안에서는 불교라는 종교의 성직자이기도 했지만, 밖에서는 국제교류의 명예대사 역할도 함께 수행한 선진적 행동가였기도 하였다. 그것은 당시 그들이 이른바 '외국물'을 먹을 기회가 있는 유일한 집단이었기에 가능했던 일이었다.

그들은 당나라 이전 기원전 한(漢)나라 때부터 개척된 파미르고원을 넘고 열사의 사막을 건너는, 여러 지류의 실크로드를 통해 교역을 하던 대상들 틈에 섞여 인도와 중원을 드나들면서 동서양의 문화와 종교의 물꼬를 터놓았다. 처음 몇 안 되던 그들의 숫자가 늘어남에 따라 불교의 전래는 동서양의 소통이라는 거대한 흐름에 가속도를 붙게 만들었다.

앞에서 이미 그 물줄기를 주도했던 주역들이 오늘의 주인공들인 5명의 순례승만이 아닐 것이라는 점을 강조한 바 있다. 법을 위해 몸을 바치는 '위법망구(爲法忘軀)'적 자세로 사막을 건너 파미르고원을 넘어 동서양을 넘나들던 순례승들이 어디 한두 명이었으랴….

불교의 동점을 따라 서쪽에서 동쪽으로 건너온 서역출신의 역경승부터 꼽아보자면, 불교전래 초기에 멀리 중앙아시아 깊숙한 곳인 안국(安國/ Bukhara)에서 불원천리 중원 대륙으로 찾아온 안세고(安世高)와 대월지족(大月氏族) 출신의 지루가참(支婁迦讖)을 비롯하여 4세기 초에 중국에 들어와 극심하였던 정치적 혼란을 불교의 힘으로 구하려고 포교에 몸 바쳤던 불도징(佛圖澄)과 그의 제자 도안(道安), 도안의 제자 혜원(慧遠), 각현(覺賢) 그리고 중부 인도 출신의 담무참(曇無懺) 등과 5세기 초에 타클라마칸 사막의 중심부에 있는 구자(龜玆) 출신의 구마라집(鳩摩羅什)은 불경번역에 새로운 전환기를 이룩하면서 불교문화의 총아인 만다라꽃을 만개시켰다. 그리고 후에 당나라 중기에 들어와서는 밀교의 수입에 따른 역경승들인 선무외(善無畏)·금강지(金剛智)·불공(不空) 등도 각기 불교사의 하늘에 반짝이는 별들이다.

이렇듯 불경의 역경사업이 진행되어 불교의 '데이터베이스(DB)' 작업이 마무리되자, 이번에는 불교의 토착화가 진행되었다. 바로 백가쟁명의 종파들의 탄생을 말하는데, 그 결과 불교라는 이질적 종교가 중국 대륙 전체의 민중의 혈관 속에까지 깊이 스며들게 되었던 것이다. 그들이 바로 특색 있는 종파를 세운 인물─수대(隋代)에 천태종을 세운 지의(智顗), 삼론종(三論宗)을 세운 가상사 길장(嘉祥寺 吉藏), 삼계교(三階敎)를 세운 신행(信行)─을 비롯하여 당(唐)에 이르러 염불종(念佛宗)을 세운 도작(道綽), 선도(善導), 남산율종(南山律宗)의 도선(道宣), 선종의 신수(神秀), 혜능(慧能), 법상유식종(法相唯識宗)의 현장(玄奘), 화엄종의 법장(法藏) 등이다.

한편 중원 땅에서도 직접 천축으로 가서 불교, 불경을 직수입하려는 움직임이 일어났는데, 바로 오늘의 주인공들인 다섯 명의 입축구법승(入竺求法僧)들을 비롯한 일단의 입축순례승들로서 그간 일방적으로 주고, 받았던 관계에서 벗어나 동서양을 잇는 참된 의미의 소통로가 마침내 이들에 의해서 완성된 것이다.

4. 본 여행기총서의 특징

우리말로 옮겨 놓았다는 번역물을 재삼 읽어보아도 무슨 뜻인지 알 수가 없다면 번역의 의미가 별로 없을 것이다. 모름지기 '번역'이란 원저자가 전하고자 하는 요점을 번역자가 잘 파악하여 제3의 언어로 정확하게 오롯이 옮기는 작업이지만, 원문의 지나친 집착은 오히려 별 도움이 되지 않을 때도 있을 것이다. 그런 함정에 빠지지 않고 번역을 하려면 우선 번역자로서의 기본적인 소양과 경험이 필요할 것이라는 것은 새삼 강조되지 않아도 될 것이다. 더구나 고전 원문에 토(吐)나 역주(譯註)를 다는 작업은 '제2의 저술'이니만큼 그런 덕목이 더 필요한 작업이니 더욱 그러하다.

그러나 고전을 번역하는데, 무엇보다 필요한 덕목은 시대정신을 담아내는 것이라 하겠는데, 그러하자면 우선 고대 언어를 우리 시대 나아가 미래까지 담을 수 있는 언어로 옮겨 놓아야 한다.

선입견이 문제일 뿐이지, 고전이 모두 고리타분한 것은 아니다. 오늘날 수많은 고전들이 서고에서 먼지만 뒤집어쓰고 있는 현실은, 요새 자주 쓰이는 인터넷 용어처럼 시대적으로 업그레이드하지 않은 탓 때문일 것이다. 새로운 패러다임으로 해석하기 나름으로 고전이 화려하게 서가(書架)의 앞자리로 되돌아올 수 있다는 증거를 최근 우리는 여러 번 경험한 적이 있다. 이와 같은 뜻을 살리기 위해서 본 〈실크로드 고전여행기〉 총서에서는 다음과 같은 특징을 살려보고자 노력하였다.

1) 고전여행기의 전집화

『대당서역기』 및 실크로드와 인도여행기 등 다섯 종을 한 질로 묶어 〈실크로드 고전여행기〉(총서)로 출간하려는 백과사전적 대하기획이라는 점이 우선 꼽을 수 있는 특징 중의 하나이다.

인류역사상 최대의 여행기로 꼽는 7세기 현장(玄奘)법사의 순례의 혼이 깃든 대하『대당서역기(大唐西域記)』를 비롯하여, 우리나라의 자랑거리인 8세기 신라 혜초(慧超)의『왕오천축국전(往五天竺國傳)』, 그리고 최초의 인도 구법여행기인 5세기 법현(法顯)의『불국기(佛國記)』, 그리고 해양실크로드의 백미인 8세기 의정(義淨)의『서역구법고승전(西域求法高僧傳)』과, 위의 여행기들의 시대적 공백을 이어준 6세기 송운(宋雲)의『송운행기(宋雲行記)』등 5대 고전여행기를 한 질로 묶는 기획을 하였다.

그 이유로는 이 방면에 관심을 갖는 독자들과 연구자들에게 가장 불편하였던 점이 방계 자료들이 분산되어 효과적으로 검색하기가 어려웠다는 점이었는데, 그렇기에 그것들을 편리하게 비교·검색할 수 있게 데이터베이스(DB) 작업화한다는 것은 또 다른 시대적 요구라고 생각된다.

2) 고전여행기의 지도화

모든 고전여행기가 후인들을 위한 가이드북의 성격을 띤 것이란 점은 그 누구도 부인할 수 없는 사실이다. 또한 여행의 의미를 한결 업그레이드한 테마여행은 이미 현대를 넘어 미래지향적인 붐을 이룬지 오래 되었다. 이런 두 가지 의미에서 본다면 여행기라는 고전은 과거가 아니라 미래지향적 테마여행의 중요한 텍스트라는 공식이 성립된다. 문제는 어떻게 고전을 업그레이드하느냐 하는 것이다.

그 해답의 하나로, 옮긴이는 지난 20년여 년 동안 5대 여행기의 체취가 묻어 있는 세계 구석구석을 누비옷을 누비듯이 두 발로 다니며 다양한 자료를 모아가며 이론의 여지가 있는 문제의 현장을 발로 확인하여 마침내 큰 의미가 있는 지도와 도표를 만들어 고전 여행기를 가이드북화하려고 노력하였다.

그래서 기존의 고작 두세 가지였던 실크로드를 더욱 세분하여 큰 간선으로는 11루트, 작은 지류로는 22갈래로 분류하여 자세한 설명을 부치고 이를 다시 〈실크로드 갈래길 총도〉와 〈파미르고원 횡단도〉로 만드는 성과를 이루어 이번 여행기에 처음 공개하게 되었다.

특히 파미르고원을 넘나드는 루트는 옛부터 실크로드의 여러 갈래 길에서 가장 백미에 해당되는 것으로 우리의 혜초사문과 현장법사를 비롯한 수많은 순례승들의 체취가 진하게 배어 있는 비중 있는 곳임에도 불구하고 역사상 그 누구도 아직까지 속 시원하게 밝혀내지 못한 채 지금에 이르렀기에 더욱 그 의미가 깊다고 하겠다.

3) 고대 지명의 코드화

옮긴이의 풍부한 현지답사의 경험을 살려 난해한 원문의 지명을 현재의 지명과 함께 병기하여 가이드북으로서의 기능을 더욱 업그레이드하였다. 또한 모든 나라이름은 지도와 같은 숫자로 코드화하고 또한 각주에서는 5대 여행기를 교차적으로 비교하여 독자들이 고전 여행기를 읽을 때 만나게 되는 혼란을 한결 가볍게 해주었다는 점도 특징의 하나로 꼽을 수 있다.

예를 들면 제목 색인표의 〈1-2. 쿠차(庫車/ Kucha/ 굴지국/ 屈支國〉라는 제목은 『대당서역기』 권1 2장/ 현대 한글명/ 현대 원어명/ 현지 영어명/ 고전 한글명/ 고전 원어명〉을 뜻하고 이 코드의 숫자는 또한 지도명의 숫자와 일치하기에 독자들은 일목요연하게 필요한 부분을 마치 온라인에서 검색하듯이, 다양한 검색어로 쉽게 찾아볼 수 있게 하였다.

5. 에필로그

실크로드와 유라시아 그리고 인도와 중국 대륙의 서부는 새로운 패러다임의 배낭여행지로 각광을 받고 있는지가 오래되었다. 눈이 질리도록 인상적인 자연풍경을 구경할 수도 있고 다양한 원주민들과 만나 함께 먹고 마시며 그들의 생활을 접하면서 문화적 충격도 경험해볼 수도 있다. 바로 그런 것들이 획일화된 문화에 식상해 일탈을 꿈꾸는 나그네를 유혹하고 있는 것이다

한 조각 뜬 구름 같이 구름나그네가 되어 서역으로 난 옛 말발굽 자국을 따라가는 것은 수천만 화소(畵素)의 무한정한 용량을 가진 우리들의 가슴속에 영원히 잊혀지지 않을 인상적인 영상을 저장하는 작업, 바로 그것일 것이다.

1,600년 전 64세의 노구를 끌고 실크로드를 따라 서역 만 리 길을 떠났다가 13년 동안 30여 개국이나 돌아다니다 살아 돌아온 법현(法顯)사문이 우리 후손들에게 주는 메시지는 선문답처럼 아주 간단하다.

"젊은 친구! 아직 늦지 않았다네."

자, 이제 한 권의 고전을 옆에 끼고 다시 흰 구름을 따라 길 떠날 때가 되었다. 항상 새로운 길을 찾아 떠나는 역마살의 마니아들 앞에 삼가 이 책을 헌정하며 강호제현의 질정을 바란다.

2012년 초봄 핏빛 같이 붉은 석류화(石榴花)가
피어나는 서역만리로 길 떠날 차비를 하면서
수리재 설역서고(雪域書庫)에서
다정거사 두 손 모음

승려 10여 명과 함께 전해준 법현의 구법여행 견문록
-최초의 인도 구법여행기-

1. 프롤로그

요새는 환갑, 진갑을 다 넘겼다 하더라도, 64세이면 노인네 축에
도 못 드는 어정쩡한 나이이다. 직장에서 쫓겨난 지는 오래지만,
그렇다고 경로당으로 가면 커피 심부름만 할 군번이고, 그렇다고
딱히 새로이 뭘 벌이기도 그러한, 그야말로 어정쩡한 상태의 나이
가 바로 우리나라에서 이 나이 때의 애늙은이들의 현실이다.

지금은 그러한데 1000년 전 아니 자그마치 1600년 전이라면 이
야기는 방향 자체가 달라진다. 왜냐하면 이미 너무 오래 살았다
하여 주위에서 이른바 '고려장'을 지낼 준비를 할 준비를 해두고
있을 나이였기에 '그런 나이'에 뭘 한다는 것 자체가 말이 안 되었
기 때문이었을 테니까….

오늘의 주인공 법현(法顯, 334~420) 사문은 그런 나이에, 그러니

까 딱 64세에 머나 먼 길을 떠났다. 그것도 당시는 우리에게도 너무 친숙한 삼장법사(三藏法師) 현장(玄奘, 602~664)[1]의 성공담으로 인해 서역으로의 구법 순례길이 승려들에게 일대 '로망'이었던 시대가 오기도 전 무려 200여 년 전 일이었다.

그러니까 수백 년 전의 한나라의 장건(張騫, ?~B.C. 114)[2] 같은 여행가 정도만 서역까지 다녀왔었다는 전설 같은 이야기만 전해 오던 때였고 삼국시대 들어와서는 위(魏)의 주사행(朱士行)[3]이라는 사람이 서역으로 떠났지만, 그 뒤 소식이 끊기고 다만 그가 인편에 보낸 불경만이 중원에 전해져 온 일이 풍문에 들리던 시절이었다.

그러니까 그때까지 서역 말고, 정작 '부처님의 나라'라는 천축은 그 누구도 가보지 못한 완전한 미지의 백지였고 당연히 천축으로

---

1) 이번 〈실크로드 고전여행기〉 총서에서 가장 비중이 무거운 주인공에 해당된다. 당나라(618~907) 초기의 역경승으로 흔히 삼장법사로, 서유기의 실제 주인공으로 우리 모두에게 친근한 인물이다. 삼장(三藏)이란 경(經)·율(律)·논(論)에 삼장에 두루 통달하여 붙여진 별칭으로 낙양(洛陽) 정토사에서 출가하여 당시의 한문불교경전의 내용과 계율에 대한 의문점을 원전에 의거하여 연구하려고 인도에 들어갔다. 중인도 나란다대학에서 학문적 성취를 이룬 뒤 귀국하여서는 자신이 가지고 돌아온 범어경전을 번역하는데, 평생을 바쳤다.
현장의 번역은 특히 원문의 음역(音譯, 音寫)에 충실하며 당시까지의 번역법어에 커다란 개혁을 가져왔다. 이 때문에 불교사에서는 종래의 번역을 구역(舊譯)이라 부르고, 현장 이후의 번역을 신역(新譯)이라고 부른다.
2) 한나라 때 중국 사상 최초로 서역을 개척한 사람으로서 한 무제의 명을 받고 흉노를 협공하기 위해 대월지(大月氏)와 동맹하고자 장안을 출발하였다가 도중에 흉노에게 붙잡혔으나 탈출하여 대완(大宛)·강거(康居)를 거쳐 대월지에 도착하였다. 그러나 대월지는 흉노를 공격할 의사가 없었기에 동맹에 실패하고는 귀국하던 중 다시 흉노의 포로가 되었다가 B.C. 126년 빈손으로 귀국하였지만, 서역제국에 정보를 처음으로 중원에 전해준 선구자 노릇을 하였다는 평을 받고 있다. 박망후(博望侯)는 그의 시호이다.
3) 사실 인도로 불경을 구하러 간 첫 번째 인물은 하남성 우현(禹縣) 영천(潁川) 출신인 삼국시대 위(魏)의 주사행(朱士行)으로 260년 서역의 호탄에 도착하여 범어로 된 90장(章)을 구했는데, 호탄왕의 방해로 자신은 현지에 남고 불경만 중국으로 보냈다고 한다. 그가 보낸 불경은 하남성 개봉시의 서북쪽에 있는 수남사(水南寺)에 보관되었다가 나중에 『방광반야경(放光般若經)』으로 번역되었다.

의 여행정보도 전혀 없었던 시대였다.

법현은 그럼에도 불구하고 길을 떠난 것이다. 남십자성이 빛나는 천축의 하늘 아래 '영원한 진리의 말씀'이 있을 것이라는 믿음만을 가지고 해와 달과 별에 의지하여 수만 리 길을 떠난 것이다. 그것도 칠순에 가까운 노인네가 무거운 바랑을 메고 말이다.

法顯화상 초상화

그 길은 누구도 가보지 못한 수만 리 길이었기에 그의 주위에서는 "고려장 지낼 상늙은이가 망령이든 것도 아닌데 죽으려고 환장을 했나?"라고 비아냥거렸을 것이다.

그러나 그는 13년 뒤, 그와 같이 떠났던 11명의 젊은 동료들이 모두 불귀의 객이 되고 말았지만, 법현은 보란 듯이 중원 땅으로 돌아왔다. 그때 법현의 나이

法顯 초상화

77세였지만 그의 눈빛만은 보랏빛 꿈을 성취한 사람만이 가질 수 있는 그런 신념으로 마치 별처럼 빛났을 것이다.

그건 한 마디로 '한 사건'이라고 부를 만한 일대 사건이었다. 아마도 당시에 '기네스북' 같은 것이 있었더라면 그렇게 기록했을 것이다. 혹시 신불(神佛)의 가피력이 있었다 치더라도 그건 확률적으로도 불가능한 일이었지만, 법현은 미지의 나라 30여 개국을 거쳐서 불경을 하나 가득 가슴에 안고서 살아 돌아온 것이다.

역자가 이번 〈실크로드 고전여행기〉 총서 번역의 가장 큰 분수령인 『대당서역기』의 역주본을 대충 마감하고서 달려든 작업이 바로 『불국기』였다. 그 첫째 이유는 역자 역시 법현과 같은 나이였

기 때문이라는 점을 이미 서두에서 강조한 바 있다.

두 번째는 기행문학으로서의 격조 있는 문학적 향기를 넘어 문자가 가진 기능성에 대해 놀라움을 금하지 못할 때가 많았다는 점이다. 본서는 무려 1600년 전의 기록이다.

당연히 번역하는데 어려움이 예상되어 긴장감을 풀지 못하고 시작을 하였지만, 반복되는 지명 이외에는 믿을 수 없을 정도로 어려운 글자가 별로 없어서 옥편 찾는 시간이 많이 절약된 탓이었는지, 비교적 우리에게 익숙한 당송시대의 문장과 별로 다르지 않은 문체 때문이었는지, 행간과 행간 속에서 무려 1700여 년 전의 사람인 법현의 미세한 뜻까지 읽을 수 있었다는 것에 대해 신기함까지 느껴졌을 정도였다. 또한 그래도 딱딱할 수밖에 없는 한문 원서를 번역하다 보면 때로는 지루해질 때가 있었는데, 그때마다 눈이 번쩍 뜨이는 정감 있는 대화식의 구어체로 인해 분위기를 새롭게 할 수가 있었다.

예를 들면 법현이 붓다의 자취가 짙게 배어 있는, 현 라지기르(Rajigir)의 영취산(靈鷲山)에 올라 무언가에 대한 그리움에 울음을 터트리는 광경 같은 것이다.

[법현은] 왕사신성에서 향과 꽃과 기름 등을 사서 두 비구에게 부탁하여 가져오게 하여 기사굴산[靈鷲山]으로 올라갔다. 그리고 꽃과 향을 공양하고 유등(油燈)을 계속 밝히면서 문득 슬픈 감상에 빠져 들었다. 이윽고 눈물을 거두고는 말하였다.

"세존께서는 옛날에 이곳에 머무셨고 『수능엄경』을 설하셨는데, 법현은 살아서 여래를 뵙지도 못하고 다만 그 유적지만 찾을 뿐이로다."

그리고 경을 염송하고는 [그곳에서] 하룻밤을 머무르고 다시 왕사신성으로 돌아갔다.

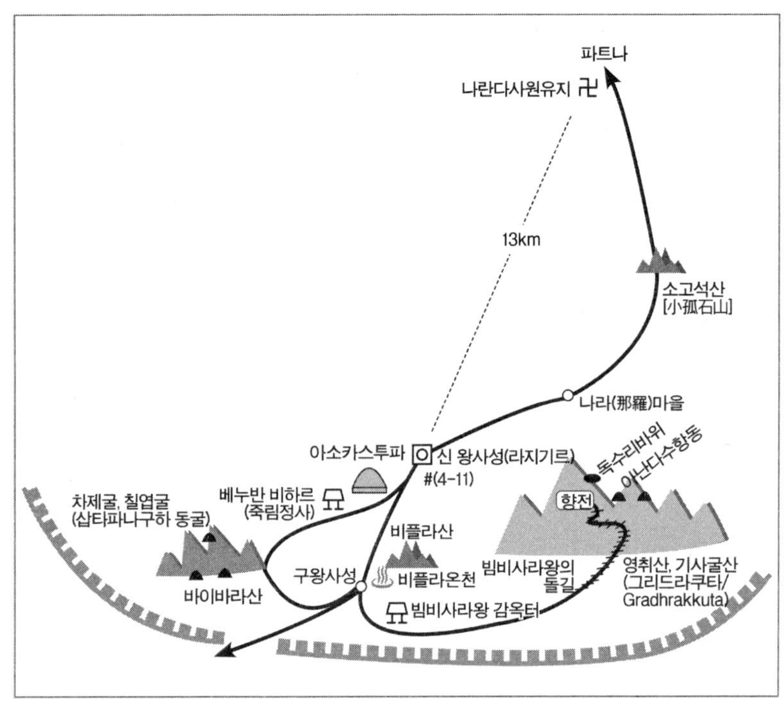

신 왕사성 라지기르(Rajigir)

또 한 대목 더 소개한다. 법현이 소설산(小雪山)[4]을 넘을 때 눈보라를 만나 4년이나 동거동락해 온 도반(道伴) 혜경(慧景)사문이 죽어갈 때의 장면은 보는 이까지 눈시울이 뜨거워질 정도였다.

소설산은 여름이나 겨울이나 눈으로 덮여 있었는데, 산의 북쪽으로 올라가고 있을 때에 찬바람이 갑자기 거칠게 일어나는 것을 만나 사람들은 모두 소리도 내지 못한 채 겁이 나서 어쩔 줄을 몰라 했다. 일행 중 혜경(慧景)은 더 이상 걸을 수가 없어서 입에서 흰 거품을 토하면서

---

4) 아프가니스탄과 파키스탄 사이에서 남북으로 길게 뻗어 있는, 힌두쿠시 산맥의 지류인 술레이만(Sulaiman)산맥의 세피드쿠(Sefid koh)산으로 비정되고 있다.

나 법현에게 다음과 같이 말하였다.

"나는 도저히 다시 살아나기는 어렵겠군요. [그러니] 빨리 가십시오. 머뭇대다가 함께 죽어서는 안 됩니다."

이렇게 혜경이 결국 마지막 숨을 거두자 법현은 그의 몸을 어루만지며 애통해했다.

"우리들이 원래의 계획을 이루지 못했는데, 이런 곳에서 죽다니 어인 일이요!" 하면서 울음을 터트렸다.

이런 서정적인 문체는 구법기로는 매우 드문 경우에 속한다. 물론 우리의 혜초사문처럼 중간에 시 구절이 들어간 경우는 있지만, 이런 문체는 이채롭기에 번역하는 내내 덜 지루했다는 것이 솔직한 고백이리라.

세 번째는 동서문화의 소통과 융합 그리고 변용의 위대한 산물인 '간다라문화'를 동양인 처음으로 몸으로 체험한 기록이 고스란히 담겨 있다는 점이었다.

특히 법현이 경험한 간다라문화와의 첫 조우는 문화사적으로 큰 의미를 갖는다. 흔히들 간다라문화를 평해서 "그리스인을 아버지로, 불교도를 어머니로 한 그리스풍 문화"라고 해석하고 있다. 옮긴이의 경험으로는 귀에 쏙 들어오는 정의가 아닌가 생각된다.

유라시아와 인도 대륙이란 광대한 무대에서 벌어진 알렉산드로스 대왕의 동방원정5)이란 역사상 처음 벌어진 거창한 정복전쟁에 대해서 대부분의 문화비평가들은 그의 요절에 의해 막을 내린 '이벤트'라고 평가하고 있지만, 옮긴이의 견해는 좀 다르다.

---

5) 마케도니아의 왕(B.C. 336~323 재위)으로 인도 원정길에 페르시아의 반역자 베수스를 좇아서 북쪽으로 아무다리야강을 건너 발흐(Balkh)로 진군해 소그드 여러 곳에 마라칸타(현 사마르칸트) 등의 알렉산드리아를 건설하고 헬레니즘의 뿌리를 내리게 하였다.

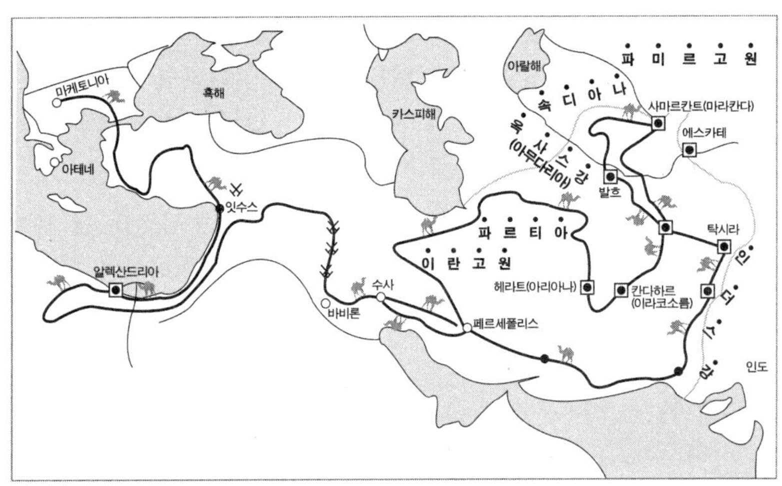

알렉산드로스의 원정도

　이 위대한 정복자의 원대한 꿈은 그가 점령한 제국의 구석구석까지, 그가 인류 최고의 문명이라고 굳게 믿었던 그리스문화의 향기에 물들게 하는 것이었다. 그럼으로써 정복자와 피정복자 사이의 갈등과 이질감을 해소하여 보편타당한 가치관을 가진 세계인으로서의 기틀을 잡으려고 하였다. 그래서 이 보랏빛 꿈을 제국의 각지에 건설되었던 75개에 달하는 식민도시 알렉산드리아를 무대로 꽃피우게 안배를 하였다.

　물론 그가 요절한 후에도 이 프로젝트는 마우리아 왕조의 아소카대왕과 쿠산 왕조의 카니슈카왕으로 계승되어 내려왔지만, 간다라문화는 결국 5~6세기에 간다라문화의 중앙무대인 중앙아시아를 침입한 유목민족인 에프탈(Ephthal)족6)에 의해 타격을 받아

---

6)『송운행기』에 송운일행이 사절단의 자격으로 위나라의 국서를 가지고 갔었던, 백흉노(白匈奴) 또는 백훈(W. Hun) 또는 엡탈리트, 갈달, 읍달, 하이탈, 타프탈레 등으로 기록되었다. 에프탈은 고대 월지족의 후예인 유목민족으로 5세기경부터 유라시아에서 큰 세력을 이루어 6세기 초에는 헬레니즘을 계승한 마지막 국가인

쇠퇴기에 접어들었지만, 한 동안은 그 향기는 여전히 풍기고 있었다. 법현이 간다라지방을 찾은 것은 바로 그 간다라의 마지막 불꽃이 스러지기 전이었으니, 그 누구보다도 그 향기를 직접 접한 유일한 순례승이었다는 데 큰 의미를 둘 수 있다.

옮긴이가 다녀본 옛 간다라 유적지들 곳곳에는 아직도 이 위대한 정복자의 보랏빛 꿈이 아련하게 남아 있었고 더 나아가 해동반도의 끝자락인 서라벌에서까지7) 그 향기는 지금까지 간간이 배어 나오고 있는 것이다.

마지막으로 이 『불국기』의 특징 중의 하나는 5대 여행기 어디에도 없었던 사자국(獅子國), 즉 현 스리랑카(Srilangka)섬에 대한 풍부한 정보에 있다. 특히 5세기 초 당시나 지금이나 상좌부 남방불교의 전통을 고스란히 간직하고 있는 곳의 생생한 자료들을 불교사적으로도 정말로 귀중한 것이라고 하겠다.

그럼 이런 위대한 업적을 이룬 법현의 프로필은 어떤지 살펴보자.

그는 동진시대의 인물로 속성은 공씨(龔氏)로, 현재의 산서성 옹단현에서 태어났다고 한다. 법현은 삼형제인데, 위는 차례로 병사하였다. 이에 요절이란 화가 막내까지 미칠까 두려워한 부친에 의해 겨우 세 살 때 사원에 보내져 사미가 되었다고 한다. 어릴 때부터 총명했던 그는 성인이 되어 비구계를 받자 계율을 지키는 데 누구보다도 철저했다고 한다.

토카리스탄[吐火羅國]을 멸망시키면서 중앙아시아에 정착하여 동쪽으로는 호탄, 서쪽으로는 사산조페르시아까지 미치는 판도를 형성하고, 인도·중국·페르시아 그리고 남러시아를 잇는 교역루트의 차지함으로써 당시 실크로드의 실권을 장악하였다.

7) 그리스의 조각양식을 닮은, 헬레니즘의 간다라 미술은 불상조각으로 완성되어 불교미술의 전래와 함께 중국에 전해졌고 다시 우리나라에도 전해져 석굴암의 석불 같은 다량의 불상이 만들어졌다는 사실은 이제는 굳이 사족을 부치지 않아도 될 정도로 보편적인 지식이 되었다.

그렇게 40수년 동안 수행을 계속하면서 환갑 진갑을 넘겨 64세에 들어섰지만, 가슴 한 구석에는 늘 비어 있는 것 같았다. 바로 천축의 꿈 때문이었다.

그러다가 마침내 결단을 내렸다. 동진(東晋) 홍시 원년(399) 기해년에 혜경(慧景)사문을 비롯하여 도정·혜응·혜외 등과 의기투합하여 천축국에 가서 율장(律藏)[8]을 가져오기로 뜻을 모았던 것이다. 그리하여 처음 장안을 출발하여 도중 장예[張液]에서 지엄·혜간·승소·보운·승경 등의 다섯 명, 그 위에 호탄[和闐]에서 혜달이 합세하여 모두 총 11인이 되었다.

당시의 여행은 달러($)만 있으면 아무 나라나 갈 수 있는 지금과는 사뭇 차원이 원초적인 상태였을 것이다. 그냥 가는 곳마다 즉석에서 물물교환의 방식이나 또는 엽전이나 물품을 보시(布施)받아서 필요한 것을 구하면서 다니는 여행이었다. 말하자면 "집 떠나면 개고생"이란 말이 딱 어울리는 그런 시대였다.

각설하고, 하여간 이렇게 급조된 법현 일행의 테마여행팀은 실크로드의 본격적인 베이스 켐프였던 둔황[敦煌]의 옥문관을 나가 흐르는 모래 강[沙河]을 건너 죽음의 대설산과 소설산을 넘어 스와트계곡에 있던 우디야나·간다라·탁시라·페샤와르·카슈미르 등을 차례로 방문하여 신비한 전설이 가득한 붓다의 본생담인 '자타카(Jataka)'의 고향을 두루 섭렵하고 다시 중천축으로 가서 붓다의 탄생지를 비롯한 '8대 성지'를 순례하고 중천축의 수도 파트나에서 3년 동안 경전의 필사와 연구에 전념하였다.

---

8) 불경은 3부분으로 나누어 삼장(三藏)이라 하는데, 석가모니의 말씀을 기록한 경장(經藏), 계율을 정한 율장(律藏), 경을 풀이하여 해석을 부친 논장(論藏)이 있다. 여기서 율장은 출가승단이 지켜야 할 온갖 규범을 세목 세목 정한 것으로 초기 승단이 존속하기 위해서는 무엇보다 필요한 것이기에, 법현은 그 필요에 의해 인도로 향했던 것으로 보인다.

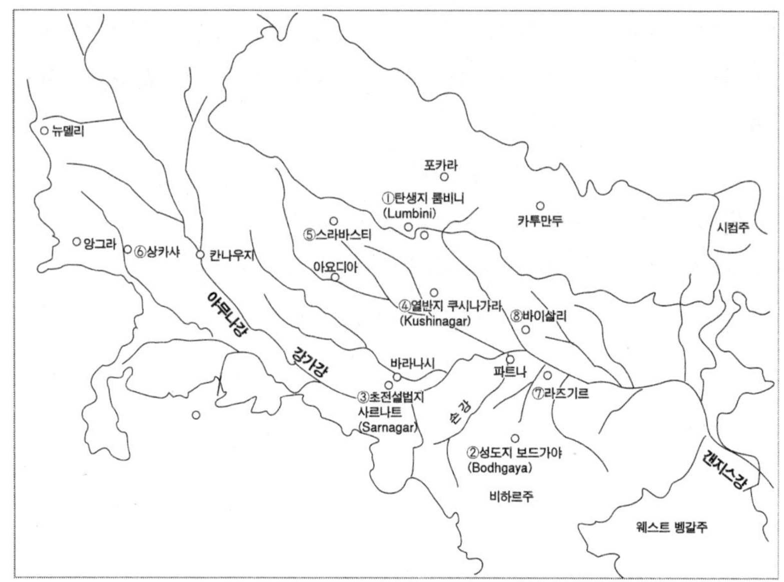

붓다의 탄생지를 비롯한 불교 8대 성지

그리고는 갠지스강을 따라 동부의 해안도시인 탐룩에 이르러 다시 2년 동안 경전을 필사한 후 배를 타고 스리랑카에 들려서, 다시 2년 동안을 율장의 필사와 연구를 하다가 무역선을 얻어 타고 수마트라, 자바를 경유하여 귀국하였다.

특히 사자국(獅子國)에서의 기록은 그 희귀함으로도 빛이 나는 것으로, 특히 한 고승의 다비(茶毘/ Jhāpita)식을 묘사한 장면은 너무나 생생하다.

그리하여 국왕은 율장을 참고하여 나한의 장례법대로 사유(闍維),[9] 즉 다비식을 치르게 하였다. 정사의 동쪽 4.5리 되는 곳에 좋은 장작을

---

9) 범어 자피타의 음역으로 야유(耶惟)라고 번역하며 다비(茶毘), 즉 화장을 말한다. 이 기록은 대단히 귀중한 것으로 1600년 전의 다비절차를 생생하게 전해주고 있다.

사방 3장, 높이도 3장 되게 쌓고 왼쪽에 전단과 침향 등의 향나무를 올려놓고 네 변에 계단을 만들고는 그 위에 깨끗한 하얀 천을 두르고 장작을 쌓아 큰 침상을 만들었으니 그 모양은 중국의 상여[輴車]와 같은데, 다만 어용(龍魚)의 귀 같은 장식이 없을 뿐이다.

사유를 할 때에는 국왕과 사부대중들이 모두 모여 꽃과 향으로 공양을 하고 상여를 따라 묘소에 이르렀다. 왕은 자신이 꽃과 향으로 공양하고 그것이 끝나면 상여 위에 수유(酥油)를 두루 붓고 불을 붙이고 불이 탈 때에는 사람들은 공경하는 마음으로 각기 상의·누의·산개 등을 벗어 저 멀리 불 속에 던져 넣어 타는 것을 도왔다. 화장이 끝나자 뼈를 추려 탑을 세웠다.

법현이 이곳에 이르렀을 때는 이미 나한은 살아 있지 않고 오직 장사지내는 광경만 볼 수가 있었다.

법현은 인도네시아 자바섬에서는 곧장 중국의 광저우[廣州][10]로 갈 예정이었으나, 풍랑 때문에 표류하다가 훨씬 북쪽의 산둥반도 남단까지 올라가서 지금의 칭다오[靑島] 인근의 도교의 명산인 노산(勞山, 1,133m) 앞 바다[11]에 도착한 때는 진(晉) 의희(義熙) 8년(412) 7월 14일이었다고 한다.

해양실크로드를 통한 그의 귀로는, 이후 시대의 마르코 폴로보다 900년, 그리고 같은 해로를 택한 8세기의 의정(義淨)이나 혜초(慧超)보다도 근 300년 가까이 앞서는 선구적인 장도였다.[12]

---

10) 혜초와 의정 사문을 비롯한 해양실크로드를 선택한 구법승들은 모두 광저우를 출발점과 도착지점으로 삼았다.

11) 법현이 스스로 도착한 곳이라고 기록한 '장광군계의 뇌산남안'은 오늘날의 산동성 칭다오 근교의 명산인 노산(勞山) 앞바다로 확정되어 중국 측에서는 이곳에 법현의 동상을 세워놓았다.

12) 구법승들의 해양로에 대해서는 옮긴이의 『혜초따라 5만리』 상권(여시아문, 2005)을 참조하시기 바란다.

당초 법현과 같이 인도로 출발한 일행 11명 중 도중에서 얼어 죽고 병들어 죽은 이가 두 명, 되돌아온 이가 여섯 명, 인도에 눌러 앉은 이가 두 명이어서 제일 연장자인 법현 단 한 사람만 목적을 이루고 살아 돌아온 것이다.

그런데 중국으로 돌아온 뒤의 법현의 행적 중에서 눈에 띠는 대목이 보여서 사족을 붙인다. 후에 법현이 산동에서 지금의 난징[南京] 인근의 도장사(道場寺)에서 천축승 불타발타라(佛馱跋陀羅)와 같이 공동으로 그가 가져온 불경을 번역하고 있을 때, 함께 인도로 떠났다가 먼저 육로로 돌아온 지엄(智嚴)과 보운(寶云)이 법현을 찾아왔다고 한다. 10여 년 만의 성사된 그들의 상봉 장면이 어떠했으리라는 것은 독자 여러분들의 상상에 맡겨보고 싶다. 그 뒤 보운은 법현을 도와 같이 번역에 참가하였다고 전한다.

법현은 해로의 어려움을 다음과 같이 기록하면서 대단원의 막을 내리고 있다.

만일 비바람이 몰아치면 바람을 받아 나아갈 뿐 지표로 삼을 것은 전혀 없다. 칠흑 같은 밤이면 다만 파도가 부딪치는 빛깔이 불빛인 양 보일 따름이다. 만일 암초에 걸리면 살 방법이 없다.

이렇게 하여 90여 일 만에 한나라에 도착하였다.

그 나라는 자바[耶婆提]라 불렸다. 그곳에서는 5개월 간 머물렀다. 노잣돈이 바닥이 났기 때문에 시주를 찾아다니고 태워줄 배를 구하느라 바빴다. 드디어 4월 16일 50일 분의 식량을 준비하고 200명 정도의 상인들이 탄 배에 오를 수가 있었다. 배는 동북쪽으로 하여 1개월 남짓 항해하여 광저우[廣州]를 향해 나아갔는데 밤중에 큰 폭풍우를 만났다. 상인과 선원들의 공포는 극에 달했다. 법현은 한마음으로 관세음보살을 염하였다. [마침내] 그 가피력으로 밝은 아침을 맞을 수 있었다. 아침이 되자 한 브라만이 말을 했다.

"[외도인] 이 사문을 배에 태웠기 때문에 우리들이 고난을 만났다. [그러므로 그를] 해변에 내려놓고 가자. 한 사람 때문에 전부가 위험해서야 되겠는가?"

그때 법현의 시주가 나섰다.

"그렇다면 나도 함께 내려달라. 그렇지 않겠거든 즉시 나를 죽여라. 당신들이 이 사문을 내려놓는다면 중국에 도착했을 때 왕께 나아가 호소하겠다. 중국 왕이 불법을 숭상하고 비구승을 얼마나 존중하는지 모르느냐?"

상인들이 주저하였지만, 나를 [배에서] 내리게 하지는 않았다. 험난한 항해는 계속되었다. 물은 떨어지고 식량도 바닥이 났다. [그렇게] 50일이 훨씬 지난 12주 만에 배는 우연히 어느 해안에 닿게 되었다. (…중략…) 장광군계[長廣郡界]인 뢰산(牢山) 남쪽 해안이었다.[13]

각설하고, 이제 마지막 마무리를 해보자. 물론 『불국기』는 여행기의 쌍벽으로 꼽히는 현장법사의 『대당서역기』처럼 대하적인 다큐는 아니다. 9천 5백 자, 1권 정도 분량의 단편이지만 위에서 이야기한 것처럼 헬레니즘 문화를 직접 조우한 첫 번째 기록이라는 점과 고대 중앙아시아와 인도 대륙뿐만 아니라 해로상의 스리랑카 등을 아우르는 아시아 전체의 상황이 상세하게 기록되어 있어서 질적으로는 오히려 현장의 것에 뒤지지 않는다고 평가되고 있다.

『불국기』는 앞에서 여러 차례 밝힌 바이지만, 『고승법현전』 또는 『역유천축기(歷遊天竺記)』라고도 불리는데, 법현이 귀국한 다음 해인 413년에—본문에 의하면—스스로 기술하였다고 하지만, 여러 정황상 편찬자가 따로 있을 가능성이 많다고 보인다.

---

13) 위 기록은 소 『법현전』으로 본 역주본의 대본이 된 대 『법현전』과는 조금 차이가 난다.

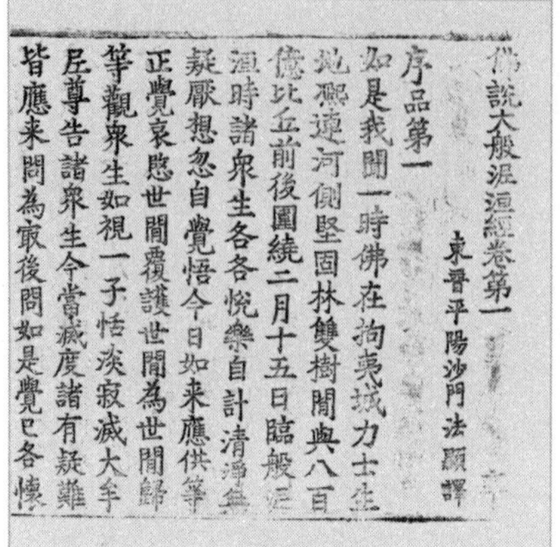

법현역 고려장경 『대반니원경』

물론 이외에도 그가 번역한 많은 경전들—『대반니원경(大般泥洹經)』6권, 『마하승기율(摩訶僧祇律)』 40권 등 6부 63권, 미완역인 채로 남아 있는 『장아함경(長阿含經)』 5부 등이—불교사적으로 의미가 없다는 것은 아니지만, 법현을 인류 역사의 찬란한 별로 만들어준 것은 역시 본 여행기라는 점만은 분명하다.

이 책은 막막한 모래사막 그 너머에 신기루 같은 '서역의 꿈'을 꾸던 여러 후배들—송운·혜생·현장·의정·혜초 등과 같이 순례기를 남긴 여행의 사문들과 그들 외에도 여행기는 남기지 않았지만, 이름만은 남긴 180여 명의 순례승들—에게 처음으로 어떤 비전을 제시한 선구적인 텍스트였다.

말하자면, 후배들에게 서역으로의 보랏빛 꿈을 꾸게 만든 '동기 부여'를 하게 해준 일종의 스테디셀러 가이드북이었다. 그 점은 현장을 비롯한 그 누구도 넘볼 수 없는 업적이라 하겠다.

또 한 가지 추가해서 밝혀야 할 일이 있다. 그것은 『불국기』가 두 종류 있다는 사실이다. 법현은 당시 여산(廬山) 동림사(東林寺)의 유명한 선승인 혜원(慧遠, 334~416)[14]의 요청에 의해 여산에서 경을 설하였는데, 그때 혜원의 속가제자인 뇌차종(雷次宗)이 법현의 천축

---

14) 강서성(江西省) 구강현(九江縣)의 여산(廬山)의 동림사(東林寺)애는 동진의 혜원 선사와 호계삼소(虎溪三笑)라는 고사로 유명한 곳이다. 그는 '백련사(白蓮社)'라는 모임을 만들어 정진하던 정토종의 종조로 꼽히고 있는 고승이다. 혜원선사가 법현을 초청하여 강론을 폈다는 사실은 둘의 생몰연대와 지리적 조건으로 보아 가능성이 많다고 하겠다.

행의 이야기를 듣고 정리를 하여 『유천축기전(游天竺記傳)』이란 책 한 권을 편찬하였고, 이것을 법현 스스로가 보충하여 완성시킨 본 역주본인—[팔만대장경본]을 편의상 대전(大傳)이라 부른다면— 석혜교(釋慧皎)가 편찬한 소전(小傳)이 따로 있다는 말이다. 전자가 행로 자체에 중점을 둔 반면 후자는 법현의 행장에 중점을 두었다 는 차이가 있다. 이는 다음 구절을 보면 확연해진다.

뒤에 형주(荊州)에 이르러 신사(辛寺)에서 열반에 드셨는데, 나이는 86세이셨다. 대중들이 모두 애석하게 여기고 서러워하였다.
법현사문이 여러 나라를 여행하고 답사한 것에 대해서는 별도로 대 전(大傳)이 있다.

▷▷▷『고승법현전』 석혜교찬 제3권

라고 기록한 것을 보아도 이른바 『법현전』은 소전, 대전 두 본이 존재함을 알 수 있으니, 독자제위는 혼동이 없기 바란다.

법현의 유업을 추모하여 『불국기』의 재조명은 근대를 지나 현 대까지 간간이 이어지고 있다. 근대 서양에서도 번역판이 이어져 불어번역으로는 A. 레뮈사(1836), 영역판은 S. 빌(1869), H. A. 자일 스(1877), J. 레그(1886) 등이 있어 모두 세계적인 명저의 반열에 들 었고 동양 쪽으로는 청(淸)나라의 정겸(丁謙)의 『불국기지리고증 (佛國記地理考證)』을 비롯하여, 일본의 나가사와 가즈도시(長澤和俊) 의 『法顯傳』(平凡社), 그리고 대만의 三民書局에서 펴낸 역주판도 있다.

한편 국내 번역판은 동국대 불전간행위원회의 『불국기』(현대불 교신서 제32권, 1980) 이재창 역주본이 있기는 하지만 절판된 지 오 래되었고, 또한 세로읽기 방식이어서 이 자체로도 고전이 된 지 오래이다. 그래서 시대적으로 '업그레이드'할 필요가 요구되었기에 옮긴이는 이번 〈실크로드 고전여행기〉 총서의 두 번째 대본으로 꼽는 것을 주저하지 않았다.

총 서문에서 옮긴이가 이미 밝힌 것처럼 1600년 전의 법현이 우리 후손들에게 던진 메시지는 바로 "지금도, 아직, 너무 늦지 않았다"는 것이리라….

2013년 맹춘지절에
서역만리 석류(石榴)의 꿈을 꾸며
수리재 설역서고(雪域書庫)에서
다정거사 두 손 모으다.

실크로드 고전여행기 불국기 목차

불국기 역주

불국기 원문 ______ 181

부 록

추천의 글 ______ 221

初黃 金良植/ 김연호/ 김풍기/ 김희준/ 朴允煥/ 서용/ 송순현/ 옥영경/ 유정길/
유진규/ 윤창화/ 李光軍/ 이상기/ 이외수/ 李仁秀/ 장영기/ 전상국/ 전인평/
桐普 鄭大錫/ 정수일/ 雪山 鐵眼/ 최돈선/ 현각/ 황병기

불국기 역주

『불국기』 일러두기

1. 번역 대본은 고려대장경〈K.1073 (32-749)〉『고승법현전(高僧法顯傳)』을 사용하였고, 대조용으로 신수대장경〈T.2085 (51-857)〉『高僧法顯傳』과 인터넷 『法顯行傳』 學津討原本을 사용하였고, 각주용으로는 가즈도시(長澤和俊)의 『法顯傳』(平凡社)을 참조하였고, 국내 번역판으로 『불국기』(이재창 역주본, 현대불교신서 제32권, 1980)에서 많은 도움을 받았고 일부 인용하였음을 밝혀둔다.

2. 지명·인명 등 고유명사는 이번 〈실크로드 고전여행기〉 총서에 공통적으로 사용한 방법인 우리말의 한자음대로 표기하되, 외래어나 외국어는 현지 발음에 따라 표기하는 것을 원칙으로 하였다. 그리고 우리말로 굳어진 것은 관용을 존중하여 (현지명 한글표기/ 영어/ 한문 한글표기/ 한문) 식의 표기를 원칙으로 하였다.

   예를 들면 중국지명은 호탄(Khotan/ 和田/ 우전국/ 于闐國), 한마성(捍摩城/ Chira/ 策勒), 타쉬쿠르간(Tashkurghan/ 한반타국/ 漢盤陀國) 등으로 표기하였고, 외국지명은 볼로르(Bolor/ 발려륵국/ 鉢盧勒國), 우디야나(Uddiyana/ 오장국/ 烏場國) 등으로 사용하여 (한국어 현지명/ 영어 표기명/ 원문 한국어 표기/ 원문) 등으로 역시 통일했다.

3. 특별한 의미가 없는 일반적인 인명·지명 등 고유명사의 한문표기는 가능한 한글화를 원칙으로 하였고, 인명에 대한 중복되는 존칭은 생략하였다. 예를 들면 법현스님, 법현사문 등은 그냥 법현, 혜초, 현장, 의정, 송운 등으로 호칭을 줄였다.

4. 원문에는 없지만 옮긴이가 꼭 필요하다고 보는 대목에는 [ ], ≪ ≫로 병기(倂記)하여 보충설명을 간략히 추가하였다.

5. 관련 사진과 행선도, 참고지도의 경우는 본문의 제목번호와 같은 일련번호를 사용하여 독자들이 읽고 보는 데 편리하게 하였다.

6. 언어명은 구분이 확실한 경우에는 산스크리트어(Skt), 티베트어(Tib), 빠알리어(Pli) 등으로 표기했고, 불분명한 경우에는 그냥 범어(梵語)로 통일하였다.

<남염부주도(南閻浮州圖/ Jambudikā)>

<남염부주도(南閻浮州圖/ Jambudikā)>

  이 지도는 "만력정미(萬曆丁未, 1608년) 중추(仲秋)에 사문인호(沙門仁潮)가 천목사에서 모아서 편찬하다"라는 서문이 붙어 있는 『법계안립도(法界安立圖)』라는 3권짜리 지리책 상권에 수록되어 있는 것으로 그 내용은 인도 대륙을 중심으로 서역과 중국의 지리를 한 장의 지도로 표시한 것이다.
  이 지도의 편찬자인 인호사문의 인적 사항은 알려진 것이 별로 없지만, 대략 명나라 신종(神宗) 연간에 절강성 천목산(天目山)에 주석하였던 지리학에 조예가 깊었던 승려로 옛적부터 전해 내려온 불교 쪽 고지도들을 수집하여 설명을 부처 책으로 편찬하였다고 자서에 스스로 기록하고 있다.
  지도의 중앙에는 향산(香山/ 須彌山/ 현 Kailas)과 아나달지(阿那達池/ 현 Manasarova)가 자리 잡고 있는데, 이를 중심으로 동서남북으로 항하(恒河/ Gengis R.)와 신두하(信度河/ Indus R.)를 비롯한 4대강이 흘러내려 바다에 이르고 있는 모양새이다.
  먼저 북동쪽의 중원 대륙 쪽으로 눈을 돌려보면, 동쪽 끝 바다에는 고려(高麗)를 비롯하여 만리장성과 황하와 장강(長江)이 눈에 들어온다. 이를 시계방향으로 살펴보면 북동쪽으로는 포창호(浦昌湖/ Nopnor), 열해(熱海/ Isikkől), 오손(烏孫), 돌궐(突厥), 우전(于田/ Hotan), 고창(高昌), 아기(阿耆), 소륵(疎勒/ Kashgar), 천천(千泉/ Tokmok) 등이 보이고, 북서쪽으로는 철문(鐵門)과 '설산서 34국(雪山西三十四國)'과 도화라(覩貨羅/ Tokhra)가, 서쪽으로는 '북인도 27개국'과 오장(烏杖/ Udiyāna), 건타라(健馱羅/ Gandhāra)가, 서남쪽으로는 '서인도 12국'과 신도(信度/ Sindi)가 보이고, 서남쪽에는 마랍(摩臘/ Malava)이, 남쪽에는 '남인도 15국'과 보타낙가산(補陀洛迦山/ Potalāka)이, 남동쪽으로는 '동인도 10여국'과 오다(烏茶/ Udrā)가 눈에 들어온다.
  그리고 인도 대륙 중앙에는 갠지스강 위쪽으로는 비사(毗舍/ Vaishali), 구시나(拘尸那/ Kusinagār), 사위(舍衛/ Sravasti), 곡녀(曲女/ Kanauj), 파라나(波羅奈/ Varanasi) 등이 보이고, 갠지스강 아래로는 보리수로 보이는 큰 나무 아래 금강좌(金剛座/ Maha-bodhi)와 '중인도 31국' 그리고 마갈(摩竭/ Maghada)이 눈에 들어온다.
  옮긴이는 이 지도를 7세기 중반의 중화권의 우주관을 엿볼 수 있는 또 하나의 이른바 인도를 중심으로 한 <아시아전도>라고 조심스럽게 정의하고 싶다. 그 근거는 다음과 같다.
  편찬자는 이 <남염부주도>가 언제, 누구에 의해 설계되었는지를 밝히지는 않았지만, 인도로 가는 이정표를 자세하게 기록하고 있고 또한 지도를 보면, 인도 대륙을 5인도로 각각 나누어—예를 들면 '중인도 31국(中印度三十一國)'이라는 식으로—각기 권역별로 나라의 숫자를 표기하고 있는데, 이는 정확히 현장법사의 『대당서역기』의 그것과 일치하고 있고 또한 지도 속의 지명들도 대부분 같다는 점, 그리고 『대당서역기』의 편찬자인 변기(辯機)의 이름도 보이는 점 등을 미루어보아서는 현장법사의 『대당서역기』의 내용을 한 장의 지도의 형식으로 편찬한, 이른바 <목판본 대당서역기 변상도(變相圖)>에 해당된다고 볼 수 있다.

장안을 출발하다

1-1. 장안성(長安城)에서 둔황[敦煌]으로

동진(東晉)의 사문 법현(法顯)이 천축에서의 일을 스스로 기록하다.[1]

이전에 [나] 법현은 장안[西安]에 머무를 때, [삼장 중에서] 율장(律藏)이 부족함에 대해 개탄하였었다. 그리하여 동진(東晉) 홍시 원년(弘始元年, A.D. 399)[2] 기해년(己亥年)에 혜경(慧景)·도정(道整)·혜응(慧應)·혜외(慧嵬) 등과 함께 천축국에 가서 율장을 가져오기로 뜻을 모았다.

그리하여 처음 장안을 출발하여 농주(隴州)[3]을 지나 건귀국(乾歸

---

1) 나가사와의 역주본을 비롯해 대부분의 역서들이 이 대목을 모두 생략하였지만, 본서에서는 이것에서부터 번역을 시작한다. 원문은 "東晉沙門法顯 自記遊天竺事"는 편찬자가 없다는 뜻으로 보이지만, 정황상 편찬자가 있는 것으로 비정된다.
2) 홍시는 후진의 연호로써 동시에 동진의 융안(隆安) 3년에 해당된다.
3) 협서성과 감숙성의 경계인 용산 인근에 있는 곳으로 한나라 때의 천수(天水)이고 당나라 때의 농주(隴州)로 지금의 감숙성 용현에 해당된다.

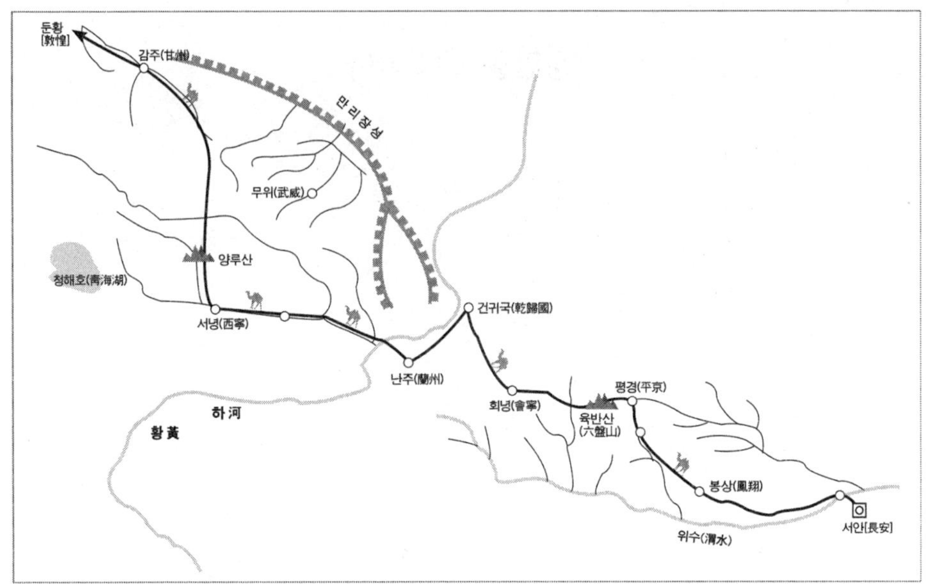

하서주랑 행선도(서안[長安]에서 장액진[甘州]까지)

國)4)에 이르러 하안거5)에 들어갔다. 하안거를 마치고 길을 재촉하여 녹단국(褥檀國)6)에 이르렀고, 다시 양루산(養樓山)7)을 지나 장예[張掖]8)에 이르렀는데, 이때 장예에는 큰 난리가 일어나 길이 막혀버렸다. 장액왕 단업(段業)9)은 이들을 머무르게 하고는 이내 신

---

4) 현 감숙성 청원현(淸願縣)에 해당된다.

5) 원문에는 하좌(夏坐)라고 되어 있지만, '하안거'가 일반적인 용어이다.

6) 현 감숙성 서녕시(西寧市)의 연박현(碾泊縣)으로 비정되는 곳으로 남량국(南凉 國)의 왕인 독발녹단(禿髮褥檀)의 거성이었다.

7) 현 서녕시(西寧市)의 북쪽 대통하(大通河)의 남쪽에 걸쳐 뻗어 있는 산맥으로 양 녀산(養女山)이라고도 부른다.

8) 옛 감주(甘州)로 옛부터 '하서 4진'의 한 곳으로 실크로드의 요충지 중의 하나였 다. 마르코 폴로가 1년을 머물면서 "감주(장액)는 대주의 수도이자 통치 중심지 여서 규모도 크고 매우 훌륭하다. 주민은 우상교도 이외에 양간의 회교도와 기독 교도가 있는데 기독교는 훌륭한 예배당을 3개소가 갖고 있다"라고 기록해 놓고 있다.

둔황과 명사산

도10)가 되었다.

　여기에서 지엄(智嚴)·혜간(慧簡)·승소(僧紹)·보운(寶雲)·승경(僧景)사문 등과 만나게 되었는데, 기꺼이 천축으로 함께 가기로 뜻을 모으고 함께 하안거에 들어갔다.

　하안거를 보내고 다시 출발하여 둔황[敦煌]에 이르렀는데, 이곳에는 동서의 길이가 약 80리, 남북의 길이가 40리에11) 이르는 성곽이 있었다. 여기서 일행은 1개월 정도 머무른 다음에 법현과 5인은 사신을 따라 먼저 떠나게 되어 보운 등과 다시 헤어지게 되었다. 둔황태수 이고(李暠)12)의 일행이 사하를 지나가는 데 필요한

---

9) 북량왕(北涼王) 단업은 장액을 근거로 하였기에 장액왕이라 불렀는데, 당시 돈황태수 이고(李暠)의 난 때문에 그곳이 어지러운 때 법현이 이곳을 지난 것으로 보인다.

10) 원문은 단월(檀越)이지만, 일반적으로는 쓰지 않은 단어이기에 순화하였다.

11) 한나라와 위진남북조의 리(里)는 지금의 거리로 환산하면 414m라고 한다. 그러므로 당시 돈황성의 규모는 대략 3,300m×1,200m에 이르는 장방형의 큰 요새였다고 비정된다.

둔황 막고굴

재물을 보시해주었다.

1-2. 타클라마칸(塔克拉瑪干沙漠/ Taklamakan)[13]

사하(沙河/ Kum Darya)[14]에는 악귀와 열풍[15]이 심하여 이를 만

---

12) 본문에는 이호(李浩)라고 되어 있으나 이고가 맞다. 또한 원문에는 '燉煌'으로 되어 있으나 지금 사용하는 글자로 통일했다.

13) 중국 신장위구르 자치구 서부, 타림분지에 있는 사막으로 면적은 약 37만 km²이다. 위구르어로는 '들어가면 나올 수 없는'이라는 뜻이다. 사막 안에는 수많은 사구가 이어지고, 사구가 바람에 밀려 이동하기 때문에 예로부터 교통의 큰 장애가 되었지만, 인간들은 기원전부터 오아시스를 잇는 여러 갈래의 길을 개척하여 동서문화의 소통로로 이용하였다.

14) '사하'란 바로 현지어로 '쿰 다리아'인데, '쿰'은 모래를, '다리아'는 강물을 의미하여 '모래가 강물처럼 흐르는 모래의 강'이란 뜻으로 바람에 따라 움직이는 지형을 말하며 지도상으로는 고비사막의 서쪽 끝과 타클라마칸사막의 동쪽 끝에

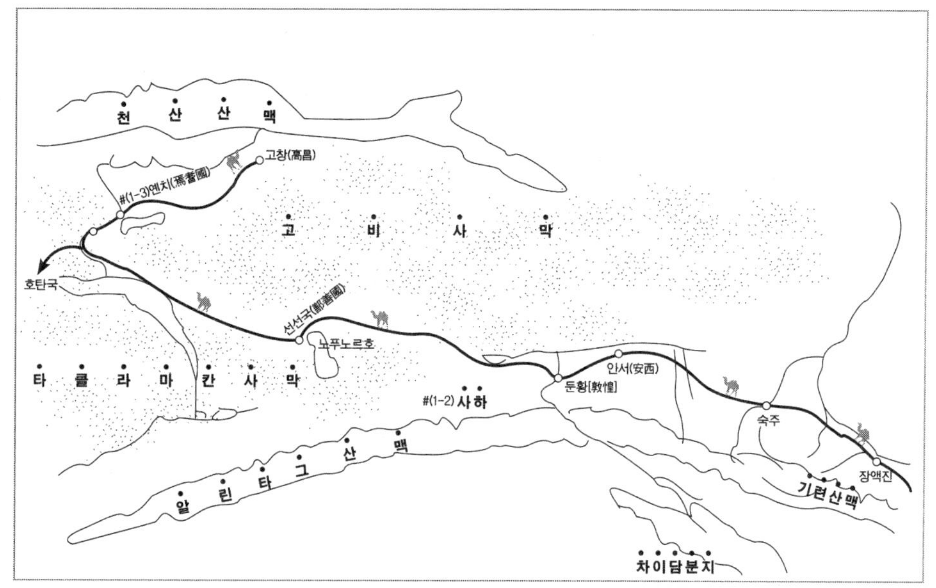

장액진에서 옌치까지

나면 모두 죽고 한 사람도 살아남지 못한다. 하늘에는 날아다니는 새도 없고, 땅에는 뛰어다니는 짐승도 없다. 아무리 둘러보아도 망망하여 가야 할 길을 찾으려 해도 어디로 갈지를 알 수가 없고 오직 언제 이 길을 가다가 죽었는지는 모르지만, 그 죽은 사람의 고골만이 길을 가리켜주는 표지가 될 뿐이다.

[일행이] 17일 만에 약 천 리[16]를 가서 선선국(鄯善國/ 樓蘭國)[17]

———

해당되는 지역으로 둔황의 서쪽의 옥문관을 지나 선선국(鄯善國)에 이르는 사이에 있는 사막이다.

15) 사막의 모래바람, '카라부란'을 말하는데, 현장도 이에 대해 다음과 같은 기록을 남겼다. "온통 모래뿐인데 바람 따라 모이고 흩어진다. 발자국이 남지 않아 길을 잃는 수가 많다. 그래서 그곳을 왕래함에 있어서는 유해(遺骸)를 목표물로 삼는다. 바람이 일기 시작하면 사람 짐승 할 것 없이 눈을 뜨지 못하며 때로는 노랫소리가 들리고 때로는 울부짖는 소리도 듣게 되는데 그것을 듣는 사이 어디로 가는지 모른다. 이렇게 해서 가끔 목숨을 잃는 경우가 많은데, 이는 모두가 악귀의 소행이다." 마치 법현의 글을 패러디한 것 같은 느낌이 들 정도로 비슷하다.

에 이르렀다. 그곳은 땅이 거칠어 농사가 잘 안 되며 속인들의 옷은 모직물을 사용하는 것이 다를 뿐 거칠기는 중국인들의 옷과 마찬가지였다.

이 나라의 왕은 불교를 신봉하며 승려들은 4천 명 정도였는데 모두 소승을 믿는다. 사문들은 물론 속인들도 모두 천축의 예법을 행하고 있었는데 이곳뿐만 아니라 서쪽에 있는 나라들도 대게 이와 비슷하였다. 다만 나라마다 사용하는 언어가 다르지만, 출가한 사람들은 모두 인도의 문자를 익히고 있다.

1-3. 옌치(焉耆/ Arki/ 阿耆尼國/ 烏夷國)[18]

여기서 한 달을 머무른 뒤 다시 서북쪽으로 걷기 시작하여 15일 만에 오이국(烏夷國)에 이르렀다. 이 오이국에도 승려들이 4천 명

---

16) 환산하면 621km가 됨으로 법현일행은 하루 평균 36km를 걸어서간 셈이 된다.

17) 한나라 때의 누란국(樓蘭國)으로 지금은 흔적조차 찾을 수 없지만, 기원전부터 실크로드의 요충지로 독립적 왕국으로 번영하였던 나라였다. 기원 전후를 전후하여 한나라의 영향력 아래로 들어왔는데, 당시의 상황은 『한서』「서역전」에 자세히 나타난다.

"선선국은 원래 누란이라 불렀다. 그곳은 장안에서 6천 리 양관에서 1,600리 지점에 있다. 가구수는 1,570호, 인구는 14,100명, 군인은 2,912명이다." 이런 상황은 6세기의 『송운행기』에서도 계속되고 있는데, "토욕혼에서 서쪽으로 3,500리를 가서 선선성에 도착하였다. 자신들이 왕을 세웠으나 토욕혼국에 병합되어, 지금 성의 주인은 토욕혼 국왕의 둘째 아들 영서장군(寧西將軍)으로 삼천 부락을 거느리고 서쪽 오랑캐들을 방어하고 있다." 그러나 현장은 찬란한 이름만 남기고 모래바람 속으로 사라져간 옛 전설적인 왕국을 생각하고는 간략히 기록하였다. "대유사를 건너면, (…중략…) 누란국의 옛 터에 이른다."

그렇다면 누란의 쇠락은 중원의 여러 왕조와 토욕혼(吐谷渾) 등의 지배를 거치고는 7세기에 이르러 시작된 것이라고 보여진다.

18) 현 신장 자치구의 옌치[焉耆]로써, 현장은 아기니국(阿耆尼國)으로 표기한 곳이다. 또한 혜초 현존본 『왕오천축국전』에 마지막 대목으로 우리에게는 인상 깊은 곳이다. "또 안서에서 동쪽으로 가면 옌치[焉耆]에 이른다. 여기에도 중국 군대가

塔里木 사막 입구

이나 되었는데, 모두 소승을 배우고 있으며 의식이나 계율을 지킴이 철저하여 중국에서 온 어떤 승려도 이런 점에서 그들에게 미칠 수 없었다.

법현은 행당공손(行當公孫)[19]의 경리(經理) 일을 맡아 두 달여를 여기서 머물었는데, 이곳에서 다시 보운(寶雲) 등과 이 오이국에서 다시 만나게 되었다. 이 나라 사람들을 예의를 지킬 줄 모르고 손

지키고 있다. 왕이 있는데 백성은 호족이다. 절도 많고 승려도 많은데 소승이 행해진다. [글자가 빠짐] 이것이 곧 안서사진(安西四鎭)의 이름들이니 첫째가 안서, 둘째가 호탄, 셋째가 카슈가르, 넷째가 옌치이다. [글자가 빠짐] 중국법을 따라서 머리에는 두건을 두르고 바지를 입는다. [이하 완전 결손]." 호탄에서 서역 남로를 따라오면서 혜초는 다음의 구절을 마지막으로, 영원한 침묵에 들어갔다.

19) 법현의 시주자로 여겨지는 인물로 나가사와(長澤)의 견해로는 불교의 외호로 유명한 전진(前秦)의 부견왕(符堅王)이 한서사군을 점령했을 때 남겨진 후손이라는 비정을 하고 있지만 확실하지는 않다.

님을 만나도 대우가 매우 박해서 지엄·혜간·혜외 등은 행자(行者)
를 구하고자 결국 고창(高昌)으로 돌아가고 말았다.

　법현 등은 부공손(符公孫)으로부터 노잣돈을 보시 받아 서남쪽
으로 곧바로 나아갈 수가 있었으나 가는 도중에는 사람이 살지 않
는 무인지경이 연이어 있고 강녘 길을 따라 지나는 길은 매우 험난
하여 그 고생은 이루 형언할 수가 없었다.

　그리하여 길을 떠나지 한 달 5일 만에 우전국에 겨우 도착하였다.

1-4. 호탄(和闐/ Khotan/ 于闐國)[20]

　이 나라는 토지가 기름져서 사람들의 생활이 윤택하였고 불법
을 받들어 불교가 생활화되어 있었다. 승려들은 수만 명이나 되었
는데 모두 대승을 배우고 있었으며 모두 무리지어 식사를 하고 있
다. 이 나라 사람들은 대게 집 앞에 작은 스투파를 세워 놓았는데
그 중 제일 작은 것은 약 두 장(丈) 가량 되어 보였다. 또 사방에
승방(僧房)을 지어놓고 지나가는 객승들에게 제공하고 있으며 그
밖에 필요한 물자들은 마련하여 두고 있다.

　이 나라의 왕은 법현 등을 한 사원에 편안히 있도록 해주었는
데, 그 사원의 이름은 구마제(瞿摩帝)였다. 이 절은 대승에 속하고

---

20) 호탄은 실크로드 육로 '서역남로상의 요지로 기원전 138~126년 장건(張騫)이 서
　　역행 때부터 이미 알려져 있던 나라였다. 현장은 구살단나국(瞿薩旦那國)으로
　　부른 곳으로 혜초도 "또 안서를 떠나 남쪽으로 호탄국으로 2천 리를 가면 역시
　　중국 군대가 지키고 있다. 절도 많고 승려도 많아 대승이 행해진다. 이들은 고기
　　를 먹지 않는다. 여기서부터 동쪽은 모두 당나라의 땅이다"라고 기록하고 있다.
　　　호탄은 옛 문헌에서는 구살단나(瞿薩旦那)·지유(地乳)·굴단(屈丹) 등으로 음사
　　되고 있으며, 청대 건륭제(乾隆帝) 때 개명되어 오늘에 이르고 있다. 「송운행기」
　　에는 불법을 불신하던 호탄왕이 어떻게 불교에 귀의하여 독실한 불자가 되었는
　　가 하는 과정을 서술하고 있다.

있는데, 3천 명의 승려들이 건퇴(犍槌)[21] 소리에 맞추어 공양을 하러 모여든다. 그들이 식당에 들어갈 때 위의(威儀)가 엄숙하여 순서에 따라 차례로 자리에 앉는다. 식사할 때는 아무 소리도 안 나며 바리때[鉢][22]의 소리도 전혀 들리지 않는다. 시중 드는 사람이 음식을 더 권할 때에도 서로 부르지 아니하고 단지 손으로 가리킬 뿐이다.

호탄왕: 불법을 불신하던 호탄왕이 어떻게 불교에 귀의하여 독실한 불자가 되었는지 「송운행기」에 기록되어 있다.

위그루의 악사들

혜경(慧景)·도견(道整)·혜달(慧達)은 갈차국(竭叉國/ Tashkurghan)으로 향해 먼저 떠났으며 법현 등은 행상(行像)[23]축제를 보고자 3개월을 더 머물렀다. 이 나라에는 작은 것은 세지 않더라도 큰 가람이 네 개 있다. 4월 1일이 되면 상안의 도로들은 깨끗이 청소가 되고 물이 뿌려지고 거리는 장엄하게 꾸며진다. 성문 위에는 갖가지 장식으로 꾸며진 장막이 처지고 그 아래 왕과 왕후 그리고 궁녀들이 자리를 잡는다.

[우리가 머물고 있는] 구마제 사원은 대승에 속하고 있어서 국왕이 제일 존중하게 생각하기 때문에 제일 먼저 행상을 하게한다. 성에서 24리나 떨어진 곳에서 네 바퀴짜리 수레를 만드니 그 높이가 3장을 넘고 모양새는 마치 칠보로 꾸민 움직이는 전당과 같으

---

21) 범어 간타(Ghanta)의 음역으로 종이나 목탁 등으로 대중들에게 신호를 보내는 것을 말한다. 우리 불교의 '운집목탁'에 해당된다.
22) 원문은 기발(器鉢)로 우리의 '바리때'에 해당된다.
23) 행상은 우리의 석탄일인 초팔일 행사의 일환인 거리연등행사로 보면 될 것 같다.

호탄 인근 서역남로상의 라왁사원 유적지

며 [그곳에는] 비단으로 된 깃발과 우산을 매달았다. 불상은 그 수레 안에 안치하고 두 보살로 하여금 모시게 하고 모든 천신을 만들어 받들게 하니 모두 금은으로 만들어 허공에 매달리게 하였다.

불상을 모신 수레가 성문 앞 100보에 이르면 국왕은 왕관을 벗고 새 옷으로 갈아입고는 손에 꽃과 향을 들고 양쪽에 시종들을 거느리고 맨발로 성문을 걸어나와 불상을 맞이하여 이마를 불상의 발에 대고 절하며 꽃을 뿌리고 향을 사른다. 불상이 성에 들어오면 문루에 있던 왕비와 시녀들이 여러 가지 꽃을 뿌려대니 그 꽃이 어지러이 아래로 떨어진다.

이렇게 행상축제는 장엄하게 진행되는데, 한 사원이 하루씩 행상을 하므로 백월(白月/ 上弦)24) 1일에 시작하여 14일25)에야 마치게 되니 그때야 왕과 왕비는 궁으로 돌아간다.

성 서쪽 7~8리 즈음에 가람이 있는데, 이름이 왕신사(王新寺)인데 80년 동안 지었으며 3대의 국왕을 걸쳐서 완성되었다고 한다. 높이가 대략 25장이나 되는데, 누각은 조각을 한 뒤에 금은으로 장식을 하고 갖가지 보석으로 장엄을 하였으며 탑 뒤에 지은 불당도 장엄하기 그지없으니 기둥·서까래·창문·부채가 모두 금박으로 장식되었고 별도로 요사체26)를 지었는데, 역시 장엄하고 아름다

---

24) 인도의 천문에서는 한 달을 백월과 흑월로 구분하는데, 현장은 "달이 차서 보름달에 이르기까지를 백분(白分, 上弦)이라고 하고, 달이 기울어서 그믐에 이르기까지를 흑분(黑分, 下弦)이라고 한다. 흑분은 14일 때론 15일이기도 한데, 그 이유는 크고 작은 달이 있기 때문이다. 흑분에서 시작하여 백분으로 이어지는 두 분(分)을 합하여 한 달이라 부른다."

25) 원문에는 큰 사원이 4개가 있다고 되어 있으나, 본 역주자 나가사와[長澤]는 14일을 들어 큰 사원이 14개라고 비정하고 있지만, 단정할 일은 못 된다.

운 장식은 도저히 말로 표현할 수가 없다. 고개 동쪽의 여섯 나
라27) 국왕이 소유하고 있는 값진 보물을 여기에다 공양하고 사람
이 사용하는 것은 아주 적다고 한다.

1-5. 차레크(恰熱克/ Qiareke/ 子合國)28)

사월의 행상축제를 모두 마치자 승소(僧韶)는 혼자 서역의 도인
을 따라 계빈(罽賓/ Kapisia/ 迦畢試)29)으로 떠났고, 법현 등30) [네
명은] 자합국으로 떠나 25일 만에 그곳에 도착했다. 이 나라의 국
왕은 불법에 정진하고 있으며 천 명의 승려들이 대승에 속해 있
다. 이곳에서 15일을 머문 뒤 남쪽으로 4일을 가서 총령산(蔥嶺山/
Pamir M.)에 이르러 어마국(於摩國)31)에서 하안거에 들었다.

---

26) 원문은 승방이나 우리나라에서는 요사체(寮舍寨)라고 주로 사용한다.
27) 총령 동쪽의 여섯 나라는 선선·단말·정절·우미·우전·사거 등을 가리킨다.
28) 자합국은 현 지도상의 차리크[恰熱克]현으로 사차(沙車/ Yarkant)현 바로 아래에
    있는데, 예전에는 호탄에서 타쉬쿠르간 사이의 교통로였지만, 현재는 예칭[葉靑]
    과 사차에서 카스[喀什] 간의 도로에 접해 있고 타쉬쿠르간으로 바로 갈 수가
    없고 카스를 경유해야 갈 수 있게 지도가 변해버렸다.
29) 아프간 수도 카불의 북동쪽으로 약 72km 떨어진 지점에 있는 곳으로, 현재의
    카피샤(Kapisia)이다. 가필시(迦畢試), 가비시(迦臂施)로도 쓰인다. 혜초사문도
    "계빈국(罽賓國)은 남파국으로부터 서쪽으로 산으로 들어가 8일을 가면 이른다"
    라고 기록하였다.
30) 법현의 일행 중에서 지엄·혜간·혜의는 오이국에서 이미 고창국으로 떠났고, 혜
    경·도정·혜달은 우전국에서 이미 갈차국으로 먼저 떠나버렸고, 승소는 혼자 계
    빈국으로 떠났으니, 나머지는 법현·혜응·보운·승경만 남은 셈이다.
31) 오타국(烏秅國)으로 불리며 총령산맥 중의 산중 마을로 여기서 법현은 길 떠나
    세 번째 안거를 지낸다.

파미르고원을 넘어

2-1. 타쉬쿠르간(塔什庫爾干/ Tashkurghan/ 竭叉國)[1]

[어마국에서] 하안거를 마치고 산으로 25일을 걸어가서 갈차국(竭叉國)에 이르러 혜경 등과 다시 만났다. 이 나라의 국왕은 반차월사(般遮越師)를 열고 있었는데, 이 말은 중국말로 '5년 대회'라는 뜻이라 한다.

이때 주위 사방의 사문들이 초청되어 구름같이 모여든다. 승려들이 앉는 자리를 장엄하게 꾸미고 비단으로 만든 깃발과 일산을

---

1) 현 중국령 신장(新疆)위구르의 파키스탄과의 접경도시인 타쉬쿠르간으로 파키스탄과의 연결도로인 카라코람 하이웨이(KKH)의 국제버스가 다니는 출발지점이기도 하다. 와칸(Wakhkhān)계곡으로 연결되는 사리콜(Sar-i Kol)계곡에 위치한 국경요새로 당 현종 개원 연간에 설치한 총령수착소(葱嶺守捉所)가 설치된 곳으로 옛부터 서역과 중국 간의 필수 경유지로 국경을 지키던 군사들이 주둔하던 이 산성은 시내에서 2km 거리에 석두성(石頭城)이란 이름으로 불리며 현재까지 건재하다.

석두성에서 바라본 파밀하천 소택지

매달며 금은으로 연꽃을 만들어 승려들이 앉은 자리 뒤에 붙이고 앉을 자리를 정갈하게 마련해 놓는다.

국왕과 신하들은 법식에 따라 공양을 하는데, 한 달, 혹은 두 달, 세 달까지 하며 주로 봄철에 거행한다. 국왕이 공양을 끝내면 여러 신하들이 공양을 베푸는데, 하루, 이틀, 사흘 또는 5일 내지 7일까지 걸리기도 한다. 공양이 모두 끝나면 국왕은 자기가 타는 말에 손수 말안장 얹고 나라의 중신들을 태워준다.

또는 여러 가지 흰 모직담요와 가지가지 보물 등[2] 사문들이 필요로 하는 물건들을 여러 군신들과 발원하여 보시하고, 보시가 끝나면 승려들에게서 그 물건을 다시 사들이도록 한다.

이 나라는 산 속이고 추운 나라여서 다른 곡식은 나지 않고 오직 보리만이 생산된다. 승려들의 한 안거[3]가 끝나면 번번이 서리가

---

2) 원문은 "諸白氈種種珍寶沙門所須之物"인데, '첩(氈)'자에 '모(毛)'를 추가한 것은 글자가 모직담요라는 뜻으로 해석되는, 그런 글자가 없어서 합성한 것으로 보인다.

내리므로 왕은 승려들에게 보리가 익은 다음에 한 해를 마무리하도록 명을 내렸다.

이 나라에는 석존이 쓰시던 침항아리[唾壺]가 있다. 돌로 만들었으며 색깔이 석존이 쓰시던 바리때와 비슷하다. 또한 석존의 치아[佛牙]가 하나 있는데 나라 사람들이 탑을 만들어 모셨다. 천여 명의 승려들이 소승에 매진하고 있다.

총령의 동쪽에는 속인들의 의복들이 거칠기는 중국[秦]나라의 것과 같으나 이곳 사람들은 모직옷을 입는 것이 다를 뿐이다. 사문들의 법다운 의식에 대하여는 뛰어나 다 기록할 수가 없다.

이 나라는 총령산맥의 중간에 있어서 여기까지 오는 중간의 나라들의 초목과 과실이 모두 다르나 오직 대나무·석류·감자 이 세 가지만이 중국과 같다.

석두성 표지석

총령진 석두성

---

3) 원문에는 수세(受歲)라고 되어 있는데, 이는 한 안거가 끝나면 법납(法臘)으로 한 살을 더하는 것으로 여기기에 수세라고 한다.

카슈가르
타림천
아무다리야강
사차(야르칸트)
#(2-1)타쉬쿠르간
#(1-5)차레크
파
(2-2)총령
어마국
미
#(1-4)호탄
길깃트
르
타력국
고
#(3-1)우리야나
#(3-5)핫다
숙가다국
원
나가라하라
타 클 라 마 칸 사 막
#(3-6)
#(3-4)
페샤와르
#(3-3)탁시라
#(3-7)
소설산
(힌두쿠시산)
라이국
인더스강
펠리
#(4-1)마투라

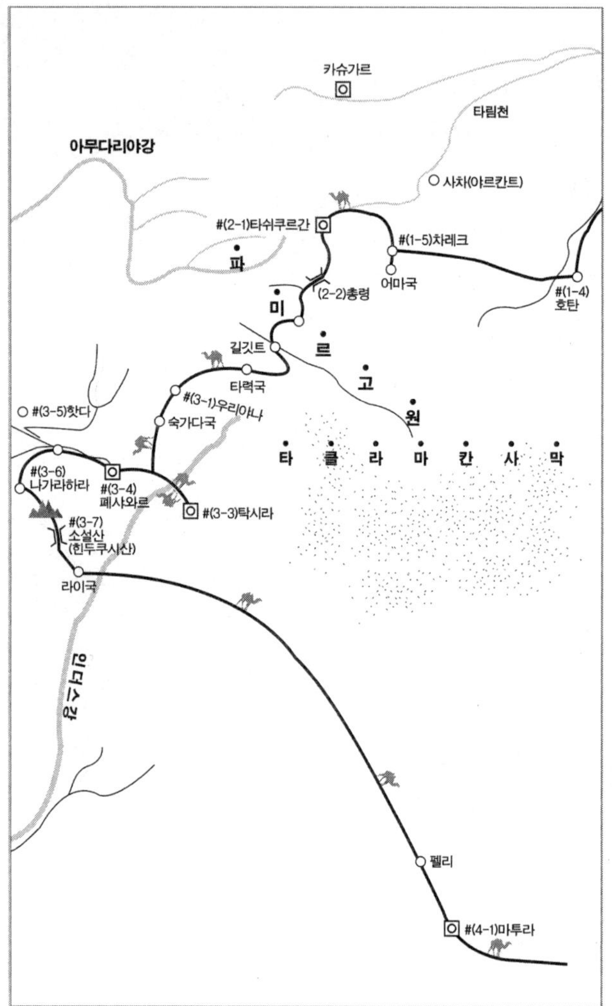

파미르고원과 북인도

2-2. 총령(蔥嶺/ Pamir)[4]

이곳에서 서쪽으로 북천
축국으로 향해 한 달을 가서
마침내 총령을 넘을 수가 있
었다. 총령에는 겨울이나 여
름이나 눈이 쌓여 있었고 또
한 독룡(毒龍)[5]이 있어서 만
약 그가 노하면 혹독한 바람
과 눈비를 토하여 모래와 자
갈이 날리므로 이를 만나는
사람은 한 사람도 온전할 수

파미르고원 조감 전경

가 없었다. 그곳 사람들을 설산인(雪山人)이라 하는 것은 이 때문이다.

총령을 지나 북천축국에 이르는데, 그 초입에 이름을 타력(陀
歷)[6]라고 부르는 작은 나라가 있다. 역시 승려들이 있는데, 소승을

---

4) 범어에서의 파미르(pamir)는 '황야'를 뜻하고, 페르시아어인 바미둔야(Bam-i-
 dunya)는 '평평한 지붕'이라는 의미라고 하는데, 그렇다면 현재 일반적으로 쓰이
 는 '세계의 지붕' 뜻과 어원은, 범어의 '음'에 페르시아어의 '뜻'이 혼용되어 고착
 화된 것으로 보인다.
　파미르고원은 힌두쿠시, 카라콜룬, 히말라야, 쿤룬, 천산산맥 등 아시아의 거대
 산맥들을 거느리고 있는 곳으로 동서문명 교류의 대동맥인 실크로드 오아시스
 육로의 필수 경유지로써 오아시스 남·북 양도가 이곳을 지난다. 그리고 구법승
 들과 탐험가들을 비롯한 많은 왕래자들이 이곳을 목격하고 쓴 귀중한 기록들이
 적지 않게 남아 있어 그 실태를 전해주고 있다. 파미르고원은 '8대 평원'으로
 나누어진다. 옛부터 파미르고원을 횡단하는 길은 여러 가지 있는데, 본서의 「〈부
 록〉 대실크로드의 주요 루트와 파미르고원을 넘는 갈래길」을 참고하기 바란다.
5) 진짜 용이라기보다는 고산의 예측 불가한 일기변화를 법현은 의인화하여 표현
 한 것이다. 현대인들의 마음속에 아직도 용이 존재하고 있는데, 수천 수백 년
 전에 어찌 존재하지 않았으리.
6) 인더스의 본류가 아닌 지류의 하나인 키샨강가(Kishan-Ganga) 기슭에 작은 마을
 로 현 두란(Duran)으로 비정되고 있다.

익히고 있다. 옛날에 한 아라한[7]이 있어서 신통력을 사용하여 솜씨 있는 조각장이를 도솔천에 올려 보내 미륵보살의 키와 색깔과 모양새를 살피고 와서 나무로 조각을 하게 했다.

전후 세 번이나 도솔천에 다녀온 후에 미륵보살상은 완성되었는데 키가 8장이요, 결가부조좌한 발이 8척이나 되었다. 제일이면 언제나 빛을 발하였다. 여러 나라의 왕들이 다투어 공양을 바쳤는데, 현재도 여기서 볼 수 있다.

2-3. 절벽 사이 조교(弔橋)를 건너

이곳에서 총령의 서남쪽으로 15일을 가면 길이 거칠고 험한 산길이며 낭떠러지기 절벽은 위태롭기 이를 데 없다. 이 산은 오직 바위로만 되어 있어서 깎아지른 절벽이 천길만길이나 솟아 있어서 가까이가면 눈이 어지러워서 발 디딜 곳조차 찾을 길 없다. 아래로는 신두하(新頭河/ Indus R.)란 강이 흐르고 있다. 옛 사람들이 돌을 뚫어 길을 내고 의지할 사다리를 걸쳐 놓았는데 그 사다리가 700계단이나 되었다. 사다리를 건너면 헐렁하니 매달린 다리(弔橋)를 밟고 강을 건너는데, 양안의 넓이는 80보가 채 못 되었다. 이 길은 아홉 번이나 이야기해도 다 못할 정도로 한(漢)의 장건(張騫)과 감영(甘英)[8]도 이르지 못하였을 것이다.

여러 승려들은 법현에게 "불법이 중원으로 간 것이 언제이냐?"고 물었다. 이에 법현은 말하기를 "그곳 사람들의 이야기로는 이

---

7) 아소카왕 19년에 칙명으로 계빈국에 불교를 전한 마디얀티카(Madhyāntika)를 말한다. 한역으로는 말전저가(末田底迦) 등으로 불린다.
8) 후한 때의 사람으로 서역도호를 지낸 서역통으로 반초(班超)의 명으로 궁해(窮海)로 보내졌으나 서해로 돌아왔다고 하는 전설적인 여행가이다.

인더스강 주변의 마을들

미륵보살상을 세운 직후에 어떤 천축의 사문이 경·율장을 가지고 이 강을 건너갔다”고 한다. 그러므로 그 보살상은 붓다가 열반한 지 300년 뒤에 세워졌다고 하니, 바로 중국 주나라 평왕(平王) 때이니, 이를 미루어 살펴보면 불교가 중원에 들어오게 된 것은 이 보살상으로부터 비롯되었다고 볼 수 있다.

　무릇 미륵보살이 아니라면 누가 붓다를 계승하여 삼보를 널리 펼 것인가? 변방 사람들이 불법을 안 것은 붓다의 운이 트인 것이고 본래 사람의 힘이 아닌 것을 알 수 있으니 한나라 명제(明帝)의 꿈9)도 이러한데 그 이유가 있었다고 보인다. 이 강을 건너서 오장국에 도착하니 바로 북천축국이다.

---

9) 효명제가 꿈에 금인(金人)을 보았는데 정수리에 흰빛이 있었기에 이를 화공으로 하여금 그리라고 하였는데, 이는 불교가 중원으로 전래됨을 뜻하기에 명제가 67년에 채음(蔡愔)에게 칙명을 내려 대월지(大月氏)에 가서 가섭마등, 축법란과 함께 불상과 『42장경(四十二章經)』을 모시고 돌아오게 하였다고 한다. 그래서 낙양 백마사(白馬寺)를 세우고 난대석실(蘭臺石室)에 소장하도록 명하였다고 한다(『高僧傳』 권1 「섭마등전(攝眠傳)」).

북인도에 들어서다

3-1. 우디야나(Uddiyana/ 鬱地引那/ 오장국/ 烏長國)[1]

[여기서부터] 중천축(中天竺)의 말을 사용한다. 이른바 [인도 내의] 중국(中國)[2]으로 속인들의 의복과 음식 역시 중천축과 같다. 불법이

---

1) 오장국은 현 파키스탄 북부의 스와트(Swat)강 양안에 있었던 나라로 산스크리트 어로 우디야나(Udyāna)라는 이름을 번역하여 현지인들이 울지인나(鬱地引那)라 고 불렀다고 혜초는 밝히고 있다. 혜초는 간다라국에서 정북 방향으로 사흘을 가서 오장국에 이르렀다 했고, 현장의 『대당서역기』에는 우다반푸라다에서 북 쪽으로 산과 강을 넘어 600여 리를 가면 오장국에 도착한다고 기술하였다. 현장 법사가 이곳을 방문했을 때는 대부분의 사찰이 폐허가 되고 승려의 수가 줄어 불교가 쇠망하는 조짐을 보이고 있다 하였다. 그러나 150년가량 지난 8세기 초 혜초가 이곳을 방문했을 때는 다시 불교가 부흥한 흔적을 엿볼 수 있는 내용이 기록되어 있다. 근래 1955년 이후 서양의 고고학 조사단으로 현지 탐사를 했던 스타인 등의 발굴 결과에 의해 볼 때도 오장국에 불교가 대단히 번창하였다는 것이 입증되었다고 한다.

2) 나가사와(長澤)의 견해로는, 고대 인도인들은 오장국이 '세계의 중앙'이란 인식 을 하고 있기에 법현이 오장국을 중국이라 불렀다고 해석하고 있는데, 이는 설득

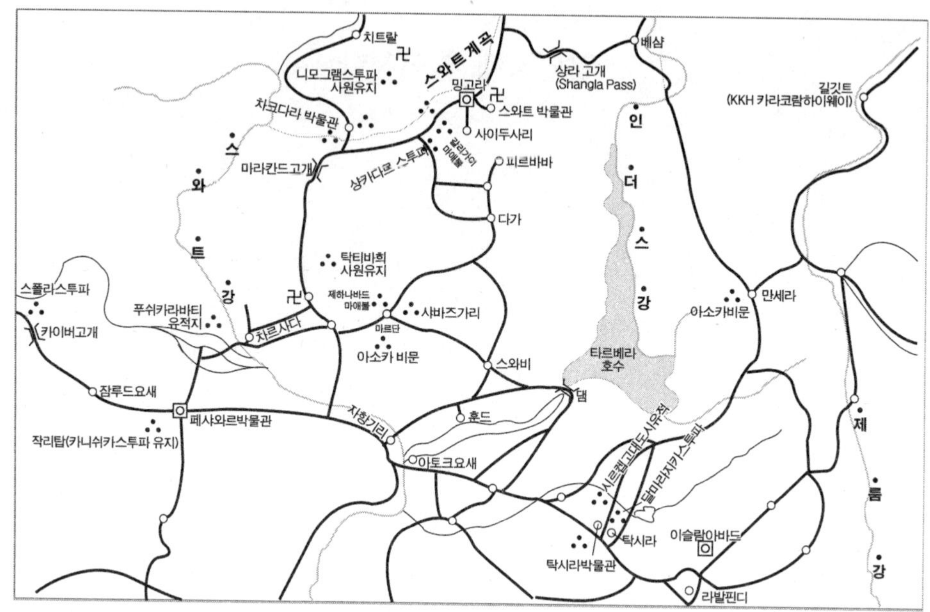

페샤와르와 스와트 인근 지도

매우 성황을 이루고 있고 승려들이 머무는 곳을 이름하여 승가람이
라 하는데, 모두 500여 개가 되며 모두 소승을 배우고 있다.

만약 객승이 도착하면 3일 동안 공양을 하고 3일이 지나면 [비
구] 스스로 안주할 곳을 찾도록 한다. 전해 오는 밀에 의하면 여래
께서 북천축에 오셨을 때 바로 이 나라에 이르러 붓다의 발자국[佛
足]3)을 남기셨다고 한다. 이 발자국은 혹은 길기도 하고 혹은 짧기
도 해서 사람의 믿음에 따라 다르기도 하는데, 지금까지도 그러하
다고 한다.

그 이외에 가사를 말렸던 바위[曬衣石]4)나 악룡(惡龍)을 제도하

력이 없다.

3) 불상이 생기기 전의 이른바 '무불상(無佛像)시대'의 숭배신앙의 대상으로서, 주
로 법륜상·보리수·불족·스투파 등을 대상으로 하였다.

4) 붓다의 가사를 널어 말렸다는 바위에 대해서는 후대의 6세기의 송운·혜생도 다

스와트박물관

신 곳도 있는데 아직까지 그대로 남아 있다. 그 바위는 높이가 1장 4척이고 넓이가 2장으로 한 쪽 가장자리가 편편하다. 여기서 혜경·혜달·도정 등 세 명은 먼저 출발하여[5] 여래의 그림자[佛影]가 있는 나갈국(那竭國)으로 향했다. 법현 등은 여기서 하안거에 들어

음과 같이 기록하고 있다. "용천의 동쪽에 붓다께서 옷을 말렸던 곳이 있었다. 처음 여래가 오장국에서 가르침을 펼 때 용왕이 진노하여 사나운 비바람을 일으켜 부처의 법의의 겉과 속을 모두 적셨다. 비가 그치자 붓다께서 바위 아래 동쪽을 향해 앉아 젖은 가사를 말렸는데, 그 자국은 오랜 세월이 흘렀어도 빛이 나 새것과 같았는데 꿰맨 자리까지 보일 뿐만 아니라 실의 올 자국까지도 선명하게 보였다. (…중략…) 그곳에 모두 탑을 세워 기념하였다." 현장도 물론 "아파라라 용천에서 서남쪽으로 30여 리 강의 북쪽 기슭에 커다란 반석이 있는데 거기에 여래께서 발로 밟으신 혼적이 있다. (…중략…) 강물을 따라서 아래로 30여 리 가다 보면 여래께서 옷을 빨았던 돌이 있는데 가사(袈裟)의 무늬를 새긴 것처럼 지금도 또렷하다"고 기록하고 있다.

5) 항상 일부 일행들이 먼저 출발하고 법현 등 일부 일행들이 뒤처지는 현상이 되풀이되는 사정은 당시 법현의 나이가 이미 환갑을 넘은 나이임을 감안하면 이해를 할 수가 있으리라. 역자 또한 동병상련의 처지여서 이해가 빨리 되었는가보다.

천불천탑의 스와트계곡 붓다의 본생담이 서린 아소카왕이 세운 샨카다르(Shankardar) 스투파

갔다. 안거가 끝나자 남쪽으로 내려가 숙하다국(宿呵多國)에 이르렀다. 이 나라 역시 불법이 흥하다. 옛날에 제석천이 보살을 시험해보기 위하여 매와 비둘기로 변신해서 [보살이 자기] 살을6) 잘라준 곳이다.

여래께서 성도한 후에 여러 제자들과 함께 유행하셨을 때 말씀하시기를 "이곳이 내가 비둘기를 살리기 위해 살을 잘라준 곳이다"라고 하셨다. 나라 사람들이 이런 이유로 여기에 탑을 세우고 금은으로 장식하였다.

3-2. 간다라국(Gandhara/ 건타위국/ 犍陀衛國)7)

[여기서] 동쪽으로 5일을 내려가면 건타위국에 이른다. 이곳이 아소카왕(阿育王/ Asōk)의 왕자 법익(法益/ Kunāla)8)이 다스렸던 곳

---

6) 원문은 활육무합처(割肉貿鴿處)로 본생담 자타카(Jataka)의 한 일화로 시비왕(尸毗王) 시절, 쫓기는 비둘기를 위해 보살이 자기 살을 대신 잘라주었다는 내용으로, 현장을 비롯한 모든 순례승들의 여행기에 나오는 단골 메뉴에 속한다.

7) 간다라국은 이른바 "그리스를 아버지로, 인도를 어머니로 탄생한 문화"라는, 찬란한 '간다라문화'를 이룬 나라로, 현 파키스탄 북부와 아프가니스탄 동부, 즉 페샤와르계곡과 아프간 카불강 유역에 걸쳐 있었다. 그 수도가 바로 현 페샤와르(Peshawar)와 탁시라(Taxila) 등이다.

8) 바로 한역 경전에서 쿠날라(Kunala/ 拘浪拏) 왕자로, 계모의 무고로 인하여 눈을 파내고 온갖 시련을 겪는 스토리로 전개되어 해피엔딩으로 끝나는 설화로 중앙아시아는 물론 멀리 티베트까지 민간설화의 좋은 테마로 쓰인다. 탁시라에 그

탁티바히(Takhti Bahi)사원 유적지 전경

탁티바히사원 복원도

이다. 붓다가 [전생에] 보살로 있을 때 역시 이 나라에 있었는데, [자기의] 눈을 사람에게 보시하였다고 한다. 그곳에 탑이 지어지고 금은으로 장식되었다. 이 나라는 사람은 많은데 소승을 배운다.

3-3. 탁시라(Taxila/ 축찰시라/ 쓰췌尸羅)9)

이곳에서 동쪽으로 7일을 가면 축찰시라라는 나라에 이른다. 축찰시라는 중국말로 재두(截頭)라고 한다. 붓다가 [전생에] 보살로 있을 때 이곳에서 [자기] 머리를 사람에게 보시했다 하여 이런 이름이 생겼다.

다시 동쪽으로 2일을 가면 몸을 굶주린 호랑이에게 보시한10) 곳이 나온다.

스투파가 아직도 존재한다.

9) 탁시라는 핀디 서쪽의 교외에 해당되는 위성도시로 페샤와르 행 기차나 버스를 타거나 택시를 대절해도 좋을 거리로 의미 있는 고대유적이 길에 깔려 있는 마을이다.

10) 이른바 자타카의 '이두시인(以頭施人)' 고사로, 붓다가 전생 보살행을 하실 때 월광왕(月光王)이었을 때의 고사로 역시 유명하다.

탁시라박물관

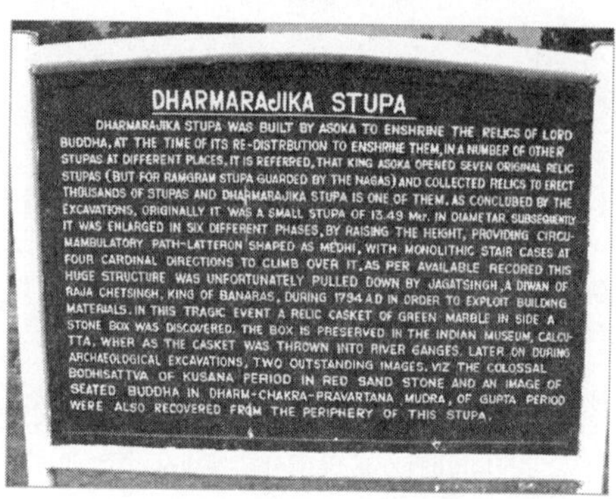

탁시라 달마라지카 안내판

탁시라 우표

탁시라 달마라지카 스투파

고대도시 시르캅 유적지군

페샤와르의 아토크 나루터

이 두 곳 모두 역시 탑을 세워 모든 보석들을 장식했다. 여러 나라의 국왕들과 신하와 백성들이 다투어 공양을 하고 꽃을 뿌리고 등을 켜는 것은 대대로 끊이지 않고 이어진다. 위의 두 탑을 비롯하여 여기 사람들은 4탑을 [중요하게] 꼽는다.

3-4. 페샤와르(Peshawar/ 불루사국/ 弗樓沙國)[11]

건타위국으로부터 남쪽으로 4일을 가면 불루사국에 이른다. 붓다께서 옛날 제자들과 이 나라를 유행하실 때 아난(阿難)에게 이르셨다.

"내가 열반에 든 후 여기에 이름이 카니슈카(罽膩伽/ Kanishka)[12]라는 국왕이 여기에 탑을 세우리라."

[그 예언대로] 후에 카니슈카왕이 출현하여 세상에 유람을 다닐 때 제석천이 그 뜻을 북돋으려고 소치는 목동아이로

카니슈카대왕 사리함. 현재 페샤와르박물관에 전시되고 있다.

---

11) 현 페샤와르(Peshawar)는 아프간으로의 길목으로, 옛 그리스시대로부터 동서양의 실크로드의 요충지로 유명하다. 『낙양가람기』에는 불사복성(佛沙伏城)으로, 『대당서역기』에는 포로사포라성(布路沙布羅城)으로 불리며 카니슈카대왕의 대탑, 즉 작리탑(雀離塔)으로 유명하다.

12) 1세기 쿠샨 왕조의 대왕으로 인도 북부, 아프가니스탄, 중앙아시아 카슈미르 북쪽, 그리고 중국의 신장 일대까지 지배했다. 불교를 적극 후원한 전륜성왕으로 알려졌다. 수도는 현 페샤와르였다. 불교사적으로는 대승불교의 시작을 의미하는 제4차 불교결집을 행한 것으로 유명하다.
혜초사문도 다음과 같은 기록을 남겼다. "큰 절이 하나 있는데, 천친(天親)과 무착(無着)보살이 살던 절로 이름은 카니슈카[葛諾歌]이다. 절에는 하나의 큰 탑이 있는데 항상 큰 빛을 발한다. 이 절과 탑은 옛날에 카니슈카왕이 만든 것이다. 그래서 왕의 이름을 따라 절 이름을 지은 것이다."

페샤와르 구시가지

변신하여 길가에서 탑을 쌓고 있었다. 왕이 묻기를,

"무엇을 하고 있느냐?"

"탑을 쌓고 있습니다."

"네가 어찌 하겠느냐?"

"불탑입니다."

"크게 좋은 일이로다."

하면서 목동아이가 만든 탑 위에 탑을 세우니 높이가 40여 장이고 여러 가지 보배로 장식을 하였다. 무릇 경전에서 보이는 바에 의하면, 이 탑만큼 장엄하고 화려한 탑은 비교될 것이 없었다고 한다. 전하는 바에 의하면 "염부제(閻浮提/ Jambudipa (Skt))[13]의 탑 중에

---

13) 범어 잠부디파라고 하며 수미산의 남쪽 해상에 있다는 대륙으로 오직 이 땅에서만 부처가 출현한다고 하며, 후에 인간 세계 또는 현세를 통틀어 이르는 말이 되었고 구체적으로는 아시아 대륙을 의미하는 것으로 보인다. 남염부제(南閻浮提)·남염

서 오직 이 탑이 최상이다"라고 한다.

대왕이 만들던 탑이 완성되자 돌연히 [목동이 만들던] 작은 탑이 탑의 남쪽에 솟아나듯 나왔는데 그 크기가 3척이라 하였다.[14]

여래의 발우[佛鉢]는 바로 이 나라에 있다. 옛날 월씨왕(月氏王)이 군사를 크게 일으켜 이 나라를 정벌하여 발우를 빼앗아가려고 하였으나, 이 나라를 정벌하면서 월씨왕이 불법을 돈독히 믿게 됨으로써 강탈해가는 것이 아니라 모셔가는 것으로 마음을 고치고 공양을 올리게 되었다. 삼보(三寶) 전에 공양을 마치고 큰 코끼리를 장엄하게 꾸미고 그 등 위에 발우를 얹어 놓자 별안간 코끼리가 땅바닥에 엎드려 앞으로 나아갈 수가 없었다. 이에 다시 사륜거를 만들어 발우를 싣고 여덟 마리의 코끼리로 끌게 하였으나 역시 나아갈 수가 없었다. 왕이 발우가 이르지 못하는 사연을 알고는 심히 뉘우치고는 이곳에 탑과 가람을 세우고 관리인을 두어 지키면서 여러 가지 공양을 올렸다고 한다.

이곳에는 700여 명의 승려들이 있는데, 낮이 되면 승려들은 바리때를 꺼내어 속인들과 더불어 여러 공양을 올리고, 그 뒤에 점심을 먹는다. 저녁이 되어 향을 올릴 때에도 역시 그러하다. 발우는 그 용량이 두 되[升] 정도로 흑색을 많이 띠는 잡색깔로 사제(四際)[15]가 분명하고 두께는 두 푼 정도로 매우 빛이 난다. 가난한

부주(南閻浮洲)·염부(閻浮)·염부제(閻浮提)·염부주(閻浮洲)라고도 한다.

사대주의 언어별 구분은 다음과 같다. 동승신주(東勝身洲)-비테하(Skt)-뤼팍(Tib)/ 서우화주(西牛貨洲)-고타니(Skt)-발랑쩨(Tib)/ 남섬부주(南贍部洲)-잠부디파(Skt)-잠부링(Tib)/ 북승여주(北俱盧洲)-구루(Skt)-다미낸(Tib)이다.

14) 현장은 이 대목을 좀 더 자세히 기록하고 있는데, 목동과 대왕이 경쟁적으로 나란히 쌓았기 때문에 높게 쌓아졌다고 기록하고 있는 점과 제석천의 위대함을 찬탄하는 대목이 차이가 난다.

15) 『대당서역기』 권8에는 붓다가 깨달음을 얻으셨을 때 사천왕이 푸른 돌로 각기 바리때를 만들어 공양했는데, 붓다께서 이를 겹쳐서 사용했기에 그릇에는 네 개의 돌기[隆起]가 있었다고 전한다. 위 구절은 바로 그것을 의미한다고 보인다.

사람이 그 속에 꽃을 넣으면 가득차지만, 부자가 꽃을 넣으면 아무리 많이 넣어도 가득차지 않는다고 한다.

보운(寶雲)과 승경(僧景)은 단지 발우에 공양하고 돌아갔고, 혜경(慧景)·혜원(慧達)·도견(道整)은 먼저 나갈국(那竭國)으로 나아가 붓다의 그림자[佛影]와 치아[佛齒] 그리고 정수리 뼈[頂骨]에 공양을 드렸다. 혜경(慧景)이 병에 걸려서 도정(道整)이 남아서 간호를 하고 혜달(慧達) 혼자서 불루사국(弗樓沙國)으로 돌아와 혜달·보운·승경 등과 만나서 드디어 중원으로 돌아갔다.

[혜응(慧應)]16)은 불발사(佛鉢寺)에서 무상하게 입적했기에 [나] 법현 혼자서 붓다의 정골뼈가 있는 곳으로 향했다. 서쪽으로 16유연(由延)17) 가서 나갈국(羅竭國) 경계의 혜라성에 이르렀다.

3-5. 핫다성(Hadda/ 혜라성/ 醯羅城)18)

성 안에는 붓다의 정골뼈가 있는데, 그곳의 정사는 금박으로 칠해져 있고 칠보로 치장되어 있다. 국왕이 그것을 귀중히 여겨서

---

16) 원문은 분명히 혜경이 불발사에서 병이 들어 죽은 것으로 되어 있다. 그러나 뒤에 소설산을 넘을 때 또 하나의 혜경이 죽는 대목이 나와서 역자를 헷갈리게 만들고 있다. 동양문고의 법현전의 역자 나가사와(長澤)는 이 대목을 지적하지 못해서 두 명의 혜경이 죽은 것으로 했지만, 『현대불교신서』의 『법현전』에서는 눈 밝게도 혜경 대신에 혜응(慧應)이 불발사에서 죽은 것으로 보고 있기에 옮긴이도 그리 번역하였다.

17) 고대인도의 거리의 단위를 소달구지가 하루에 갈 수 있는 거리를 이르는 말로서, 약 11km라는 설과 약 15km라는 설 등이 있다. 유선나(踰繕那)·유순(由旬)·유순나(由旬那)·유암나(踰闍那)라고도 쓰인다.

18) 현 아프가니스탄의 중부 젤랄라바드 남쪽 약 8km에 있는 작은 마을인 핫다(Hadda)로 비정된다. 지금은 나무가 전혀 자라고 있지 않는 황량한 폐허가 되어 버렸지만 옛날에는 번성했던 불국토였다. 원어인 범어 키라(Kila)는 골을 뜻하는 말로, 옛부터 불정골성으로 알려져 있다.

다른 사람들이 약탈해 갈 것을 우려하여, 그 나라의 부귀한 가문에서 여덟 명을 선발하여 그들마다 하나의 도장을 가지고 와서 봉인하고 수호하게 하였다. 이들은 아침 일찍이 정사에 가서 각자 자기의 봉인을 보고 빗장을 열고 향즙으로 손을 씻은 다음에 정골을 들어서 정사 밖의 고좌 위에 놓는다. 정골은 칠보로 치징된 둥근 받침 위에 올려놓고 그 위에 유리종으로 덮는다. 이것들 모두 구슬들로 장식되어 있고 정골은 황백색이며 둥글거나 모난 모양으로 크기는 네 척(尺)이며 그 위에 융기가 돋아 있다.

매일 해가 뜬 뒤 정사의 관리인이 고루에 올라 큰 북을 치고 소라를 불고 동발 두드린다. 왕이 이 소리를 듣고 정사에 나와서 꽃과 향으로 공양을 올린다. 공양을 마친 다음 왕과 신하들이 차례로 예배를 하고 돌아간다.

이때에 동문으로 들어왔다가 서문으로 나가는데, 매일 이렇게 공양 예배를 마친 다음 국정을 다스린다. 거사(居士)와 장자(長者)들도 이렇게 공양 예배한 뒤 가사를 돌본다. 이런 일은 매일 되풀이되어 게으름이 없다. 이렇게 공양이 모두 끝나면 정골은 다시 정사 안으로 모셔진다. 그 안에는 칠보의 해탈탑이 있는데, 혹은 열려지고 혹은 닫힌다. 높이는 5척 정도인데 정골은 여기에 넣어진다. 정사의 밖에는 언제나 꽃과 향을 파는 상인들이 있는데, 공양을 원하는 사람들은 여기서 사는 것이다. 여러 나라의 국왕들도 항상 사신을 보내 공양을 하고 있다. 이곳으로부터 사방 40보 안에는 땅이 흔들리고 갈라지는 일이 있어도 이곳만은 피해가 전혀 없다고 한다.

3-6. 나가라하라(Nagarahara/ 나갈국/ 那竭國)[19]

여기서 북쪽으로 1유연을 가면 나갈국성에 이른다. 이곳은 [전생에] 보살이 은전으로 꽃 다섯 송이를 사서[20] 정광불(定光佛)[21]에게 공양한 곳이다. 성 안에는 역시 불치탑(佛齒塔)이 있어서 정골(頂骨)에게 공양하는 것과 같이 한다. 성 동북쪽 1유연(由延) 거리에한 계곡의 입구가 있는데 붓다의 지팡이[佛錫杖]가 있다. 사람들이여기에 정사를 세워 공양하고 있다. 석장은 우두전단(牛頭栴檀)[22]으로 만들었으며 길이가 1장 6~7척 정도 되는데 나무상자에 넣어져 있어 수백 명이 아무리 들려고 해도 꼼짝도 않는다.

그 계곡으로 들어가서 서쪽으로 향해 가면 붓다의 승가리(僧伽梨/ Samghati)[23]가 있는데, 역시 정사를 지어 공양하고 있다. 나라에큰 가뭄이 들면 그 옷을 꺼내 공양하고 예배하면 하늘에서 큰 비가내린다고 한다.

나갈성 남쪽으로 반 유연되는 곳에 석실이 있는데, 산을 뚫어서남서로 방향을 틀고 자리 잡고서 붓다의 그림자를 향하고 있다.

---

19) 『대당서역기』에는 나게라갈국(那揭羅曷國)으로 나오는 나라이며, 현재의 나가라하라(Nagarahara)로 비정된다. 현 젤랄라바드를 중심으로 하는 카불강 유역남부 지역으로 이 지역은 불교유적이 풍부하게 남아 있는 것으로 알려져 있다.

20) '수메다(Sumeda/ 善慧)'의 전생이야기로 연등불이 출현하였을 당시 석가붓다의전생의 이름은 수메다라는 수행자이었는데, 부모가 돌아가시면서 물려준 막대한 재산을 모두 보시하고 숲으로 들어가서 수행자가 되었다. 그리고 연등불이가는 길에 길을 잘 정돈하였다는 공덕으로 미래에 석가불이 될 것이란 수기를얻었다는 자타카이다. 또 이때 수미타(sumitta)라는 여인도 같은 공덕을 쌓았다고 한다.

21) 바로 연등불(Dipamkāra-buddha/ 燃燈佛)을 말하며 과거칠불(過去七佛)의 하나로 과거세에 수행하는 보살이던 붓다에게 성도하리라는 수기를 준 부처이다.

22) 인도의 전단향나무는 마리산(摩利山)에서 나는 것을 최고로 꼽는데, 이 산의 모습이 소대가리 같다하여 붙여진 이름이다.

23) 범어 삼가티(Samghāti)의 음역으로 흔히 가사(袈裟)라고 부른다.

파키스탄과 아프가니스탄의 국경인 카이버 고개 전경

지붕이 무너진 아프간국립박물관

폐허에 가까운 아프간의 수도 카불 시가지 전경

이곳에서 10여 보 물러서서 바라보면 붓다의 진짜 형상을 보는 것과 같고 금색상호는 빛나며 뚜렷하다. 그러나 가까이 가보면 점점 희미해지나 그래도 그림자는 있는 것 같다. 여러 곳의 왕들은 각기 그림쟁이를 보내서 묘사를 하려고 했으나 그림자의 실물과 같이 그릴 수는 없었다. 그 나라 사람들은 서로 전하기를 "천불은 모두 이곳에 그림자를 남긴다"고 한다.

붓다의 그림자에서 4백 보 되는 곳에 붓다께서 살아계실 때 머리를 깎고 손톱을 자르고 제자들과 함께 높이 7~8길이나 되는 탑을 세워 후세의 표준이 되게 하신 곳이 있는데, 그 탑은 지금도 있다. 그 옆에는 가람이 있는데 이곳에는 700여 명의 승려들이 있으며 수천 수백 개의 나한과 벽지불의 탑이 있다.

3-7. 소설산(小雪山)24)을 넘어서

[나갈성] 여기에서 겨울 동안거를 지나고, 법현 등 세 명25)은 남쪽으로 나아가 소설산을 넘었다. 소설산은 여름이나 겨울이나 눈으로 덮여 있었는데, 산의 북쪽으로 올라가고 있을 때에 찬바람이 갑자기 거칠게 일어나는 것을 보고 사람들은 모두 소리도 내지 못한 채 겁이 나서 어쩔 줄을 몰라했다. 일행 중 혜경(慧景)은 더 이상 걸을 수가 없어서 입에서 흰 거품을 토하면서 나 법현에게 다음과 같이 말하였다.

"나는 도저히 다시 살아나기는 어렵겠군요. [그러니] 빨리 가십시오. 머뭇대다간 함께 죽어서는 안 됩니다."

---

24) 아프간과 파키스탄 사이에서 남북으로 길게 뻗어 있는 힌두쿠시산맥의 지류인 슐레이만(Sulaiman)산맥의 한 줄기인 세피드쿠(Sefid koh)산으로 비정되고 있다.
25) 법현과 혜경 그리고 도정(道整)을 말한다.

이렇게 혜경이 결국 마지막 숨을 거두자. 법현은 그의 몸을 어루만지며 애통해했다.

"우리들이 원래의 계획을 이루지 못했는데, 이런 곳에서 죽다니 어인 일이요!" 하면서 울음을 터트렸다.

다시 혼신의 힘을 내어 앞으로 나아가, 마침내 험준한 산을 넘어 남쪽으로 내려가 라이국(羅夷國)26)에 이르렀다. 이곳에는 3천 명의 승려들이 겸해서 소승을 배우고 있었다. 여기서 하안거를 마치고 나서 남쪽으로 10일 걸어가서 발나국(跋那國)27)에 이르렀다. 역시 3천여 명의 승려들이 소승을 배우고 있다.

이곳에서 동쪽으로 3일을 가서 다시 인더스하를 건넜다. 강 양쪽이 모두 평탄한 땅이었다. 강을 건너니 비다국(毘茶國)28)이란 나라가 있다. 불법이 흥성한데, 겸해서 소승을 배우고 있다. 이곳 사람들이 중원에서 사문이 오는 것을 보고 크게 불쌍히 여기며 말하였다.

"어떻게 중원과 같은 변방의 사람이 능히 출가의 의의를 알아서 불법을 구하고자 이토록 먼 곳까지 왔습니까?"
하면서 필요한 모든 것을 구해주면서 법에 따라 대접해주었다.

---

26) 인더스강의 서쪽 쿠람강의 남안에 있는 현 라크키(Lakky)로 비정된다.
27) 현 파키스탄 하라나(Harana)로 비정되며 현장이 귀로 들린 벌자마국(伐刺摩國)이라 하였다.
28) 파키스탄의 비히다(Bhida)로 비정된다.

#(4-1)마투라
#(4-2)신카사
#(4-3)칸나우지
#(4-4)시기대국
#(4-5)스라바스티
#(4-6)카필라바스투
나비가
룸비니
#(4-7)람막국
#(4-8)쿠시나가라
#(4-9)바이샬리국
오하구(五河口)
#(4-16)파트나(파탈리푸트라)
#(4-17)참파
#(4-14)코삼비
#(4-10)마가다국
#(4-13)바라나시
가야성
#(4-11)라지기르
#(4-11)(왕사신성)
#(4-12) 보드가야
계족산
야무나강
갠지스강
쿨카타
#(4-18)탐라립티
(스리랑카섬)싱할라

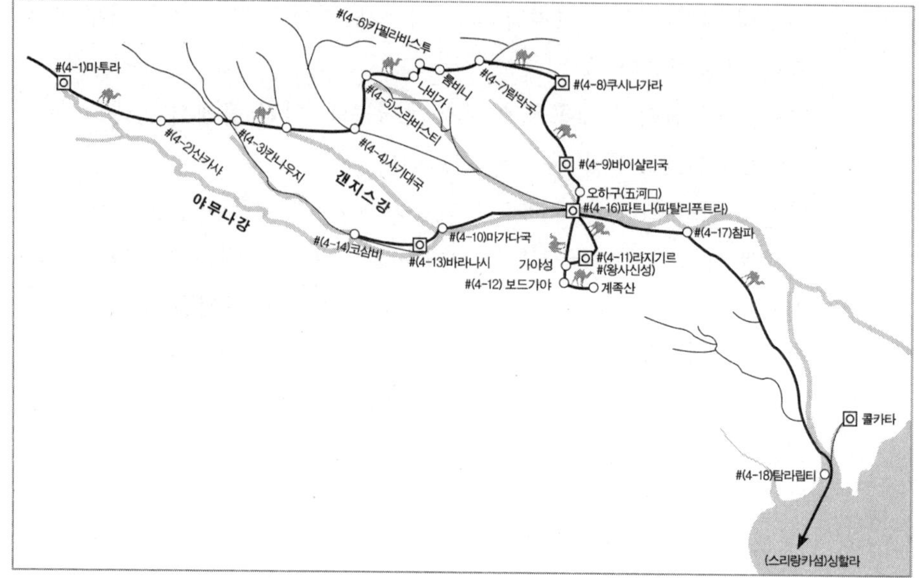

중인도

드디어 중인도에

4-1. 마투라(Mathura/ 마두라국/ 摩頭羅國)[1]

이곳에서 동남쪽으로 80유연 좀 못 가는 동안에 대단히 많은 가람을 지나게 되었는데, 승려들이 대략 만 명에 이르렀다. 이런 여러 곳을 지나 한 나라에 도착했으니 이름이 마두라국이라 하였다.[2]

[1] 인도의 현 야무나강 서남 일대에 위치한 마투라(Mathura/ Muttra)로, 도읍지는 같은 이름의 도시이다. 마투라(摩偸羅)·마유라(摩鍮羅)·마두라(鶩羅) 등으로 한역되어 있다. 이 나라는 이른바 불타 재세 시 인도의 16개국 가운데 하나였던 라세나(rasena)국이며, 서방과의 통상로였던 교통의 요충지였다. 석존께서 재세 중에 종종 이곳에서 노니시며 교화하셨다고 전해지고 있다. 기원후 1세기 무렵부터 쿠샨 왕조가 이곳을 점거하였지만 인도의 종교는 성행하였다. 4세기 굽타 왕조기에 이곳을 방문한 법현은 20곳의 가람, 3천 명의 승려들이 있다고 기록하고 있는데, 현장 이후의 상황은 거의 분명하게 알 수 없다.

　또한 이 지역은 주로 쿠샨 왕조로부터 굽타 왕조에 걸치는 이른바 마투라미술의 중심지로 최초의 불상인 마투라불상이 출토된 곳으로 미술사적으로는 유명하여 쿠르존 고고학박물관에는 볼 만한 미술품이 많다.

[2] 현장은 이 나라에 대하여 다음과 같이 언급하고 있다. "마투라국의 둘레는 5천여

마투라박물관 전경

또한 야무나강(遙捕邦那河/ Yamuna R.)3)을 지났는데, 강 언덕 좌우에는 30여 개의 가람이 있고 승려들은 거의 3천 명이나 되며

리이고 나라의 큰 도성의 둘레는 20여 리이다. 토지는 비옥하고 농사짓는 것을 주업으로 삼고 있고 집집마다 암몰라과(菴沒羅菓)*를 많이 심어서 숲을 이루고 있다. 이 나무는 비록 이름은 한 가지로 같지만 두 종류가 있다. 작은 것은 처음 생겨날 때에는 파란색이었다가 익으면 노란색으로 바뀌고 큰 것은 처음부터 끝까지 청색이다. 가는 반점이 있는 모직물과 황금이 생산된다."

*열대지방에서 가장 중요하고 가장 널리 심고 있는 열매 중의 하나로 인도의 아삼주가 원산지인 것으로 추정된다. 키가 15~18m 정도에 이르는 상록수로 오래 살며, 잎은 길이가 30cm 정도이고 창처럼 생겼다. 열매는 크기나 특징이 매우 다양한데, 제일 작은 것은 서양 자두보다 작고, 큰 것은 무게가 1.8~2.3kg까지 나가기도 한다. 모양도 넓은 타원형, 둥글고 심장 또는 신장처럼 생긴 것, 길고 가는 것 등 다양하다. 일부 변종(變種)들은 붉고 노란 색조가 선명하지만, 대부분은 흐린 녹색을 띤다. 씨는 1개로 크고 납작하며 과육은 노란색에서 오렌지색을 띠고 과즙이 많으며 독특하고 향기로운 맛이 난다. 망고는 비타민 A·C·D가 풍부하다.

3) 갠지스강의 지류로 박나하(搏羅河), 포나반하(捕那般河)라고 한역된다. 히말라야 산 산중의 강고트리에서 발원하여 남쪽으로 흘러 인도평원 북부를 지난 다음 우타르프라데시주와 하리아나주의 경계를 따라 흐르다가 마투라 부근에서 방향을 남동쪽으로 바꾸어 알라하바드 부근에서 갠지스강에 합류하며 흐르다가 벵갈만으로 나간다.

불법이 매우 흥성했다.

무릇 사하(沙河)[4] 서쪽의 인도 여러 나라들은 국왕들이 모두 불교를 독실하게 신봉하고 있다. 국왕이 승려들을 공양할 때에는 왕관을 벗고 여라 종친과 대신들과 같이 손수 음식을 대접하고 공양이 끝나면 융단을 땅에 깔고 승려들을 윗자리에 앉게 하고, 왕과 그들은 아랫자리에서 승려들을 향해 앉으며, 승려들 앞에서는 함부로 상에 앉지 않는다. 이러한 것은 석가세존 생존 때부터 여러 왕들이 세존에게 공양하던 법식이 전해 내려온 것이다.

이곳으로부터 남쪽을 중인도[5]라 부른다. 중인도는 추위와 더위가 조화를 이루어 서리가 내리지 않는다. 백성들은 모두 즐거워 호적이나 법관이 없다.

다만, 왕의 토지를 경작하는 사람은 세금을 내야 하며, 가고 싶은 사람은 자유롭게 가고, 살고 싶은 사람은 자유로이 살 수 있다.

왕이 나라를 다스릴 때에는 형구를 사용하지 않고 죄가 있는 사람은 죄의 경중에 따라 벌금을 부과할 뿐이다. 비록 악행을 거듭하여도 다만, 그 오른손을 자르게 할 뿐이다.

왕의 시종들이나 관리들은 모두 공록을 받는다. 나라 안 사람들은 모두 살생을 하지 않으며 술도 마시지 않고 파나 마늘도 먹지 않는다. 다만 전다라(旃茶羅)[6]만은 그렇지 않다. 그들은 악인이라 불리며 일반 백성들과 따로 모여 살고 있다. 만약 그들이 마을에 들어오게 되면, 판목을 쳐서 소리를 내게 하여 사람들이 미리 피하기 때문에 그들과 서로 부딪치는 일이 없다.

이 나라에서는 돼지나 닭을 기르지 않으며 노예를 사고 팔지도

---

4) 고비사막을 말한다.

5) 원문은 중국(中國)이라 되어 있으나, 내용상 중인도로 보아야 한다.

6) 인도의 전통적인 4성 계급에도 들지 못하는 최아래 단계인 도살업을 직업으로 하는 칸다라(Candala) 계급을 말한다.

마투라 불상

않으며 도살장이나 술집이 없고 오직 전다라의 어엽사(魚獵師)[7]만이 고기를 팔 뿐이다. 물건을 사고 팔 때는 패치(貝齒)[8]를 사용한다.

붓다께서 열반하신 후에 여러 국왕들과 장자들, 거사들은 승단을 위해서 농가, 과수원, 민가, 소와 송아지[牛犢] 등을 공양하고 철권(鐵卷)[9]에 이름을 올리기도 한다. 이런 것들은 뒤의 국왕들이 서로 이어지게 전하여 감히 패하는 자가 없어서 지금에 이르도록 끊이지 않게 하였다. 대중이 모여 사용하는 방이나 침상과 이불과 음식 의복이 모자라는 일이 없으니 이는 어느 나라라도 마찬가지이다. 대중 승려들은 공덕을 짓는 것을 일과로 하여 항상 독경과 좌선을 행하고 있다.

만약 객승이 방문하면 먼저 온 이가 맞이하여 의복과 발우를 준비해주고 발 닦는 물과 기름을 줄 뿐 아니라 비시장(非時漿)[10]을 마련해준다. 그 다음 [객승을] 잠시 쉬게 한 뒤에 법납(法臘)[11]과 [순례] 경위를 묻고 방과 침구를 준비해주는 것은 [다른 곳의] 법식과 다르지 않다.

---

7) 물고기와 육고기를 잡는 도살업을 하는 사람을 말하는데, 살생을 금하는 인도라는 나라의 정서상으로는 도살업을 하는 사람은 인간으로 취급을 하지 않은 것 같다.

8) 고대 원시사회에서의 화폐로 많이 쓰인, 조개화패를 말하는 것으로 보인다.

9) 철판이나 동판에 새긴 토지문서를 말한다.

10) 불가의 계율에 '비시불식(非時不食)'이라 하여 식사시간인 '오시(午時) 때가 아니면 식사를 하지 못하는 율이 있는데, 다만 때에 따라서 소유·꿀·과즙 등은 마실 수 있게 방편문을 열어놓고 있다.

11) 원문은 '夏座年數'이지만 승려가 된 햇수인 '법랍'이란 단어가 요즘은 보편적으로 쓰인다.

붓다의 10대 제자

    대중이 머무는 곳에는 사리불탑·목련탑·아난탑·아비담경율탑(阿毘曇律經塔) 등이[12] 있으며 안거 후 한 달이 지나면 복을 바라는 사람들이 승려들과 함께 비시장 같은 간식거리를 보시한다.

    대중들은 많이 모여 설법을 하는데, 그것이 끝나면 사리불탑에게 공양을 올리고 여러 종류의 꽃과 향을 올리고 밤새도록 등을 밝힌다. 재주 있는 사람들로 하여금 사리불이 본래 브라만이었을 때 석가세존에게 와서 출가하기를 빌던 광경을 연출하게 하고, 또 대목련과 대가섭 존자도 그와 같이 하게 한다. 비구니들은 대부분 아난탑에 공양을 올린다. 그것은 아난다가 세존에게 청하여 여성

---

12) 붓다의 10대 제자인 사리불(舍利弗)·목련(目連)·아난(阿難)존자의 탑을 말하고, 뒤의 아비담은 논장, 즉 불경의 연구서, 경장, 율장의 탑을 말한다. 바로 경율론 삼장을 말한다.

들도 출가하기를 허락 받았기 때문이다. 사미승들은 나운(羅云)13) 존자를 공양한다. 아비담사(阿毘曇師)는 아비담탑에 율사들은 율탑에 공양한다.

이와 같이 해마다 일 년에 한 번씩14) 공양하는데, 각각 그날이 모두 다르다. 마하연(摩訶衍)15)의 사람들은 반야바라밀(般若波羅蜜), 문수사리,16) 관세음을 공양한다.

대중들이 한 해의 결제가 끝나면 장자·거사·브라만 등은 각각 사문들이 필요한 물건을 가지고 대중들에게 보시하고 대중들도 서로 보시한다. 붓다께서 열반한 후로 모든 성인들이 행하는 위의(威儀)와 규칙은 대대로 이어져 끊이지 않는다.

---

13) 석가세존의 친생 아들인 라후라(Rahula)를 말하는데, 밀행제일(密行第一)의 제자로 알려져 있다.

14) 정월과 5월과 9월의 3개월은 그 달의 1일부터 15일까지 중 8재계를 지키는 달로, 살생 등을 끊고 몸가짐을 조신하게 하는데, 그 3개월을 3장 재월이라 한다.

15) 마하야나(Maha-yana), 즉 대승을 말하는데, 그 종지로 '반야바라밀'을 내세운다. 존재론적인 공(空/ sunyata)의 본질적인 개념을 극(極)에까지 확장시킨, 초기 대승불교를 대표하는 경전들의 주된 내용을 말한다.

여기서 '반야'는 지혜를, '바라밀', 즉 '파라미타(Paramita)'는 피안에 이른다는 뜻으로 대게, 보시(布施)·지계(持戒)·인욕(忍辱)·정진(精進)·선정(禪定)·지혜(智慧)의 '6바라밀'을 실천적인 덕목으로 꼽는다. 교리상으로 바라밀은 미망과 생사의 차안(此岸)에서 해탈과 열반의 피안(波岸)에 이르는 것이며, 또한 이를 위해 보살이 닦는 덕목·수행·실천을 의미한다. 이러한 이유로 바라밀은 뜻에 따라 번역하여 도피안(到波岸)이라고 번역된다. 또한 도피안은 열반이라는 이상적인 상태로 들어가는 것을 의미한다.

16) 산스크리트 만주스리(Mañjuśrī)를 음사한 별칭으로 묘길상(妙吉祥), 묘음보살(妙音菩薩)이라고도 번역되는데, 오른손에 무명(無明)의 구름을 잘라버리는 지혜의 칼을 높이 치켜들고 왼손에는 패엽(貝葉)으로 된 반야바라밀경을 들고서 왕자처럼 치장한 모습으로 표현된다. 중국에서는 8세기 무렵부터 문수보살 숭배가 널리 유행했으며, 산시성[山西省]에 있는 오대산은 문수보살의 성지로서 그를 모신 사찰로 가득 차 있다. 여러 모습으로 나타낸다고 하는데, 꿈속에 나타나거나, 그가 사는 성스러운 산의 순례자, 호탄에 불교를 전한 승려 바이로차나, 티베트 불교를 개혁한 아티샤, 중국의 황제로도 화현한다고 한다.

한국에서는 문수보살 신앙이 삼국시대부터 유행했는데 한국의 오대산은 중국의 그것과 마찬가지로 문수보살의 상주처(常住處)로서 중요시되어 왔다.

인더스하를 건너서 남인도에 이르렀는데, 여기에서 4만~5만 리는 모두 평탄하여 큰 산천이 없고 오직 하수(河水)만이 있을 뿐이다.

4-2. 산카샤(Sankasya/ 승가시국/ 僧迦施國)[17]

이곳으로부터 동남쪽으로 18유연을 가면 한 나라가 있으니, 나라 이름이 승가시라고 한다. 여래께서 도리천(兜利天)[18]에 올라가 어머님을 위해 3개월 동안 설법을 하고 내려오신 곳이다. 여래께서 신통력으로 도리천궁에 올라가실 때 모든 제자들에게 알리지 않으셨는데, 3개월이 되기 전에 신통력을 놓으시니 아나율(阿那律)이 멀리서 여래를 바라보게 되었다. 그리하여 목련 존자에게 말하기를,

"존자가 도리천에 가서 세존에게 어떻게 된 일인지 여쭈어보시오."

이에 목련은 도리천으로 올라가서 이마를 세존 발에 대는 인사를 드리며 그 연유를 묻자, 여래께서는 목련에게 말씀하셨다.

---

17) 현 인도 중부 비하르주의 파루카바드(Farrukhabad) 인근의 작은 마을인 산카샤(Sankasya)를 말한다. 여래의 기적의 현장이라고 알려진 성지로 범어로는 카피타카(kapitthaka)이며 옛 이름인 승가사(僧迦舍/ sankiya)는 승가사(僧伽舍)·승가시(僧伽施)·승가시(僧迦尸) 등으로도 음사되고 있다. 법현보다 200년 뒤에 현장이 찾았을 때는 유적은 그대로였던 것으로 보인다.

　현장은 이 나라를 겁비타국(劫比他國)이라 부르면서 다음과 같이 기록하고 있다. "산카샤국의 둘레는 2천여 리이며 나라의 큰 도성의 둘레는 20여 리이다. (… 중략…) 성의 동쪽으로 20여 리 가다 보면 큰 가람이 있는데, 그 규모는 웅장하고 아름답고 조각 솜씨는 극치를 이루었으며, 성현들의 모습과 동상의 장엄은 말로 형언할 수가 없을 정도이다. 가람의 큰 울타리 안에는 세 개의 보석으로 만든 충계가 있는데 남북으로 늘어서 있고 동쪽을 향하여 내려가게 되어 있다. 이곳은 바로 여래께서 33천(天)으로부터 내려오신 곳이다."

18) 욕계육천(欲界六天)의 네 번째 하늘로 수미산의 꼭대기에서 12만 유순 되는 곳에 있으며 이곳에서 미륵보살이 산다고 한다.

산카샤 표지판

"7일 후에 나는 염부제(閻浮提)[19]로 내려갈 것이다."

그 말씀을 듣고 목련은 내려왔다. 그 무렵 8개국의 국왕과 여러 신하들은 오랫동안 여래를 뵙지 못하고 있던 때라 모두 이 나라에 모여 들었다. 마침 여래께서 도리천에서 내려오시는 것을 기다리기 위해서였다.

이때 우발라(優鉢羅)[20] 비구니는 스스로 생각하였다.

"오늘 국왕들과 대신들은 모두 부처님을 맞이할 수 있을 것이지만, 나는 여인이기 때문에 어찌하면 그 분을 뵐 수 있을까?"

그러자 여래께서는 신족통으로 그녀를 전륜성왕(轉輪聖王/ Cakra vartin)[21]으로 변하게 하여 제일 앞자리에서 여래를 뵐 수 있게 안

---

19) 범어 잠부디파(Jambudipā (Skt))라고 하며 수미산의 남쪽 해상에 있다는 대륙으로 오직 이 땅에서만 부처가 출현한다고 하며, 후에 인간 세계 또는 현세를 통틀어 이르는 말이 되었고 구체적으로는 아시아 대륙을 의미하는 것으로 보인다. 남염부제(南閻浮提)·남염부주(南閻浮洲)·염부(閻浮)·염부제(閻浮提)·염부주(閻浮洲)라고도 한다.

사대주의 언어별 구분은 다음과 같다. 동승신주(東勝身洲)-비테하(Skt)-뤼팍(Tib)/ 서우화주(西牛貨洲)-고타니(Skt)-발랑쬐(Tib)/ 남섬부주(南贍部洲)-잠부디파(Skt)-잠부링(Tib)/ 북승여주(北俱盧洲)-구루(Skt)-다미낸(Tib)이라 한다.

20) 범어로 웁팔라반나(utpalāvar)로 연화선(蓮華鮮), 화색(華色)이라고도 번역한다. 아반티국 웃제에니성에서 태어나 사위성에 가서 여래의 허락을 얻어 비구니가 되었고 마침내 아라한과를 증득하여 비구니의 장로(長老)가 되었다.

21) 산스크리트 cakra(輪)와 vartin(轉)이 합성되어 파생된 말로서 '자신의 전차바퀴를 어디로나 굴릴 수 있는' 곧 '어디로 가거나 아무런 방해를 받지 않는' 통치자를 뜻한다. 전 세계를 통치한다는 전륜성왕에 대한 최초의 언급은 B.C. 3세기 마우리아 왕조 시대에 아소카왕의 업적을 칭송하는 경전 및 기념비에 나타난다. 이 세기의 불교와 자이나교의 사상가들은 보편적 군주관에 정의와 도덕의 수호자라는 측면을 부각시켰다. 전륜성왕은 속세에서 석가모니와 같은 존엄을 지닌 존재로서 32상(相) 등 석가모니와 공통되는 다수의 특성들을 소유하고 있다고 여겨진다.

배를 하였다.

여래께서는 도리천에서 동쪽을 향해서 내려오셨는데, 신통력으로 삼도보계(三道寶階)를 만들어 가운데 칠보계단으로 내려오시고, 대범천왕22)은 오른쪽에서 백은계단을 만들어 오른손에 흰 불자(拂子)를 쥐고 내려왔으며, 제석천23)은 왼쪽에서 자금계단을 만들어 칠보개(七寶蓋)를 쥐고 [좌우에서 여래를] 모시고 내려왔으며, 그 외 무수한 천신들이 그 뒤를 따라 내려왔다.

여래께서 땅 위로 내려오시자 삼도보계는 모두 땅속으로 파묻히고 칠급(七級)만이 지상에 남아 있게 되었다.24)

뒤에 아소카대왕이 그 끝자락을 알고자 하여 그곳을 파보게 하

---

22) 범어명 마하브라흐만(Mahābrahman)의 의역으로 불교 호법신(護法神)의 하나로, 불교의 색계(色界) 초선천(初禪天)의 제3천(第三天)에 해당하며, 또한 그곳의 주재자(主宰者)를 부르는 명칭이다. 대범천왕은 본래 힌두교의 신이었으나 불교에 선신(善神)으로 수용되었으며, 늘 제석천(帝釋天)과 짝지어 나타나서 불교를 옹호하는 신이 되었다.

23) 범어명으로 [Sakra devanam indra]으로 불법을 수호하며 아수라의 군대를 정벌한다고 하는 하늘의 임금이다. 음역하여 석가제환인다라(釋迦提桓因陀羅)라 하며 줄여서 석제환인(釋提桓因) 또는 천제석(天帝釋), 인다라(因陀羅)라고도 한다. 원래는 힌두교의 신으로서 고대인도에서는 인드라(Indra)라고 했으며, 불교에 들어온 이후 제석천으로 불리게 되었다.
　　수미산(須彌山) 꼭대기의 도리천 선견성(善見城)에 거주하며 사천왕(四天王)과 십대천자(十大天子)가 양 옆에서 모시고 있다. 석존이 성불한 이후 제석천은 수호신이 되었으며, 석존이 도리천에 올라가 어머니에게 설법할 때에는 보개(寶蓋)를 손수 들고 옆에서 시중을 들었다.

24) 이 삼도보계의 전설은 법현을 비롯하여 송운·현장·혜초 등이 모두 이구동성으로 거의 같은 내용을 전하고 있어서, 붓다의 신통력에 대한 관심을 말해주고 있다.
　　그중 현장은 그 후일담까지 다음과 같이 언급하고 있다. "수백 년 전에는 계단이 남아 있었지만 오늘날에 이르러 무너져 사라지고 말았다. 여러 나라의 군왕들은 계단을 보지 못한 것을 안타까워하여 벽돌과 돌을 쌓고 진귀한 보석으로 장식하였다. 지금의 옛 기단은 옛날 보석 계단을 본뜬 것으로 그 높이는 70여 척에 달하는데, 위에는 정사를 세웠고 중간에는 석불상이 있으며 좌우의 계단에는 제석과 범천의 형상이 있는데 본래의 것을 본떠서 역시 아래로 내려오는 형세로 이루어져 있다."

산카샤 사자상

였는데, 그 끝이 황천에 이르도록 보이지 않자, 대왕은 더욱 여래를 공경하게 되어서 삼도보계가 묻힌 곳에 정사를 짓고 그 중앙에 여섯 장이나 되는 불상을 세웠다.

정사 뒤에는 석주를 하나 세웠는데,25) 그 높이가 30주(肘)26)나 되었다. 석주 위에는 사자를 만들고 석주 둘레 사방에는 불상을 새겼는데, 석주는 투명하여 마치 유리와 같이 맑았다.

일찍이 이곳은 외도의 논사들이 사문과 함께 이곳의 거주처를 놓고 다투었다. 그런데 사문이 지고 말았다. 이에 두 사람은 함께 맹세를 하기를 "만일 이곳이 사문의 머물 곳이라면 틀림없이 영험이 있을 것이다"라고 하였다. 이 말이 채 끝나기도 전에 기둥머리에 있던 사자가 곧 크게 포효하며 그것을 증명해보였다. 이에 외도가 크게 놀라서 마음으로부터 굴복하고 물러났다고 한다.

여래는 하늘에서 하늘 음식을 3개월이나 받으셔서 몸에서 향기가 나기 때문에 세상 사람과 같지 않았다. 여래께서는 땅에 내려오시자 바로 목욕을 하셨는데, 그곳에 후세 사람들이 목실을 만

---

25) 현재 산카샤 유적지 입구에 사자상이 얹어져 있는 두부만이 철책 안에 남아 있어서, 법현이 목격한 것이 사실임을 증명하게 해주고 있다. 이소카석주는 아소카왕이 불교의 기념비적 장소에 세운 돌기둥으로 현재 10여 기(基)가 발견되었으며 대개 왕의 조칙(詔勅)이 새겨져 있다. 모두 사암(砂岩)을 둥근 기둥 모양으로 잘라내 표면을 다듬은 것으로, 높이가 10m를 넘는 것도 있다. 꼭대기에는 사자와 소 등을 조각하였고 그 밑에는 법륜과 조수초화(鳥獸草花)의 문양이 부조되어 있다. 특히 사르나트(Sārnāth)에서 출토된 4사자상은 인도의 국가문양으로 지정되어 있다.

26) 1주는 두자라고 하는데, 다른 자료에서 환산한 것을 보면 대략 60m나 되는 것으로 보면 된다.

들었다.

또한 이곳은 우발라 비구니가 여래를 예배하던 곳으로 지금은
탑이 세워져 있다. 여래가 세상에서 머리털과 손톱을 깎던 곳에도
탑이 세워졌으며 과거삼불(過去三佛)[27]과 여래가 앉아 계시던 곳,
그리고 여래가 거니시던 곳과 여러 붓다가 형상을 나투던 곳에도
탑을 세웠으며, 이들은 모두 현존해 있다. 대범천왕과 제석천이
여래를 모시고 내려온 자리에도 탑을 세웠다. 거기에는 비구와 비
구니 승려들이 약 1천 명이나 있었는데, 그들은 공양을 함께 받으
며 대·소승학을 가리지 않고 공부를 하고 있었다.

이곳에 하얀 귀를 가진 용이 있어서 스스로 시주가 되어 대중들
을 공양하기 위해 나라 안을 풍족하게 하고 때에 따라서 알맞게
비를 내리게 하여 여러 가지 재해가 없게 하며 대중을 편안하게
하니, 대중들 또한 고맙게 여기고 있었다. 그리하여 용왕을 위해
집을 짓고 거주할 곳을 마련해주었다. 또한 용왕을 위해 복식(福食)
을 공양하며 대중들은 매일 그들 중에서 세 사람씩을 골라 용왕의
집으로 보내어 식사를 하도록 하였다.[28]

매년 하안거가 끝날 때면 용왕은 그 모양이 변하여 두 귀 부분이
한 마리 하얀 뱀으로 변한다. 대중들이 이를 알고 동으로 만든 쟁

---

27) 과거칠불 장엄겁(莊嚴劫)에 나타난 비바시불(毘婆尸佛)·시기불(尸棄佛)·비사부
  불(毘舍浮佛)의 3불과, 현재 현겁(賢劫)에 나타난 구류손불(拘留孫佛)·구나함모
  니불(拘那含牟尼佛)·가섭불(迦葉佛)·석가모니불(釋迦牟尼佛) 등의 4불을 합하
  여 일컫는 말이다.
    역사적으로 깨달은 붓다는 석존 혼자이지만, 교리적으로 진리를 깨달은 자는
  얼마든지 있을 수 있다. 따라서 과거칠불과 함께 과거삼불사상이 발전하였으며,
  이러한 사상은 본생담(本生譚)의 구도자상(求道者像)과 어울려 보살(菩薩)·여래
  장(如來藏) 등 대승불교의 사상적 연원이 되기도 하였다. 이들 중 구류손불, 구나
  함모니불, 가섭불을 가리켜 과거삼불이라 칭한다.
28) 원문은 "衆僧日日衆中別差三人, 到龍舍中食."인데, 원문대로 번역하면 인신공양
  으로 오해하기 쉬운 구절이어서 좀 더 고려해볼 필요가 있다.

반에 우유를 가득 담아놓고 용왕을 가운데 두고 대중들 윗자리에
서 아랫자리까지 안부를 묻듯 [용을 향해] 엎드린다. 그러면 뱀은
용으로 변해 사라져 가는데, 매년 한 번씩은 이와 같이 한다.

이 나라는 풍요롭고 백성들은 번성하니 이와 같이 영화로운 곳
은 어디에서도 찾아볼 수가 없다. 다른 나라 사람들이 이 나라에
오면 필요한 것을 모두 보살펴주고 공급해준다.

이 사원 북쪽 50유연되는 곳에 한 사원이 있으니 대분사(大墳寺)
라 한다. '대분'이란 악귀의 이름으로 본래 여래께서 이 악귀를 제
도한 일이 있었는데 후인이 이곳에 정사를 지어 아라한에게 보시
하였다고 한다.

여래께서 손을 씻으실 때 물방울이 떨어진 곳이 있는데, 지금도
그 자국이 남아 있다. 그곳은 항상 청결히 청소를 하지만, 물방울
이 떨어진 자국은 항상 없어지지 않고 남아 있다.

이곳에는 따로 불탑이 하나 있는데, 착한 귀신이 항상 청소를
해서 사람의 손이 필요하지 않는다. 어떤 나쁜 견해를 가진 국왕이
있어서 다짐하기를 "네가 그렇게 청소를 잘한다면, 내가 많은 군
인들을 여기에 주둔시켜서 많은 오물을 쌓아놓게 하리라. 그래도
네가 청소를 잘하는지 어디 두고 보자" 하고 이대로 실행을 하였
다. 그러나 귀신은 곧 큰 바람을 일으켜 그것들을 날려보내 여전히
그곳을 깨끗하게 만들어놓았다고 한다.

또 그곳에는 100개의 작은 탑이 있는데, 모인 사람의 숫자를 아
무리 헤아려도 알 수가 없다. 만약 알려는 사람이 하나의 탑에 한
사람씩 배치하여 헤아리고 또 헤아려보아도 알 수가 없다고 한다.

또 하나의 승가람이 있는데 600~700명의 승려들이 거주하고 있
다. 그곳에는 벽지불(壁支佛)[29]이 공양을 한 곳이 있는데 넓기는

---

29) 일명 독각불(獨覺佛/ pratyeka-buddha)로 불교에서 붓다의 가르침을 듣고서 목

수레바퀴만한데, 다른 곳은 풀이 자라 있지만 그곳만은 풀이 나지 않으며 옷을 말렸던 곳도 역시 풀이 나지를 않아, 옷을 깔았던 자리가 그대로 있다.

4-3. 칸나우지(Kanauji/ 계요이성/ 罽饒夷城)[30]

법현은 용왕의 정사에서 여름 안거를[31] 보내고 동남으로 7유연을 가서 계요이성에 도착하였다. 이 성은 갠지스강에 접해 있는데 여기에는 두 개의 승가람이 있고 모두 소승학을 배우고 있다.

___

적지에 도달하는 성문(聲聞/ sravaka)과는 달리 자신의 노력만으로 깨달음을 얻은 자를 말하는데, 독각은 전지전능하지도 않고 남을 깨닫게 할 수 있는 능력도 없으므로 완전한 부처(sammāsambuddha)와는 구별된다. 초기 불교에서는 성문승과 독각승을 포함한 다양한 수행법이 인정되었으나 다른 사람의 구원을 위해 일하는 동안에는 자신의 깨달음을 뒤로 미룬다는 '보살'의 이상을 강조하는 대승불교도들도 독각을 받아들였지만 이들은 독각이나 아라한(阿羅漢)을 불완전한 깨달음을 얻은 자로 보는 견해가 있다.

30) 칸나우지는 6세기부터 라지푸트(Rājput) 시대를 거쳐 12세기까지 줄곧 북인도의 정치·경제·군사의 중심도시였다. 그러나 옮긴이가 힘들게 찾아간 칸나우지는 완행기차만 하루 한두 번 다니는 그런 조그마한 마을로 그곳을 가기 위해서는 지도에서 칸푸르(Kanpur)란 곳을 먼저 찾아내야 한다. 델리 방향의 아그라(Agra)와 유피(U.P.)주의 주도 럭나우(Lucknow)에서 사이에 있지만, 칸푸르에서는 특급열차가 서지 않기에 럭나우까지 가서 다시 버스나 기차로 바꿔 타야 한다. 칸푸르에서 칸나우지는 하루에 한두 번만 있는 완행기차로만 연결된다.
   현장은 『대당서역기』 권5에서 "서쪽으로 갠지스에 임해 있다"고 하였으며 이 성을 곡녀성(曲女城)이라고 하고 그 유래에 관해서 대수선인(大樹仙人)과 관련한 흥미 있는 전설을 기록하고 있으며 현장과 중인도국의 국왕이었던 계일왕과의 인연에 대하여 자세히 기록하고 있다. 또한 혜초도 이곳에 들려 나라이름을 중천축국으로 도읍지를 갈나급자(葛那及自)라고 부르면서 최고로 많은 기록을 남겼다. 그러나 법현만은 아주 간단하게 넘어간 것을 보면 법현이 지나갔을 5세기 초에는 중천축국이 성립되기 이전이었다는 점을 확인해주고 있다.
31) 법현이 순례를 떠난 뒤로 여섯 번째의 하안거로 원흥(元興) 3년(404) 6월 15일부터 8월 15일까지로 계산된다.

이 성의 서쪽 6~7리 되는 곳의 강 북쪽에 여래께서 제자들을 위해 설법을 하던 곳이 있다. 전하는 바에 의하면 여래께서는 이곳에서 무상과 고를 설하시고 육신은 물거품과 같다고 설하셨다고 한다. 이곳에 후인이 세운 탑이 지금도 남아 있다.

갠지스강을 건너 3유연 가면 가리(呵梨/ Hariti)[32]라는 촌에 도착하는데, 여래께서 이 마을에서 설법도 하시고,

귀자모신 하리티

거닐기도 하시고, 참선에 들어계셨다고 하는데, 그곳에 모두 탑이 있다.

4-4. 사기대국(沙祇大國)[33]

이곳으로부터 동남쪽으로 10유연을 가서 사기대국에 이르렀다. 성의 남문을 나오면 여래께서 양지(楊枝)[34]를 씹으시다가 그 한 가

32) 가리란 하리티(Hariti), 즉 귀자모신(鬼子母神)을 말한다. 『대당서역기』 권2 「간다라국」조에는 이 귀신에 대한 자세한 유래가 나온다. 귀자모는 귀신의 왕 반사가의 아내였는데 그녀에게는 1만 명의 아들이 있었다. 그녀는 1만 명의 아들 모두를 애지중지했지만, 남의 자식들은 마구잡이로 잡아먹는 귀신이었다. 어느 날 여래의 교화를 받아 불교에 귀의하여 그날 이후로 개과천선하여 오히려 아이의 해산과 육아양육을 담당하는 신이 되었다고 한다.

33) 원음은 비사카(visāka)로 보이나 정확한 위치는 현 비세이푸르(Biseipur), 님카하르(Nimkhar), 오우디(Oudh) 등으로 설이 나누어지고 있다. 『대당서역기』 권5의 비색가국(鞞索迦國)과 같은 나라라고 비정된다.

34) 양지란 고대인도의 풍속에서, 일회용 칫솔대용으로 씹던 '림'이란 나무를 말하는데, 현장도 『서역기』 권5에서 역시 여래와 양지에 대한 이야기를 기록하고 있다. 이때 버드나무 가지를 주로 사용해 양지(楊支)라는 말이 현재 '양치질'이라는 말

지를 땅에 꼽으신 곳이 있는데, 그 나무가 자라서 크기가 7척에 이르자, 더 이상 크지도 않고 줄어들지도 않았다.

여러 브라만과 외도가 질투를 하여 잘라 버리고 뽑아서 멀리 버려도 그 나무는 계속 자라 본래 모습처럼 되었다고 한다. 이 성 안에는 과거 4불이 거닐던 곳이 있는데, 지금도 그 자취가 남아 있다.

4-5. 스라바스티(Sravāsti/ 사위성/ 舍衛城)[35]

이곳에서 북쪽으로 8유연을 가서 구살라국(拘薩羅國/ Kosāla)의 사위성에 도착하였다. 성 안의 인구가 그리 만치 않아 모두 200여 가구뿐이었다. 이곳은 파사익왕(波斯匿王/ Prasenājit)[36]이 다스리던

로 와전되었다는 설이 있다.

35) 붓다가 24년 동안이나 머물던 곳은 기원정사(Jetavana)는 현 사헤트(Saheth)라는 곳이고, 사위성은 현재 숲으로 변해 버린 현 마헤트(Maheth)라고 비정된다. 현 유피주의 대도시 고락푸르에서 160km 거리의 발람푸르에서 버스나 기차로 이동할 수 있다. 이곳은 붓다의 재세 시에는 고대 16국 중에서도 가장 국력이 강했던 코살라(Kosāla)국의 수도로 인도에서 가장 번창하던 곳 중 하나였고 한역 경전에서 빈번하게 나타나는 사위성(舍衛城) 또는 '기수급고독원'을 말한다.
　"나는 이렇게 들었다. 어느 날 세존께서 사위성(舍衛城) 밖의 '기수급고독원'에 비구 1,250명과 함께 머무르고 계셨다. 이때 세존께서는 공양하실 시간이 다가오자 조용히 자리에서 일어나셔서 가사를 걸치시고 발우를 들고 사위성에 들어가셨다. 성 중에서 일곱 집을 돌아 순차적으로 음식을 받으시고 정사로 돌아오신 다음 공양을 다 마치시고 가사와 발우를 거두신 다음 발을 닦으시고 자리를 펴고 앉으셨다. 때에 장로 수보리가 대중들 속에서 일어나 바른 편 어깨만 벗고서 바른 편 땅에 무릎을 대고서 합장하면서 세존께 말씀드렸다."
　수려한 이목구비와 낭랑한 목소리를 가졌다던 아난다 존자가 낭송하는 불경 첫 구절이 지금도 들릴 것 같은 스라바스티는 현재는 가난하고 조용한 시골 마을로 변해 있다.

36) 코살라국의 국왕으로 승군왕 또는 명광왕으로 번역된다. 이웃 카필라국의 샤카족과 혼인하기를 바랐는데, 샤카족이 노비를 공주로 속여 시집을 보내서 후계자

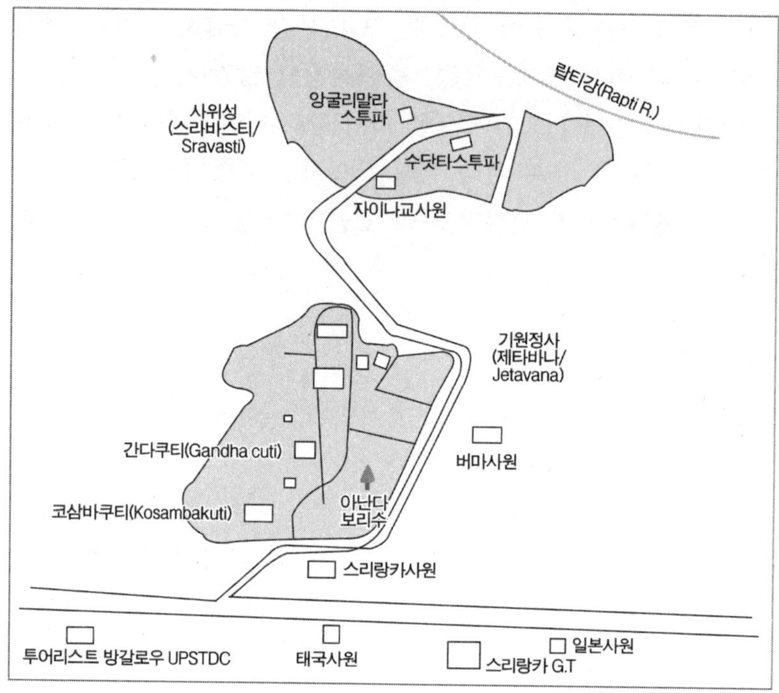

사헤트·마헤드 지도

성이었다.

　대애도(大愛道)37)의 본래의 정사가 있던 곳과 수달장자(須達長者 / Sudātta)38)의 정벽(井壁)과 앙굴마(鴦掘魔/ Anguli-māla)39)가 득도

인 유리 왕자를 낳았다. 그 원한으로 유리왕은 결국 카필라국을 토벌하여 샤카족은 멸망에 이르렀다고 한다.

37) 세존의 친이모이자 양모인 마하 푸라자파티(Maha Prajāpatji)를 말하며, 승단의 최초의 비구니가 되었다.

38) 인도 코살라국의 수도 사위성(舍衛城)에 살던 장자로 기원정사의 부지를 기타(祇陀) 태자에게서 사서 기증했다는 인물이다.

39) 너무나 유명한 일화로 브라만 출신의 앙굴리마라(손가락 목걸이)는 사도에 빠진 희대의 살인마였는데, 여래의 교화로 재발심을 하여 참회의 길을 걸었다고 한다. 사위성 유적지 근처에 그의 탑과 수달장자의 스투파가 나란히 있다.

스라바스티의 사위성 유적지

하고 열반하고 소신한 곳에 후인이 모두 탑을 세웠는데, 모두 성 안에 있다. 여러 바람문과 외도들이 질투를 하여 이를 파괴하려 하였으나 하늘이 뇌성벽력을 쳐서 결국 부실 수가 없었다.

성의 남문을 나와서 1,200보 되는 서쪽에 수달장자가 만든 정원 이 동쪽으로 문을 내고 있고 양쪽 행랑에는 두 개의 석주가 있는 데, 왼쪽 석주 위에는 수레바퀴를, 오른쪽 위에는 소의 형상이 만 들어져 있다.

정사 내의 물줄기는 청정하고 나무들은 무성하고 꽃들은 만발 하여 볼 만하니 여기가 이른바 기원정사(祇園精舍/ Jetavana)[40]이다.

---

40) 기원정사는 왕사성(王舍城)의 죽림정사(竹林精舍)와 함께 불교교단의 2대 정사 로 유명하다. 인도 코살라국 수도 사위성 남쪽 교외에 있던 불교사원으로 제타바 나(Jetavāna) 또는 기수급고독원이라고도 번역되는데 이는 기타 태자의 동산에 수달장자가 지은 사원이라는 의미다. 이 정사는 석존이 24안거를 거친 곳으로

기원정사터인 사헤트 유적지

여래가 어머님을 위해 도리천에 올라가 80일 동안을 설법하고 계실 때 파사익왕은 여래의 모습을 보고 싶어서 우두전단목을 깎아서 여래의 형상을 만들어 여래의 [기원정사에] 안치하였다. 뒤에 여래께서 기원정사로 돌아오시자 그 상은 여래를 피하여 밖으로 나와 여래를 마중하였다.

이에 여래는 말씀하시기를,

"돌아가 앉아 있어라. 내가 열반한 후 4부 대중을 위해 법식(法式)이 될 것이니라."

그러자 그 형상은 곧 되돌아가 이전에 앉았던 자리에 앉았다고 한다. 이 상은 모든 불상의 최초의 것[41]으로 후인들이 법식으로

———

7층의 가람이 있었을 만큼 웅대한 규모를 자랑했다.

41) 초기 불교미술은 기원전 6세기부터 기원후 1세기 후반까지의 이른바 '무불상시대'를 거치는데, 이때는 불상 대신에 스투파, 법륜(cakra), 불족(佛足), 보리수, 금강좌(佛座) 같은 것을 예배대상으로 삼았다. 미술사적으로 보면 정식 불사의 출

전단불상이 있었던 7층 건물이었다는 제타바나의 본당인 간다쿠티 유적지

삼게 되었다. 그러자 여래는 20여 보 떨어진 남쪽의 작은 정사로
이사를 하시어 그 상과 거처를 달리하셨다.

기원정사는 원래 7층이었는데, 여라 나라의 국왕들과 백성들이
다투어 보시를 하고 번개(幡蓋)[42]를 매달고 꽃과 향을 사르고 등불
을 밝히는 것을 하루도 그치는 날이 없었다. 그러다가 쥐가 등심지
를 갈아먹는 바람에 번개에 불이 붙어 정사에 옮겨 붙어 7층 건물
이 모두 타버렸다.

그리하여 여러 국왕들과 백성들은 모두 전단불상이 타버린 것

현은 고대인도 중기에 해당하는 쿠샨 왕조 시기, 즉 기원후 1세기경에 간다라와
마투라 지방에서 동시에 탄생했다는 학설로 통일되어 있다. 그러니까 실제로 불
타 재세 시에 불상이 제작되었다는 위의 이야기는 어디까지나 전설들인 것에
불과할 뿐이다.

42) '번(幡)'은 깃발을, 개는 일산(日傘)을 말하는데, 지금은 티베트불교의 영향으로
온 인도의 불교유적에 티베트식의 깃발, 즉 '다르촉'이 하늘을 거의 덮을 듯 휘날
리지만, 법현이 인도에 갔을 때는 티베트불교의 영향이 없었음으로 아마도 고대
인도불교에서도 오늘날처럼 깃발을 많이 사용하지 않았나 여겨지는데 이 대목
은 연구해볼 가치가 있을 것 같다.

을 슬퍼하였다. 그러나 그 후 4~5일이 지나 소정사의 문을 열자 그 불상이 보였다. 그리하여 사람들은 모두 기뻐하여 함께 정사를 고쳐 그 불상을 제자리로 모셔왔다.

법현과 도정은 처음으로 기원정사에 이르러 옛날 세존께서 이곳에서 25년 동안이나 머무셨던 것을 생각하며 생각에 잠겼다. 먼 곳에서 태어난 몸으로 동지들과 함께 여러 나라를 순례하는 동안 그냥 뒤돌아간 사람과 도중에 불귀의 객이 된 사람이 있는 것을 가슴 아파하면서, 또한 오늘 여기에 세존께서 계시지 않음에 슬퍼함을 금할 수 없었다.

기원정사의 여러 대중들이 나와서 묻기를,
"당신들은 어느 나라에서 오셨습니까?"
법현은 대답하기를,
"한(漢)나라의 땅에서 왔습니다."
그러자 그들은 감탄해하면서 다음과 같이 말하였다.
"기특하십니다. 변지의 사람이 용케도 법을 구하러 여기까지 오셨습니다."
그러면서 자기네들끼리 주고받았다.
"우리들의 스승님들로부터 대대로 이어 내려오는 동안, 지금까지 한나라의 승려가 여기까지 온 것을 보지 못했다."[43]
정사의 서북 4리 되는 곳에 득안림(得眼林)이라 불리는 잡목 숲이 있다. 본래 500명의 맹인들이 정사에 의지하여 이곳에 살고 있었는데, 여래께서 법을 설해주시어, 이로써 그들이 모두 눈을 뜰 수가 있었다고 한다. 그들은 기쁜 나머지 지팡이를 땅에 꽂고 여래

---

43) 불교사적으로 법현 이전에 인도를 순례한 기록이 없는 것을 보면 이 기록은 아주 정확하다 하겠다.

께 정면으로 예배를 하였는데, 그
지팡이가 자라나자 사람들이 이를
중하게 여겨서 아무도 베지를 않
아서 드디어 큰 숲은 이루었다고
하여 득안림이란 이름을 가지게
되었다고 한다. 정사의 승려들 중
에는 점심식사 후 이 숲에 들어와
좌선하는 자가 많았다.

기원정사 급고독장자의 스투파

기원정사 동북쪽 6~7리에 비사거모(毘舍佉母)[44]가 정사를 지어
여래와 대중들을 청한 곳이 있는데 지금까지 남아 있다. 또 손타리
(孫陀利)[45]를 죽여 여래를 비방한 곳이 있다.

기원정사 큰 동산에는 문이 둘이 있는데, 한 문은 동쪽으로 다른
문은 북쪽으로 향해 있다. 바로 수달장자가 황금을 땅에 깔고 땅을
샀던 곳으로 정사는 동산의 중앙에 있으며 여래께서는 이 정사에
가장 오래 계셨다. 여래께서 설법하시고 중생을 제도하시고 거니
시고 좌선하시던 곳에는 모두 탑이 세워져 있으며 모두 명패가 붙
어 있다.

기원정사의 동쪽 문을 나와 북쪽으로 70보 되는 길 서편은 여래
께서 96종의 외도들과 논쟁을 하시던 곳으로 이때 국왕과 대신들
그리고 거사들과 백성들이 모두 모여서 논쟁을 함께 들었다.

이때 외도의 여자 친차(Cincha/ 旃遮摩那)가 질투심을 일으켜 옷
을 뭉쳐 배에 넣고는 마치 임신한 것처럼 꾸미고는 여러 사람 앞에

---

44) 다르마디나로 사위성의 미가라 장자의 아들로 2월, 즉 비사구월에 태어났기에
　　붙여진 이름으로 기원정사 동원에 정사를 세워서 세존을 공양하였다고 전한다.
45) 순다리(Sundari)의 음역으로 매우 부정한 여인으로, 외도들이 이 여인을 죽여서
　　기원정사 안에 묻고는 도리어 석존이 음행을 숨기려고 한 짓이라고 뒤집어 씌웠
　　다고 한다.

기원정사의 아난다 존자가 심었다고 하는 보리수

서 말하기를,

"저 남자가 나를 범했다"라고 여래를 비방했다.

이때 제석천이 흰쥐로 변하여 그 여자의 허리띠를 갉아 끊어버리자 배에 붙어 있던 옷이 땅에 떨어졌다. 그러자 별안간 땅이 갈라지면서 그 여자는 산 채로 지옥에 떨어졌다고 한다.

또한 조달(調達/ Devadatta)[46]이 독 묻은 손톱으로 여래를 해치려

---

[46] 석존의 사촌으로 교단이 형성된 지 20년째에 아난다 존자와 함께 출가하였다고 한다. 그 뒤 승가의 개혁에 앞장서서 좀 더 엄격한 수행규칙을 제의했으나 이 제의가 거부되자, 그의 추종자 500여 명과 함께 승가에서 탈퇴하여 새로운 개혁 종단을 만들어서 후대에까지 큰 세력을 형성한 것으로 알려져 있다. 왜냐하면 데바닷다 종파는 후에 여러 여행기에 자주 등장하고 있는 것으로 증명이 되는 일이다.

그러나 기존 불교 쪽 자료들은 그가 마가다의 태자인 아자타샤트루와 교분을 맺어 부왕인 빔비사라를 시해하도록 하는 데 성공했고, 석존을 죽이려고 세 번이나 시도했지만 모두 실패로 끝났다고 전하고 있다. 그리고 불교의 반역자로 낙인

다가 지옥에 떨어졌던 곳에도 모두 후인들이 표식을 해두었다. 또한 외도와 논쟁을 하시던 곳에는 정사가 세워져 있는데 높이가 여섯 장 정도 되고 뒤에는 좌불이 모셔져 있다.

그 길 동편에는 외도의 천사(天寺)가 있는데 이름이 영복(影覆)이라고 한다. 이곳은 논쟁이 벌어졌던 정사와 길을 사이에 두고 마주하고 있다. 이 정사의 높이 또한 여섯 장 정도인데 이름을 영복이라 부르는 것은 해가 서쪽에 있을 때는 세존의 정사의 그림자가 외도의 그것에 비치지만, 해가 동쪽에 있을 때는 외도 정사의 그림자가 북쪽을 비치어 여래의 정사에는 미치지 못하기에 불리는 이름이다.

외도는 항상 사람을 보내어 그 천사를 지키고 청소를 하고 향을 사루며 연등공양을 하게 한다. 그런데 그 다음날 아침이 되면 그 등불은 여래의 정사에 옮겨져 있는 것이 아닌가? 그러자 외도 브라만은 크게 노하여 말했다.

"불교 사문들이 우리들의 등불을 자기들의 부처에게 공양하고 있다."

그리고는 그 브라만은 밤이 되자 스스로 몰래 숨어서 그 사실을 지켜보기로 하였다. 그런데 밤이 되자 천신이 나타나 등불을 들고 여래의 정사를 세 번 돌더니 여래께 공양을 하고 홀연히 자취를 감추어 버렸다. 이에 브라만은 여래의 신통함을 알고는 즉시 집을 버리고 불교에 귀의하게 되었다고 한다. 전하는 말에 의하면 바로 근래의 일이라고 한다.

기원정사를 둘러싸고 98개의 승가람이 있는데, 모두 승려들이 거주를 하고 있으며, 다만 한 곳만이 아무도 없다.

찍어 산 채로 지옥에 떨어졌다고 종결지어 버렸지만, 이러한 전설의 역사적 사실성은 확인되지 않으며, 아마도 석존의 정통 노선에 반대했던 그에 대한 후대의 각색일 것으로 이해된다.

인도에는 96종의 외도가 있는데, 모두 현재와 미래를 알며 각각 따르는 무리들이 있다. 또한 모두 걸식을 하는데, 다만 바리때[鉢于]를 갖고 있지 않다. 또한 복을 구하여 넓은 길옆에 복덕사(福德舍)[47]를 세운다. 그리하여 방과 침상 그리고 음식을 지나가는 출가자나 여행자들에게 제공하는데, 다만 객이 머무르는 시기가 다를 뿐이다. 조달도 또한 존중하는 사람들이 있었으니 과거 3불을 공양하고 있었으나 석가불은 모시지 않았다.

사위성 동남 4리에 유리왕(琉璃王)[48]이 사이국(舍夷國)을 정벌하려고 하였을 때, 세존께서 길옆에 서계시던 곳이 있는데, 여기에도 탑이 세워져 있다.

사위성에서 서쪽으로 50리에 하마을이 있는데 도유(都維)라고 불리는 곳으로, 바로 가섭불(迦葉佛)이 출생한 곳, 부자가 상견한 곳, 열반한 곳으로, 역시 각기 탑이 세워져 있다. 가섭불의 전신사리가 모셔져 있는 곳에도 대탑이 세워져 있다.

사위성에서 동남으로 12유연을 가면 나비가(那毘伽)라고 부르는 한 마을에 이른다. 이곳은 구루진불(拘樓秦佛)이 출생한 곳, 부자가 상견한 곳, 열반한 곳으로 역시 탑이 세워져 있다.

이곳에서 북쪽으로 1유연을 가면 한 마을에 이르는데 구나함모니불(拘那含牟尼佛)이 출생한 곳, 부자 상견한 곳, 열반한 곳에 모두 탑이 있다.

---

47) 다르마살라(Darmasāla)라는 무료급식소를 말한다.
48) 코살라국의 파사익왕과 샤카족 시녀 출신의 말리 부인과 사이에서 난 아들 비루다카(Virudhāka)로, 후에 왕이 되어 그 사실을 알고 그 복수를 하고자 샤카족을 멸망시켰다는 왕으로 악생생(惡生生)으로도 번역된다. 사이국은 물론 석존의 고향인 카필라바스투를 말하는데, 석존은 자신의 고향의 멸망을 예견하고 이를 두 차례나 말렸다고 한다.

4-6. 카필라바스투(Kapilavāstu/ 가유라위성/ 迦維羅衛城)[49]

이곳으로부터 동쪽으로 1유연을 가면 가유라위성에 이른다. 성 안에는 국왕도 없고, 백성도 없고, 황폐한 구릉만이 있다. 다만 대 중 승려들과 민가 10여 채 있을 뿐이다.

정반왕(淨飯王/ Suddhodāna)의 옛 궁전 터에는 태자모 [마야왕비/ Mahā Mayā]의 형상이 만들어져 있는데, 태자가 흰 코끼리를 타고 어머니의 태내에 들어갈 때의 형상이다.

또한 태자가 동문을 나와 병든 사람을 보고 수레를 돌렸던 곳에 도 탑이 세워져 있다. 또한 아이(阿夷/ Asithā)선인[50]이 태자의 상을 보던 곳, 태자가 난타(難陀)[51]와 더불어 코끼리를 치고 활을 쏘던 곳도 있다.

이때 그 화살이 30리 밖에 떨어진 곳에 떨어져서 샘물이 솟아나 게 하였는데, 후세 사람들이 이를 손질하여 지나가는 사람들로 하 여금 물을 마실 수 있게 하였다.

다시 세존께서 성도 후에 이곳에 돌아와서 부왕을 만났던 곳, 500명의 석가족이 출가하여 우파리(優波離/ Upali)[52]를 향해 예를

---

49) 석존이 성장한 곳으로 샤캬(Sakyā/ 釋迦)족의 도읍지로 최근의 연구된 바로는 석존 재세 시에 인구가 약 100만으로 여러 부족으로 나누어 10성(城)에 모여 쌀 농사를 주로 하였다고 한다. 그 위치에 대해서는 여러 가지 설이 있는데 그 동안 그 유적지가 네팔 중남부의 틸라우라코트(Tilaurakot)설과 북인도의 네팔 국경 근처 유피주 피플라와(Fiprawa)설로 나뉘었으나, 최근 고고학적 발굴에 의해서 아소카석주, 사리용기 명문 등의 자료에 의해서 후자가 유력시되고 있다고 한다.
　네팔 룸비니 동산 서쪽 20km에 있는 틸라우라코트의 카필라바스투 성터 후보 지에도 많은 고대 건축물과 주거지의 흔적 및 성벽 4면의 거대한 문, 수문실, 수레바퀴 등이 발견되었다. 특히 중앙에는 슛도다나왕의 왕궁터가 눈길을 끈다. 그러나 석존 생존 시에 코살라국의 바루다카왕에 의해 멸망당하였다.
50) 아시타 선인은 갓 태어난 태자의 관상을 보고 미래를 예견한 선인으로 유명하다.
51) 태자의 시종으로 출가할 때 대동하고 떠났다가 태자가 출가한 뒤에 백마만을 끌고 되돌아온 하인이다.

올리고 땅이 여섯 종으로 진동했던 곳, 세존이 모든 천신들을 향해 설법하였을 때 사천왕이 네 문을 지켜 부왕인 정반왕도 들어올 수 없었던 곳, 세존이 니구율수(尼拘律) 밑에 앉아 [이모인] 파자파티(Maha Prajapātji/ 大愛道)가 세존께 승가리(僧伽梨)53)를 보시하던 곳 등이 있는데, 이 나무도 지금까지 남아 있다.

유리왕은 석가족을 모두 죽였지만, 석가족이 그에 앞서서 수타원(須陀洹)54)을 얻었던 곳에도 모두 탑이 세워져 지금까지 남아 있다. 성의 동쪽 근처에 왕의 밭이 있는데 태자가 나무 아래에서 밭을 가는 농부를 보던 곳도 있다.

성의 동쪽 50여 리에는 왕의 정원이 있는데, 그 이름을 룸비니(Rumbini/ 論民)55)라고 한다. 부인이 연못에 들어가 목욕을 하고 나와 북쪽으로 연못가를 20여 보 걷다가 손을 들어 나무를 잡고 동쪽으로 태자를 낳았다고 한다. 태자는 땅에 떨어지자 7보를 걸었으며 두 용왕이 태자를 목욕시켜 준 곳이 있다. 이 욕지는 뒤에 우물

---

52) 우팔리는 본래 석가족의 이발사였는데, 석가족의 왕자들이 출가할 때 그들의 머리를 깎기 위해 함께 나섰다가 출가한 사람이다. 신분이 낮은 만큼 행동거지에 더욱 세밀하게 신경을 써 조금이라도 규율에 어긋나지 않도록 노력한 결과 부처님 열반 직후 거행된 결집에서 율을 암송하는 큰 역할을 맡았다.

53) 승려들의 법복인 가사(袈裟)를 말한다. 산스크리트 kaṣāya의 음역으로 가사(加沙)·가사(迦沙)·가사야(袈裟野)·가라사예(迦邏沙曳)로도 음역된다. 가사의 종류에는 승가리(僧伽梨)·울다라승(鬱多羅僧)·안타회(安陀會)의 세 가지가 있다. 승가리는 산스크리트 samghāṭi의 음역으로 대의(大衣)·잡쇄의(雜碎衣)·고승의(高勝衣)라고도 하며, 탁발이나 왕궁에 출입할 때 입는 정장이다. 9~25개의 천 조각을 붙여 만들기 때문에 구조의(九條衣)라고도 한다.

54) 소승에서 깨달음의 네 단계를 표시하는 과정의 첫째로 '수타원'은 "사람 이마에서 예리하게 비추어보고 지켜보는 과정이 막힘과 멈춤이 없고 항상 햇빛과 흐르는 물처럼 지켜봄을 얻은 자이다"이고, 다음 단계는 사다함(斯陀舍)·아나한·아라한이다.

55) 불교의 4대 성지의 하나로 싯다르타의 탄생지인 룸비니동산을 말한다. 현 지금의 인도와 국경을 이루는 네팔 남부 타라이 지방에 있다. 그러나 그 동안 이곳의 위치를 비정하지 못했다가 약 B.C. 273~B.C. 232년경 아소카왕이 이 지역을 방문한 사실이 기록된 석주비명이 발견됨으로써 설득력을 갖게 되었다.

룸비니 정문

카필라바스투 유적지 표지판

카필라바스투 유적지

룸비니 아소카 석주

룸비니 싯다르타 탄생도

룸비니 마야당

을 만들었고 부인이 목욕한 곳은 지금도 대중들이 항상 그 물을
퍼 마신다.56)

또 석가세존이 항상 선정에 들었던 장소가 네 곳57)이 있는데,
그 첫째는 깨달음을 얻는 곳이며, 둘째는 처음 법륜을 굴린 곳이
며, 셋째는 설법하고 논쟁하고 외도를 굴복시킨 곳이며, 넷째는
어머니를 위하여 도리천에 올라가 설법을 하고 내려온 곳이다. 그
밖에도 수시로 계셨던 곳이 있다.

가유라위국은 큰 흉년이 들어 백성은 흩어져 인적이 드물어 길
가기가 무서워 흰 코끼리나 사자도 함부로 다니지 못한다.58)

4-7. 람막국(藍莫國)59)

태자가 태어나신 곳으로부터 5유연을 가면 람막이라는 나라가
있다.

이 나라의 왕은 여래의 사리를 얻어서 돌아와 사리탑을 세웠으

---

56) 현재 룸비니에는 B.C. 249년 브라미어로 새긴 아소카왕 석주가 있는데, 그 명문
   에 의하면 B.C. 623년에 붓다가 태어난 곳이라고 한다. 그 외 마야부인의 싯다르
   타 탄생부조와 용왕 못, 건물유적지 등이 남아 있다.
57) 이른바 4대 성지를 말하는데, 현재 일반적으로는 출생지인 룸비니, 성도지인 보
   드가야, 초전법륜지인 사르나트, 열반지인 쿠시나가르를 꼽는 것에 반해서 법현
   은 출생지인 룸비니와 열반지인 쿠시나가르 대신 삼도보계의 산카샤와 세존이
   가장 오래 머무셨던 기원정사를 꼽고 있는 점이 좀 이색적이다.
58) 법현이 카빌라성의 폐허화의 원인으로 흉년을 꼽는 것으로 보아서는 코살라국
   에 의한 멸망사건 같은 역사는 모르고 있었던 것으로 보인다.
59) 정확한 현 위치는 미정이나 네팔과 고락푸르(Gorakhpur)와의 경계에 있는 다람
   아우르(Dharmaur) 또는 바스티(Basti)현의 람푸르 데오리야(Rampur Deoriya)라
   고도 한다. 석가족과 세력을 견주었던 코리야(Koriya)족의 거주지였다고 한다.
   『대당서역기』 권6에서는 룸비니 동쪽 200여 리에 있다고 하였다. 범어로는 라마
   (rama(grama))이며 작은 마을, 성(城)이라는 뜻의 보통명사를 나라 이름으로 불
   렀던 것 같다. 한역하여 라마가(羅摩伽)라고도 표기한다.

니 그 이름이 람막탑이다. 탑 옆에 연못이 있어서 용이 있어서 항상 탑을 수호하며 주야로 공양을 한다.

아소카왕이 8대탑을 헐어서 [다시] 8만 4천 탑을 만들려고 이미 다른 일곱 개 탑을 헐고 마지막으로 이 탑을 헐려고 할 때 용이 몸을 나타내어 아소카왕을 데리고 용궁으로 들어가 여러 가지 공양물품을 보여주면서 왕에게 말하기를,

"만약 대왕의 공양이 이보다 훌륭하다면 탑을 헐어도 좋소이다. 나는 대왕과 다툴 생각은 없습니다."

그러자 아소카는 생각하기를, 그 물건들은 이 세상의 것들이 아닌 것으로 생각되어 [탑을 헐지 않고] 그냥 돌아갔다고 한다.

이 탑 근처는 황폐하여 청소하는 사람도 없다. 다만 코끼리떼들이 코로 물을 뿌리고 여러 가지 꽃으로 탑을 장식하고는 하였다. 여러 나라에 도인이 있어서 이곳에서 탑에게 예배를 올리려고 하였으나 코끼리를 만나 크게 겁을 먹고는 나무 위에 올라가 몸을 숨겼다. 그래서 코끼리들이 법을 공경하듯 탑을 공경하는 것을 보고는 이 동산에 승가람이 없어서 코끼리들이 탑에 공양하는 것을 보고는 크게 슬퍼하고는, 그 도인은 대계(大戒)를 반납하고 스스로 사미승60)이 되어 초목을 뽑고 근처를 정결하게 하였다. 그리고 국왕에게 권하여 가람에 승려를 거주하게 하여 스스로 사주가 되었는데, 지금도 여기에는 승려가 살고 있다. 이는 근래의 일로 그 이후 대대로 이어와 지금도 사미가 주지로 앉아 있다.61)

---

60) 사미는 출가해서 10계(戒)를 받기는 하였지만 아직 구족계(具足戒)를 받지 못한 승려로서 대중들을 위해 부지런히 일을 하게 되어 있다. 그런데 사원의 잡사를 관할하는 사람을 지사(知事) 또는 지승사(知僧事)라고 하는데, 이 일은 8해탈을 갖춘 아라한이나 수다원과에 도달한 학인들이 맡게 된다. 여기에서 말하는 것처럼 사미의 신분으로서 그런 일을 맡는다는 것은 다른 곳에서는 그 예를 찾아볼 수 없는 일이다.

61) 『대당서역기』 권6 「람막국」조에도 같은 내용이 수록되어 있다.

이곳으로부터 동쪽으로 3유연을 가면 태자가 [시종인] 차익(車匿/ Chandāka)과 백마를 돌려보낸 곳이 있는데, 여기 또한 탑이 세워져 있다. 이곳으로부터 다시 동쪽으로 4유연을 가면 탄탑(炭塔)이 있는데, 여기에도 승가람이 있다.

4-8. 쿠시나가라(Kusinagara/ 구이나갈성/ 拘夷那竭城)[62]

다시 동쪽으로 12유연을 가면 쿠시나가라에 이른다. 성의 북쪽 사라쌍수(雙樹) 사이 희련선하(希連禪河/ Airavāti)[63] 강가에 세존께서 머리를 북쪽으로 하고 반니원(般泥洹)[64]하신 곳이 있고, 또 수발(須跋/ Subhādda)[65]이 마지막으로 득도한 곳, 금관에 넣어 세존을

---

62) 쿠시나가라는 우타르프라데시(Uttar Pradesh) 데오리아(Deoria) 지방의 카시아(Kasiā)이다. '불교 4대 성지'의 하나로 순례객이 끊이지 않는다. 인근의 기차역은 데오리아(Deoria) 35km와 고락푸르(Gorakpur) 53km가 있는데, 전자는 좀 더 가까우나 파트나 방면에서만, 후자는 네팔·델리·바라나시·파트나 등 전국에서 연결되는 교통요지로 쿠시나가르까지는 두 시간 내외로 많은 교통편이 있다.
　지금도 붓다가 옆으로 누운 거대한 열반상(涅槃像)이 있는 열반당이 있다. 한역으로는 구시나국(拘尸那國)·구사나갈국(拘私那竭國)·구시나게라국(拘尸那揭羅國) 등으로 표기된다. 옛 카사바티(Kaśavati)로서 말라족의 수부였다.
63) 이라바티스강이 어디인가에 따라 쿠시나가라의 정확한 위치가 비정되는데, 그 하나는 히란야바티(Hiranyavatī)로 음역하여 희연선하(凞連禪河)·희연하(熙連河)·금하(金河)로 표기하였고, 또 하나는 아지라바티(Ajiravatī)로 음역하여 아리라발제하(阿利羅跋提河)·아이라발제하(阿夷羅跋提河)로 표기하고 있다. 한편 현장은 아시다벌저하(阿恃多伐底河)로 음역하여 "열반처 동쪽에 있다"라고 하였는데 반해, 혜초는 이라발저수(伊羅鉢底水)라 부르며 "열반처의 서쪽"이라고 하여 우리들로 하여금 혼동을 주고 있다.
64) 범어 니르바나(Nirvana)로 열반 또는 원적(圓寂)이라 번역한다. 영원히 일체의 번뇌와 재난을 끊은 경지로 석존이 무여열반에 드는 것을 가리키지만, 일반적으로는 죽음을 의미한다.
65) 빠알리어로는 수바드라(Subhadda)라고 하며 또는 수발타라(須跋陀羅)라고 쓰기도 하고 번역하여 선현(善賢)이라고 한다. 원래는 브라만이었는데 맨 마지막으로 여래의 교화를 받아 아라한이 된 사람이다.

7일 동안 공양한 곳, 금강역
사가 금강저(金剛杵)를 놓아
버린 곳, 8왕이[66] 여래의 사
리를 나누던 곳 등이 있는
데, 그곳에 모두 탑과 승가
람이 세워지고[67] 지금까지
모두 남아 있다. 이 성 안에
는 백성들이 매우 적어서 얼
마간의 승려들과 민가가 있
을 뿐이다.

쿠시나가라 열반당(涅槃堂). 관(棺) 모양의 희고 둥근 건물이다.

　이곳으로부터 동남쪽으로 12유연을 가면 여러 릿차비(Licchāvi/
梨車族)[68]이 여래의 열반 길을 쫓아서 따르려고 할 때, 세존께서

---

66) 구시성(拘尸城)의 말라(末羅/ Malla), 파파(波婆)성의 말라, 남마(藍摩)읍의 구리
(拘利/ Koli), 차라파(遮羅頗)성의 발리(跋離), 비류제(毘留提)성의 브라만, 겁비
라(劫比羅/ Kapilavastu)성의 석가, 폐사리(吠舍離)성의 릿차비(梨車毗/ Licchavi),
마케타(摩揭陀/ Magadha)국의 아사세(阿闍貰/ Ajatasatru)왕 등 모두 여덟 왕이다.
67) 붓다가 열반에 들었을 때, 본토 부족이었던 말라(Malla)족이 사리를 8등분하여
그 중 1분을 안치하기 위해 만든 탑으로, 말라족의 전설에 의하면 마우리아의
아소카(Aśoka/ 阿育) 대왕이 묻혀 있던 유골을 세분하기 위해 원래의 스투파를
파괴하여 여러 곳으로 나누어주어서 보관케 하였다고 한다. 말하자면 아소카에
의한 개수(改修)라고 볼 수 있다.
　현장도 이 열반상과 스투파를 직접 보고는 기록하기를 "머리를 북쪽으로 향해
누워 있는 열반상을 봤는데, 그 곁에 아소카왕이 세운 스투파가 있으며, 그 높이
는 200여 장(丈)이나 된다"라고 기록하였다. 혜초도 "이곳은 석존께서 열반에
든 곳으로 성은 황폐하여 아무도 살지 않는다. 열반처에 탑을 세웠는데, 한 선사
(禪師)가 그곳을 깨끗이 청소하고 있다. (…중략…) 이 탑의 서쪽에 강이 있어
이라바티수(Airavati/ 伊羅鉢底水)라 한다"라고 기록하였다.
　1911년 발굴에서 이 스투파가 열반처의 스투파임을 알려주는 여러 점의 동판
이 발견되었다. 1927년 미얀마 불교도들에 의해 스투파가 연와(煉瓦)로 개수되
고, 1956년에는 길이 6m의 열반석상을 기리는 사당이 개축되기도 하였다.
68) 붓다의 마지각막 체류지인 바이샬리에 사는 종족으로 붓다께서 특별히 애정을
기울이셨다고 전한다.

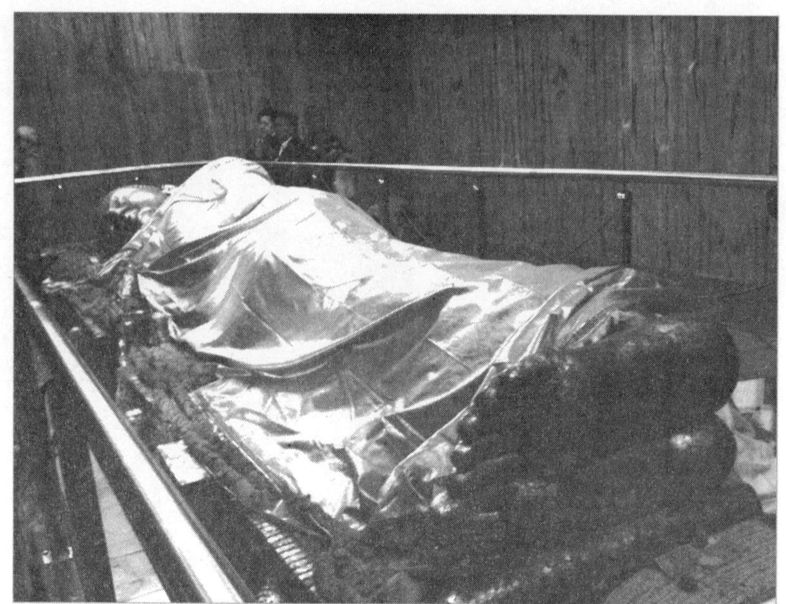

5세기 굽타왕조 시기에 조성되었다는 6.1m 되는 여래의 마지막 모습 그대로 오른쪽으로 모로 누운 형태의 거대한 열반상으로 1876년에 발굴되어 수리된 모습이다.

이를 허락하지 않으셨지만, 그래도 그들은 여래를 흠모하여 돌아가려고 하지를 않았다. 그러자 여래께서 변화를 일으키시어 깊고 큰 웅덩이를 파서 그들이 건너오지 못하게 하시었다. 그래서 그들에게 바리때[鉢盂]를 주어 돌아가게 하였다. 그곳에는 [아소카왕의] 석주가 세워져 있는데 위에는 글이 새겨져 있다.69)

69) 쿠시나가라의 아소카석주에 대해 현장은 "여래의 열반상이 만들어져 있는데, 여래는 북쪽으로 머리를 두고 누우셨다. 곁에는 수투파가 있는데 아소카왕이 세운 것으로 기단은 비록 기울고 허물어졌지만 높이는 여전히 200여 척에 달한다. 그 앞에는 돌기둥이 세워져 있는데 여기에는 여래께서 적멸하신 일에 관한 기사가 실려 있다. 비록 문장들이 있기는 하여도 날짜가 적혀 있지 않다." 그러나 현재는 이 석주는 흔적조차 없어져 버렸다.

4-9. 바이샬리국(Vaishali/ 비사이국/ 毗舍離國)[70]

이곳으로부터 동쪽으로 5유연을 가서 바이샬리에 이르렀다. 바이샬리 북쪽에는 대림중각(大林重閣)[71]정사와 여래께서 머무시던 곳 그리고 아난(阿難)의 반신탑(半身塔)이 있다.

그리고 성 뒤에는 본래 암파라(菴婆羅)[72] 여인의 집이 있었다. 그녀가 세존을 위해 탑을 세웠는데 지금도 그대로 남아 있다. 성의 남쪽 3리 되는 곳에 암파라녀의 정원을 여래께 보시하고 여래께서 무무시던 곳이 있다.

여래께서는 [노년에] 곧 열반을 하시려고 여러 제자들과 함께 성의 서문을 나와 몸을 돌려 오른쪽으로 돌아서면서 바이샬리성을 돌아다보며 제자들에게 말씀하셨다.[73]

---

70) 현 인도 동북부의 비하르(Bihar)주의 주도 파트나(Patna) 북쪽에 있는 작은 마을을 말한다. 붓다 재세 시에는 릿차비(Licchavi)공화국의 수도로 번영하였고 자이나교와 인연이 깊은 곳으로 자이나교의 창시자인 마하비라(Mahāvīra, B.C. 540 ~468)의 고향이다. 붓다께서도 여러 번 이곳을 방문하여 많은 이야기를 남겼고 깊은 애정을 과시했다.

    불교사적으로는 B.C. 483년에 열린 불교경전의 제2차 결집이 열린 곳이기도 하다. 법현·현장 등도 방문하였고 특이하게도 티베트를 통과하는 토번로(吐蕃路)로 인도를 들락거렸던 당나라 사신인 왕현책(王玄策)까지 이곳을 방문하기도 하는 등 대부분의 순례기에 비중 있는 곳으로 등장한다. 비사리(毗舍離)·폐사리(薜舍離)·유야리(維耶離)라고도 한역되기도 한다.

71) 석존께서는 바이샬리에 머무는 동안에는 대부분 대림(大林/ Mahavāna)의 중각 강당에 머물고 계셨다고 한다. 한역『잡아함경』권3에는 중각강당을 미후지반(獼候池畔)이라고 말하고 있다. 원숭이들이 꿀을 가져다가 바쳤다는 설화로 유명하다.

72) 왕사성의 유명한 의사 기바(耆婆)의 생모로 암마라녀(菴摩羅女) 또는 암라녀(菴羅女)·암수녀(菴樹女)·내녀(奈女) 등으로 불리운다. 바이샬리의 어느 정원에 있는 암몰라 나무 가지 사이에서 태어났다고 해서 불리는 이름으로 세존이 바이샬리에 왔을 때에 교화를 받고 500명이 함께 출가하여 암라수원(菴羅樹園)을 보시하여 설법하는 장소를 제공하였다.

73) 세존의 열반에 관한 예고는 법현(法顯) 스스로 번역한『대반열반경』에서 자세하게 기술하고 있지만, 정작 자신의『불국기』에는 섭섭할 정도로 간략하다. "세존

"이곳이 나의 마지막 거주처이니라."

이곳에 후인이 탑을 세웠다. 성의 서북쪽 3리 되는 곳에 탑이 있는데 방궁장(放弓杖)이라 한다. 이 탑 이름에는 다음과 같은 유래가 있다. 갠지스강 상류에 한 국왕이 있었는데, 왕의 작은 부인이 고깃덩이[肉胎]를 낳았다. 이에 큰 부인이 투기하여 "그대가 낳은 것은 상서롭지 못한 징조이니라"고 하면서 나무상자에 담아 강물에 내다 버리게 했다.

마침 하류에 있던 어떤 국왕이 물 위에 떠 있는 나무상자를 건져서 열어보니, 그 속에 천 명의 아이가 들어 있었기에 데려다 길렀다. 이 아들들이 장성해지자 대단히 용행해저서 전쟁에 나가면 반드시 승리를 거두고 왔다. 결국 이들은 [북쪽의] 자신들의 본국을 치게 되었다. 왕이 크게 근심하고 있을 때 작은 부인이 물었다.

"어째서 그렇게 근심하고 계십니까?"

"저 남쪽 나라 국왕에게 비할 데 없이 용맹한 천 명의 아들이 있는데, 그들이 우리나라를 쳐들어온다 하니, 근심하고 있던 중이라오."

"왕이시여! 걱정하지 마십시오. 성 높은 곳에 고루(高樓)를 만들어서 만약 그들이 쳐들어오면 저를 누각에 올려 보내주십시오. 그

께서 여러 비구들과 바이샬리성을 지나실 때 세존께서 뒤를 돌아보시며 성을 허탈하게 향하여 웃으셨다. 아난다가 곧 머리를 조아려 발에 대고 절을 올리고서 여래께 여쭈었다. '위 없는 스승께서 까닭 없이 허망하게 웃는 일은 없으십니다.' 그러자 여래께서 답하셨다. '내가 지금 성을 향하여 웃는 까닭은 바로 마지막으로 이 성을 보기 때문이다.' 여래께서 이렇게 말씀하시자 홀연히 허공에서는 구름도 끼지 않은 채 비가 내렸다. 이에 아난다가 다시 여쭈었다. '세존이시여, 참으로 신기합니다. 허공이 청정하여 조금도 흐린 기색이 없는데 홀연히 이처럼 자욱하게 비가 내립니다.' 그러자 여래께서 아난다에게 말씀하셨다. '너는 알아야 한다. 허공의 여러 천신들이 내가 마지막으로 바이샬리성을 본다고 말하자 그 말을 듣고 마음으로 크게 슬퍼하고 흐느끼면서 슬픔에 겨워 눈물을 흘리고 있는 것이니, 이 비는 바로 천신들의 눈물이지 비가 아닌 것이다'."

러면 제가 물러나게 하겠습니다."

드디어 적군이 쳐들어오자 소부인은 고루에 올라 외쳤다.

"너희들은 내 아들들이다. 어째서 너희들은 친부모에게 반역을 하는가?"

이에 적들은 놀라서 물었다.

"당신은 누구시기에 우리들의 어머니라고 하십니까?"

"만역 너희들이 믿지 못하겠거든 위를 보고 입을 벌려라."

바이샬리 암라수 동산의 높이 15m의 초기 마우리아 왕조시대 사자 석주. 사자가 한 마리뿐인 것을 보면 아소카의 석주보다도 오래된 것으로 보이며, 유일하게 완형으로 남은 석주이다.

라고 하면서 두 손으로 양쪽 가슴의 젖을 짜자 한 쪽 젖이 각각 500줄기로 흘러내려 천 명의 아들의 입 속으로 들어갔다. 이에 그들은 그 여인이 친모임을 알고는 즉시 무기를 던져 버렸다.

이것을 보고 두 국왕은 크게 생각하여 벽지불(辟支佛)[74]이 되었는데, 이 벽지불탑은 지금도 남아 있다.

세존이 성도를 하시고 나서 제자들에게 말씀하시기를,

"여기가 바로 내가 무기를 내려놓은[放弓仗] 곳이니라."

후세 사람들이 이를 알고 그곳에 탑을 세워 방궁장탑이라 하였다.[75] 여기서 말하는 천 명의 어린이는 현겁의 천불인 것이다. 세

---

74) 붓다의 가르침을 듣고서 목적지에 도달하는 성문(聲聞/ sravaka)과는 달리 자신의 노력만으로 깨달음을 얻은 자를 말하는데, 일명 독각(獨覺/ pratyeka-buddha), 연각(緣覺)이라고도 한다. 초기 불교에서는 성문승(聲聞乘/ śhrāvakayāna)과 독각승(獨覺乘/ pratyeka-buddhayāna)을 포함한 다양한 수행법이 인정되었으나 '보살'의 이상을 강조하는 대승불교도에서는 독각이나 아라한(阿羅漢)을 불완전한 깨달음을 얻은 자로 보는 경향이 많다.

75) 이 줄거리는 현장의 『서역기』에도 나오는데, 법현 쪽은 '방궁장'이라는 표현을, 현장쪽은 '사슴 여인'에 특색을 주었다.

바이샬리 유적지 전경

존께서 이 탑 옆에는 아난다 존자에게 말씀하셨다.

"나는 이로부터 3개월 후에 반 열반에 들 것이다."

이때 마왕(魔王)이 아난다의 정신을 혼란스럽게 하여 아난다로 하여금 세존께서 이 세상에 더 머무시도록 청하지 못하게 했다.

이곳으로부터 3~4리 가면 탑이 있다. 여래께서 열반하신 후 바이샬리의 비구가 잘못 행하여 계율을 범하여 10사비법(十事非法)[76]의 증인으로 여래께서 설하신 것이 이와 같다고 하였다. 이때 여러 아라한과 계율을 지키는 비구승 등 700명이 모여[77] 다시 율장을 검토교정[檢校]하였다고 한다. 이에 후인 이곳에 탑을 세웠으니 그것이 아직도 남아 있다.

이곳으로부터 4유연 가서 다섯 강물이 모여드는 곳에 이르렀다. 옛날 아난다 존자는 마갈국(摩竭國)으로부터 바이샬리로 가다가 열반에 들려고 하였다. 이때 여러 천신이 아사세왕(阿闍世)[78]에게

---

76) '10사비법'의 문제가 발단이 된 것은 야사라는 비구가 바이샬리를 방문하게 되면서 그곳의 비구들이 금이나 은과 같은 재물을 보시 받는 것에 대해 문제 삼으면서 시작되어 이후 레바타의 회의주재와 삽바카미의 율에 대한 해석에 의해 비법으로 판명 나면서 '10사비법'이라는 명칭을 가지게 된 것이다.

77) 위 각주의 '10사비법'을 주제로 바이샬리에서 700명이 모여 열린 '제2차 결집'을 말한다.

78) 산스크리트어 아쟈타사투루(ajātaśatru)의 음사로 미생원(未生怨)이라 번역된다.

이를 알렸음으로 왕은 즉시 스스로 수레에 올라타고 무리를 이끌고 강변에 이르렀다.

바이샬리의 이거족들도 역시 아난다 존자가 온다는 말을 듣고 달려 나와 마중을 하였다. 그래서 양쪽이 모두 강가에 이르렀는데 [강을 건너던] 아난다는 앞으로 가면 아사세왕이 여한이 남을 것이고 돌아서자니 이거왕이 여한이 될 것이라 생각하고는 강 중앙에서 화광삼매(火光三昧)에 들어가 몸을 태워 열반에 들었다. 그리하여 몸을 둘로 나누어 각각 반씩 양쪽 국왕에게 나누어주었다. 이에 두 왕은 자기 나라로 돌아가 각각 사리탑을 세웠다.

4-10. 마가다국(Magadha/ 마갈제국/ 摩竭提國)⁷⁹⁾

강을 건너 남쪽으로 향해 1유연을 가면 마가다국 파탈리푸트라 (Patāliputra/ 巴連弗邑)⁸⁰⁾에 이른다. 이 도시는 과거 아소카대왕이 다

부왕(父王) 빔비사라(bimbisāra)를 감옥에 가두어 죽이고 즉위한 마가다국(magadha 國)의 국왕으로 재위는 B.C. 550~520년경으로 코살라국(kosala國)과 카시국(kāśi 國)과 브리지국(vṛji國) 등을 정복했으나 역시 아들 우다야바드라(udaya-bhadra) 에게 살해되었다.

79) 범어로는 마가다(Magadha)이며 마갈(摩竭)·마게(摩揭)·마가타(摩訶陀)·묵갈타 (默竭陀) 등으로 음사하며 무해(無害)·무뇌해(無惱害) 등으로 번역한다. 고대인 도 16대국 가운데 하나로 지금의 비하르(Bihar)주의 가야(Gaya)와 파트나(Patna) 를 중심으로 하는 갠지스강 남쪽 지역에 해당한다. 빈비사라왕과 그 아들인 아사 세왕은 불교와 자이나교의 개조와 같은 시대의 인물이며 이 두 종교는 그 왕조의 보호 아래에서 발전하였다.

80) 마우리아 왕조의 수도였던 현 비하르(Vihar)주의 주도인 파트나(Patna)를 말한다. '꽃의 도시(華子城, 華氏城)'라는 뜻의 푸시파푸라라고도 하며 파라리불다라(波羅 利弗多羅)·파라리불(巴羅利弗)·파린(巴隣)·파라리(波羅梨) 등으로 음사된다.

B.C. 5세기 초 아자타샤트루왕에 의해 토대가 잡히고 그 아들 우다인 시대에 완성되어 라지가르로부터 천도하였다. 그 뒤 난다 왕조, 마우리아 왕조, 4세기에 일어난 굽타 왕조 등으로 연이어 수도가 되면서 인도 대륙의 정치·경제 중심지

파트나박물관 전경

스리던 곳이다. 성 안의 왕의 궁전은 귀신으로 하여금 짓게 하여 돌을 쌓아 담과 문을 만들었으며 조각이나 장식은 이 세상 사람이 만든 것이 아니어서 지금도 그대로 남아 있다.

아소카왕의 동생 [마하인드라(MahāIndrā/ 摩醯因陀羅)]는 나한도를 깨치고 항상 기사굴산(耆闍崛山/ Grdhrākutva)[81]에 머물면서 마

로 발전하였다. 마우리아 왕조 초기인 B.C. 300년 무렵 이곳을 찾아온 그리스인 메가스테네스가 남긴 저서 『인도지』에 의해 서양에서 널리 알려졌고, 물론 법현에 의해서 중국 쪽에는 처음 알려졌다.

최근 고고학적 발굴에 의하면 옛 도시의 유적은 지금의 파트나 서북쪽의 디나포레(Dinapore)에 이르는 길에 있는데, 도성의 길이가 15km, 넓이 2.8km의 직사각형으로 주위에 목책성벽과 망루 및 성문이 있는데, 길이가 106m나 되는 넓은 목조 바닥, 목조기단, 80개의 세련된 기둥들이 늘어섰던 넓은 공간의 자취, 장대한 석조 주두, 석조 돌출부 받침장식 등의 단편들이 발견되었고 가옥은 대체로 목조이며 왕궁이 호화로웠다고 한다.

81) 고대 중인도 마갈타국 왕사성의 동쪽에 있는 불경의 산실로 유명한 산으로 석존

음속으로 한적함을 즐기고 있었는데, 왕은
동생을 공경하는 마음에서 궁전에서 공양을
하겠다고 청하였다. 그러나 동생은 산의 조
용함을 즐기고 싶었기에 그 청에 응하지 않
았다. 그러자 왕은 동생에게 향하여,

"그대는 내 청을 받아주게. 그렇게 산이
좋다면 그대를 위해 성 뒤에 산을 만들어주
겠노라."

그리고는 왕은 음식을 갖추어 여러 귀신
들을 불러 모아놓고 말하기를,

"내일은 내 청을 받아주시오. 다만 자리가
없으니까 각자 돌을 가지고 와주시오."

그리하여 그 다음 날, 모든 귀신들은 큰 돌
을 하나씩 가지고 와서 사방 4~5보의 벽을

파트나박물관
야그시니(Yakshini)상

쌓아 앉게 되었다. 귀신들에게 그 돌을 쌓아 돌산을 만들게 한 것이
다. 그리고 그 큰 돌산 아래 다섯 개의 커다란 네모난 바위로 길이
3장, 넓이 2장, 높이 1장의 석실을 만들었다.

[동생 대신에(?)] 그래서 한 대승 브라만인 나태사미(羅汰私迷)82)
로 하여금 그 석실에 머물게 하였다.83) 그는 깨침을 얻어 지혜가

께서 『법화경』을 설하신 곳으로 영축산(靈鷲山)으로 번역된다.

82) 라자 스와민(Raja svamin)의 음역으로 왕의 스승(王師)이란 뜻으로 이 사람에 대
한 인적 사항은 미상이다.

83) 이 대목에서는 뭔가 원문에 스토리가 빠진 것 같다. 왜냐하면 동생에 대한 이야
기가 더 나오지 않고 난데없이 다른 바라문이 튀어 나왔기 때문에 옮긴이 견해로
는 번역함에 "동생이 계속 고사하기에, 왕은 할 수 없이 운운 …" 같은 의역이
필요한 부분이 아닌가 생각된다.
또한 이 동생에 의해 사자국에 불교를 전래한 이야기도 빠져 있는 것도, 그리고
사자국에 가서도 아소카왕 동생 이야기는 통째로 빠져 있는 것도 이해가 안 된
다. 그러므로 아마도 법현은 마하인드라 남매의 사자국으로의 불교 전래 사실

많아 모르는 것이 없었고, 또 청정한 생활을 하고 있었기에 왕은
그를 두터이 공경하며 가르침을 받고 있었다. 왕은 그곳에 가서
설법을 청할 때에도 결코 나란히 앉지를 않았다. 왕이 존경심으로
손을 잡았더라도, 잡고 난 다음에는 브라만은 곧 손을 씻었다. 나
이는 50세가량으로 온 나라 안의 추앙을 받고 있었다. 이 한 사람
에게 의뢰하여 불법을 펴고 있기 때문에 외도들은 여러 불교 대중
들에게 박해를 가할 수 없었다.

아소카탑 부근에 마하연승가람(摩訶衍僧伽藍)이 세워져 있는데
대단히 엄숙하고 깨끗하다. 또 소승의 사원도 있는데 모두 600~
700명의 승려들이 살고 있으며, 그들의 [행주좌와(行住坐臥)의] 행
동거지는 가히 볼 만하다. 사방의 덕 높은 사문이나 학문을 하고자
하는 사람들은 모두 이곳으로 온다. 일찍이 브라만의 스승으로 이
름이 문수사리라는 대덕도 이 절에 주석하고 있는데, 온나라 안의
대덕사문들과 대승의 비구들이 모두 존경하고 있다.

무릇 중인도에서는 이 나라의 도읍지인 파탈리푸트라가 제일
크다. 성 안의 사람들은 부유하며 다투어 인의를 행한다. 매년 건
묘월(建卯月)[84] 8일에는 항상 행상(行像)[85]을 행한다. 사륜거를 만

자체를 몰랐던 것이 아닌가 추정된다.

법현은 이 이소카의 동생의 이름과 행적을 밝히지 않았지만, 현장은 『대당서역
기』 권8에서 바로 이 사람이 아소카의 이복동생으로 사자국, 스리랑카에 불교를
전한 마하인드라(MahāIndrā/ 摩醯因陀羅)라고 하면서 아소카가 교만했던 이 동
생을 교화하는 일화를 자세히 소개하고 있다. 또한 나가사와(長澤)의 『법현전』
각주에는 왕의 동생 이야기가 더 나오는데 요약하면 다음과 같다.

원래 왕의 동생은 처음에는 이처럼 교만방자하였는데, 왕의 청을 거절한 일로
왕이 진노하여 "너의 죄는 죽을 죄이다. 이에 너에게 왕 노릇을 딱 7일 동안만
하게 해줄 테니 그동안 실컷 즐겨라. 그 뒤 너에게 벌을 내리겠다"라고 명령하자,
동생은 크게 반성하여 그 뒤 수행을 열심히 하여 나한도를 얻었다고 한다.

84) 인도의 각 월은 1년의 정월로 북두칠성이 토끼별자리 있는 때이다.

85) 일종의 우리의 사월초파일 연등행사를 연상하시면 된다. 본서 2장 「호탄국」조의
행상을 참조하시기 바란다.

파트나의 역전 풍경

들어 그 위에 대나무를 묶어 그 위에 5층을 만드는데, 여기에는
승려(承欄)와 알극(遏戟)이 있으며 높이가 2장 정도로 모양이 마치
[진짜] 탑과 같다. 그 위를 흰 헝겊으로 덮고 여러 신들의 모습을
그려 넣는다. 다시 금은과 유리로 그 위를 장식하고 그림을 그린
깃발과 일산을 달고 네 귀퉁이에는 감실(龕室)을 만든다. 감실 안
에는 모두 좌불이 앉아 있고 보살이 입시해 있다. 이와 같은 사륜
거는 모두 20량 가량 되는데 수레마다 장식이 각각 다르다.

　행상일이 되면 나라 안의 모든 사람들은 춤과 노래를 부르며 꽃
과 향으로 공양을 올린다. 브라만이 와서 불상을 초청하면 불상은
차례로 성 안을 돌아다니며 자기도 한다. 그날 밤은 밤새도록 연등
하고 춤과 노래로 공양을 올린다. 이러한 풍속은 나라마다 모두
같다.

　이 나라의 장자, 거사들은 각자 성 안에 복덕의약사(福德醫藥舍)

를 세운다. 그리하여 중인도의 모든 빈곤자·고독자·불구자·병자
들은 모두 이곳에 와서 여러 가지 물건을 제공 받는다. 여기서 의
사는 병을 진찰하여 음식과 탕약을 주어 편하게 하고 차도가 있는
사람은 돌아가도록 한다.

아소카왕은 7탑을 헐어서 다시 8만 4천 탑을 세웠는데, 그 처음
만든 대탑이 이 성 남쪽 3리 근처에 있다. 이 대탑 앞에는 여래의
자취가 있어서 거기에 정사가 세워졌는데 대문이 탑의 북쪽을 향
하고 있다. 남쪽에는 석주가 하나 있는데 둘레가 1장 4~5척이 되
고 높이는 3장이나 된다. 맨 위에는 아소카왕이 온나라의 승려들
에게 보시를 하고 돈으로 다시 그것을 사들이기를 세 번이나 하였
다는 내용이 새겨져 있다.

탑의 북쪽 400보 되는 곳은 아소카왕이 본래 니이성(泥梨城)을
만든 곳이다. 이 성의 중앙에 석주가 있는데 높이가 또한 3장이나
된다. 그 위에는 사자상이 앉아 있고, 기둥에는 명문이 새겨져 있
는데, 니이성을 만든 해와 달과 날짜가 적혀 있다.

이 도성으로부터 동남쪽으로 9유연을 가면 작은 외톨이 석산이
이른다. 산 위에는 석실이 있는데, 석실은 남쪽으로 향해 있다. 일
찍이 여래께서 좌선에 들어계시고 제석천이 천악반차(天樂般遮)[86]
를 가지고 연주를 하여 여래를 기쁘게 해드렸던 곳이다. 그때 제석
은 42가지 항목을 질문을 하였는데, 그때 여래께서는 일일이 돌에
다 손가락으로 탑을 그리셨으며, 그 자국이 아직도 남아 있다. 이
안에는 또한 승가람이 있다.

이곳으로부터 1유연을 가서 나라(那羅)라는 마을에 이르렀다.
바로 사리불(舍利弗) 존자의 태어난 곳으로 뒤에 사리불이 이곳으

---

86) 판카차시카(Pankhacasikha)의 음역으로 집악신(執樂神)으로 번역되는 음악의 신
   을 말한다.

로 돌아와 열반에 들었고 그리하여 탑이 세워졌는데 지금도 남아 있다.

4-11. 라지기르(Rajigir/ 왕사신성/ 王舍新城)[87]

이로부터 서쪽으로 1유연을 가면 왕사신성에 이른다. 이 새로운 성은 아사세왕이 세운 곳[88]으로 성 안에는 두 개의 승가람이 있다. 성의 서문을 나와 300보 되는 곳에 아사세왕이 여래의 '8분 사리'를 분양받아 세운 탑이 있는데 높고 크고 아름답다.

성을 나와 남쪽으로 4리를 가면 남쪽 골짜기로 다섯 산의 기슭에 이른다. 이 산들은 마치 성곽처럼 되어 있는데, 바로 평사왕(萍莎王/ Bimbisara/ 頻婆娑羅)의 구성(舊城)으로 동서로 5~6리, 남북으로 7~8리 정도의 넓이다.

여기에 사리불과 목건련이 처음으로 알비(頞鞞) 존자[89]를 본 곳,

---

87) 고대인도 마가다국의 원래의 수도로 원명은 라자그리하(Rajagriha)로 현재의 비하르주 중앙부에 있다. 빔비사라(Bimbisara/ 頻婆娑羅)왕에 의하여 세워진 옛 성터와, 그의 아들 아자타샤트루(Ajatasatru/ 阿闍世)왕이 쌓은 새 성의 유적이 있는데, 거듭되는 화재 때문에 새로이 성을 건설하였다고 한다.

근처에 석존이 재세 중 자주 머물렀던 죽림정사(竹林精舍)를 비롯하여 빔비사라왕이 유폐되었던 곳으로 알려진 감옥(監獄), 또 옛 성의 동쪽에는 영취산(靈鷲山), 서쪽에는 바이바라산의 칠엽굴(七葉窟) 같은 불교사적으로 의미가 있는 유적지가 많이 산재해 있다. 또한 라지기르는 자이나교 창시자 마하비라도 14회 우안거(雨安居)를 지냈기에 자이나교의 성지이기도 하다.

88) 현장도 이 왕사성에 대하여 "동북쪽으로 얼마가면 왕사성에 이른다. 외성은 허물어져 흔적도 없지만 내성은 허물어졌어도 기초는 아직도 높이 남아 있다. 주위가 20여 리로 각 면에 대문이 있다. 처음에는 빔비사라왕의 도읍이 상모궁(上茅宮)에 있었으나 몇 번의 화재로 재난을 입었기에 왕궁을 옮겼다. (…중략…) 그 무렵 바이샬리왕이 침입하자 성벽을 쌓아 방어하였다. 이후 도읍이 되었으나 물의 부족으로 후에 다시 파탈리푸트라성으로 도읍을 옮기게 되었다 한다."

89) 이른바 '오비구'의 한 사람으로 범어 이름은 아스바짓(Asvajit)로 아설시(阿說示)

니건자(尼犍子)90)가 불구덩이를 만들고 독으로 밥을 지어 세존을 초청한 곳, 아사세왕이 검은 코끼리에게 술을 마시게 하여 여래를 해코지하려고 했던 곳 등이 있다. 성의 동북쪽 굽이진 곳에 기구(耆舊)가 암팔라의 정원에 정사를 세워 여래와 1,250명의 비구를 청하여 공양한 곳이 있는데 지금도 그대로 남아 있지만, 그 성은 비고 황폐하여 사람이 살고 있지 않다.

골짜기로 들어가 산을 끼고 동남쪽으로 15리를 올라가서 기사굴산에 이르렀다. 산 정상 3리 못 미친 곳에 석굴이 있는데 남향으로 뚫려 있다. 여래가 원래 이 굴에서 좌선을 하셨다고 한다.

서북쪽으로 30보에 또 하나의 석굴이 있는데 아난다 존자가 좌선을 한 곳으로 마왕 파순(波旬)91)이 솔개가 되어 굴 앞에 살면서 아난다를 위협했다. 그때 여래께서는 신통력으로 둘 사이에 끼어 들어 아난다의 어깨를 어루만져 무서움을 바로 날려 버렸다 한다. 그래서 이 솔개의 발톱과 손자국은 지금도 남아 있기 때문에 조취굴(雕鷲窟)이라 부르게 되었다.

굴 앞에 사불이 좌선하던 곳이 있고, 또한 여러 나한들이 좌선하던 굴들이 수백 곳이 있다. 여래계서 석실에 앞에 계시면서 동서로 거니시던 때 조달(調達)92)이 산 북쪽의 험한 산길 사이에서 옆으로

또는 마승(馬勝)이라고 번역된다. 처음 사리불과 목건련 존자는 외도를 믿었지만, 알비 존자를 본 다음에는 세존 쪽으로 마음이 돌아서 죽림정사에서 드디어 세존을 뵙고 귀의하게 되었다고 한다.

90) 나타족(族) 출신의 니간타파의 사람을 가리킨다. 석존 당대의 '6사 외도(外道)' 중 한 사람으로, 본명은 바르다마나(Vardhamana)로 출가하여 깨달음을 얻은 후에 자이나(Jina/ 勝者) 또는 마하비라(Mahavira/ 大雄) 등으로 불렸는데, 내세의 복락을 얻기 위해서는 현세에 고행을 해야 한다고 주장했다. 나형외도(裸形外道)·노행외도(露行外道)·니건타(尼乾陀)·니건타야제자(尼乾陀若提子) 등으로 불렸다.

91) 마왕 파피야스(Papiyas 혹은 Papman)는 파순(波旬)으로 번역되는데, 그가 태자의 깨달음을 방해하기 위하여 세 명의 딸을 차례로 보내 유혹하려했다는 일화는 유명하다.

돌을 굴려 떨어뜨려 여래의 발가락을 상하게 한 곳도 있는데, 그 돌은 지금까지 남아 있다.

세존의 설법당은 이미 허물어져 버렸고 벽돌로 쌓았던 터만이 아직도 남아 있다. 이 산은 봉우리가 수려하고 단아하고 장엄하고 5산 중에서 가장 높다.

법현은 왕사신성에서 향과 꽃과 기름 등을 사서 두 비구에게 부탁하여 가져오게 하여 기사굴산으로 올라갔다. 그리고 꽃과 향을 공양하고 유등을 계속 밝히면서 문득 슬픈 감상에 빠져 들었다. 이윽고 눈물을 거두고는 말하였다.

"세존께서는 옛날에 이곳에 머무셨고 『수능엄』을 설하셨는데, 법현은 살아서 뵙지도 못하고 다만 그 유적지만 찾을 뿐이로다."

그리고 [법현은] 『수능엄경(首楞嚴經)』93)을 염송하고는 [그곳에서] 하룻밤을 머무르고 다시 왕사신성으로 돌아갔다.94)

95)≪왕사성(王舍城)과의 거리가 30여 리 되는 곳에 한 사원이 있었다. 어두워질

---

92) 승가의 후계계승권을 놓고 다툰 세존의 사촌 동생 제바닷타를 말한다.

93) 5세기 초의 법현이 『수능엄경』을 영취산에서 염송했다는 이 대목은 무언가 앞뒤가 맞지 않아 보인다. 왜냐하면 이 경은 705년(당나라 중종 원년) 인도 승려 반랄밀제(般剌蜜帝)에 의해 전래되고 번역되었다.
　　『수능엄경』은 모두 10권으로 구성되어 있는 경전으로, 밀교부에 수록되어 있음으로 그 내용은 밀교적인 색채가 짙으나 선정이 역설되고 있기 때문에 밀교쪽보다는 선가에서 환영을 받아 우리나라에서도 현재 많이 읽혀지고 있다.

94) 본 『불국기』 역주본의 대본이 되는 원문에는 보이지 않지만, 또 다른 간략한 『고승법현전』 「석혜교(釋慧皎)」 제3권에는 법현이 영취산에서 하루를 묵었다는 이야기와 관련된 의미 있는 대목이 있어서 위 본문 번역문에 [***]로 묶어 소개해 둔다.
　　뒤에 형주(荊州)에 이르러 신사(辛寺)에서 열반에 드셨는데, 나이는 86세이셨다. 대중들이 모두 애석하게 여기고 서러워하였다. "그가 여러 나라를 여행하고 답사한 것에 대해서는 별도로 대전(大傳)이 있다"라고 기록한 것을 보아도 법현전은 대소 두 가지 판본이 존재함을 알 수 있다.

95) 옮긴이 병주(倂註): 이 부분에서 본 『불국기』 역주본의 대본이 되는 원문에는

법현이 기사굴산이라 불렀던 영취산으로 가는 길

무렵에 그곳을 방문하였는데, 법현이 다음 날 새벽에 기사굴산에 가려고 하자 그곳의 승려가 말렸다.

"길이 매우 험준하고 외지고 게다가 검은 사자들이 많아 사람을 잡아먹는 일이 자주 벌어집니다. 그런데 어떻게 갈 수 있겠습니까?"

법현이 말하였다.

"멀리 수만 리를 찾아 온 것은 영취산에 꼭 가보고 싶었기 때문이었습니다. [그동안] 목숨마저 기약할 수 없었고 숨 쉬는 것조차 보전할 수 있는 것도 아니었습니다만, 여러 해 동안의 정성을 들여 여기까지 왔습니다. 그런데 어찌 그만둘 수 있겠습니까? 아무리 험난하더라도 저는 두렵지 않습니다."

대중들은 법현을 더 만류할 수 없게 되자 두 승려를 딸려 보냈다.

없지만, 또 다른 짧은 소전에는 법현이 영취산에서 하루를 묵었다는 대목과 관련된 의미 있는 대목이 있어서 아래에 별도로 ≪ ≫로 묶어 소개하려고 한다.

영취산 동종

　법현이 산에 이르렀을 때는 땅거미 지는 저녁 무렵이었으므로, 거기서 하룻밤을 묵으려고 하였다. 따라온 두 승려는 무서워하면서 법현을 버려두고 돌아가 버렸다. 그리하여 법현만 홀로 산 중에 남아 향을 피우고 예배하였다. 여래의 옛 자취에 가슴 설레며 상상의 나래를 펴 마치 세존의 거룩한 모습을 뵙듯이 하였다.

　밤이 되자 세 마리의 검은 사자가 왔다. 법현 앞에 쭈그리고 앉아 입술을 핥으며 꼬리를 흔들었다. 법현은 경문 외우는 것을 멈추지 않고 한결같은 마음으로 불경을 염송하였다. 그러자 사자는 머리를 숙이고 꼬리를 내리더니 법현의 발 앞에 엎드렸다. 이에 법현은 손으로 사자들을 쓰다듬으며 주문을 외웠다.

　"만일 나를 해치고자 하거든 내가 경문 외우기를 마칠 때까지 기다려다오. 만일 나를 시험해보는 것이라면 바로 물러가는 것이 좋으리라."

　그러자 사자들은 한참 있다가 가 버렸다. 이튿날 새벽 다시 돌아올 적에는 길이 다하여 으슥하게 막혀 있었다. 다만 하나의 좁은 길로만 통행할 수 있었는데 1리 남짓 가지 못했을 때, 홀연히 한 도인을 만났다. 나이는 90세 정도이고 용모와 복장은 누추하고 소박하나 신령스런 기운이 우뚝하고 높았다. 법현은 비록 그에게

서 풍기는 분위기가 고상하다는 것을 느꼈으나 그 분이 신인인 줄은 깨닫지 못하였
다. 뒤에 또 한 젊은 승려를 만나자 법현이 물었다.

"아까 그 노인장은 누구십니까?"

젊은 승려가 대답하였다.

"부처님의 대제자(大弟子)인 두타(頭陀) 제일의 가섭(迦葉)96) 존자이십니다."

법현은 비로소 크게 한탄하고는 다시 급히 뒤쫓아 그 장소에 갔으나 가로지른
돌이 굴 입구를 막아 끝내 들어갈 수 없었다. 법현은 눈물을 흘리며 그곳을 떠나갔
다. (운운)≫

왕사구성을 나와 북쪽으로 300여 보를 가서 서쪽에 가란타(迦蘭
陀)97)장자의 죽원정사(竹園精舍/ Venūban Vihār)98)가 있는데, 지금

---

96) 마하가섭(摩訶迦葉)은 고타마 붓다의 10대 제자 중 한 사람으로 '두타제일'로 불
리며 의역하여 대음광이라고도 부른다. 왕사성 마하바드라의 거부였던 브라만
니그루다칼파의 아들로서 태어났는데, 비팔라 나무 밑에서 탄생하였으므로 비
팔라야나라고 부르기도 하였다. 집착에 사로잡히지 않는 청결한 인물로서 고타
마 붓다의 신임을 받아 제자들 중에서 상위를 차지하였다. 붓다가 반열반에 든
후 비탄에 빠지거나 동요하는 제자들을 통솔하여 교단의 분열을 막았으며, 제1
회 불전 결집을 지휘하였다.
영취산(靈鷲山)에서 고타마 붓다가 꽃을 꺾어 보였을 때 오직 마하가섭만이
그 뜻을 이심전심으로 이해하고 미소 지었다는 염화미소(拈華微笑)의 고사(故
事)가 전해진다. 선종에서는 마하가섭을 선법(禪法)을 받아 이어준 제1조로 높이
받들고 있다.
두타행이란 수행법은 조용한 곳에서 거주하며, 항상 걸식을 하고 하루에 한
번만 먹으며, 정오 이후에는 과즙이나 설탕물도 마시지 않고 항상 헤지고 허름한
옷을 입고 단지 세 가지 옷만 소유하고 무덤 곁에 마무르며, 항상 나무 밑에서
자야 한다고 한다. 이와 같이 쉽지 않은 수행생활인데도 가섭존자는 평생을 두타
행을 하면서 정진하여 종단의 존경을 한몸에 받았다고 한다.
97) 가란다(Karānda)는 세존 당시 왕사성의 장자 이름으로 당초에는 죽림을 니건외
도, 즉 자이나교에 주었다가 후에 불교에 귀의하여 세존에게 죽림정사를 기증하
게 된다.
98) 현지명 베누반 비하르(Venūban Vihar)로 죽림정사(竹林精舍)라고 주로 번역되었
다. 지금은 신시가 중심가에 위치하고 있지만 붓다 당시에는 성의 북문 밖 교외
에 있었다고 한다. 옛날 왕사성의 빔비사라왕이 석존의 덕을 칭송하여 수행도량

영취산을 오르는 길로 빔비사라왕이 붓다를 위해 만든 돌길이다.

도 존재해 있으며, 대중들이 깨끗하게 청소를 하고 있다. 정사의 북쪽 2~3리 되는 곳에 시마사나(尸磨賖那)가 있는데 바로 죽은 사람을 버리는 공동묘지를 말한다.

남산을 돌아 서쪽으로 300보를 가면 석굴이 하나 있는데 이름이 빈파라굴(賓波羅窟)[99]이라 한다. 여래께서 식후에 항상 여기에서

으로 이 땅을 보시하고 최초의 정사를 세웠다. 붓다는 제자 1,250명과 함께 몇 년 동안 머물며 국왕과 주위사람들을 위해 설법을 하였고, 교단의 핵심멤버인 사리불과 목건련 두 사람을 제자로 받아들였다고 경전은 전하고 있다.

640년에는 현장도 이곳에 들려서 "산성 북문에서 약 1리 남짓 가면 칼란다카 죽원(竹園)에 이른다. 지금도 정사가 있는데 동쪽으로 문이 나 있다. 여래는 이곳에 많이 계시면서 중생들을 교화제도하셨다"라고 기록하고 있다.

99) 바이바라산에서 온천정사로 통하는 계단을 따라 올라가면 산기슭에 위치하고 있는 석실이 보이는데, 기단 위에 7m 정도의 높이로 세워져 있으며 이곳에서 라즈기르를 조망할 수 있어 조망대라고 부른다. 석실 측면으로 몇 개의 굴이 보인다.

좌선을 하셨던 곳이다.

또 서쪽으로 5~6리 가면 산의 북쪽에 석실이 하나 있는데 이름이 차제굴(車帝窟/ Saptapānnaguha)[100]이라 한다. 세존께서 열반하신 뒤 500아라한들이 경전을 결집했던 곳이다. 결집할 때 세 개의 빈자리를 만들어 장엄하게 장식을 하였는데, 사리불의 자리는 왼쪽에, 목련의 자리는 오른쪽에 있었다. 모여든 대중은 500명에서 한 사람이 모자랐는데 대가섭(大迦葉)이 상좌에 앉았다. 이때 아난다는 문 밖에 있었으나 들어갈 수가 없었다고 한다. 그곳에 후인들이 탑을 세웠는데 지금도 그대로 있다.

이 산을 끼고 돌아가면 여러 나한들이 좌선을 하던 석굴들이 매우 많다. 구성의 북쪽으로 나아가 동쪽으로 3리를 내려가면 조달(調達/ Jebhadātta)의 석굴이 있다. 이곳에서 50보 떨어진 곳에는 커다란 네모형의 검은 굴이 있다. 옛날 한 비구가 이곳에서 거닐고 무상과 고통과 빈 것을 생각했다고 하는데, 그 비구는 부정관(不淨觀)을 얻어 스스로의 몸을 싫어해 칼을 들어 자살을 하려 하였다. 그러나 세존께서 계율을 만드신 것을 생각하니 자살을 할 수가 없었다가 또 생각하기를 나는 삼독적(三毒賊)을 죽이려 하는 것이라고 하고 즉시 칼로 목을 자기의 잘랐다.

처음 상처를 냈을 때는 수타원(須陀洹)을 얻었고 반쯤 목을 잘랐을 때는 아나함(阿那含)을 얻었으며 목이 다 잘렸을 때는 아라한과(阿羅漢果)[101]를 성취하여 마침내 열반에 이르렀다고 한다.

---

100) 일명 칠엽굴로 현지에서는 삽타파나구하(Saptapannaguha)라고 부르는 동굴로 구왕사성의 북서쪽 바이바라 언덕에 위치하고 있으며 찰제산굴(刹帝山窟)이라고도 부른다. 칠엽굴이란 굴의 모습이 7개의 나뭇잎이 펼쳐진 것 같은 모습이기 때문에 붙여진 이름이라 한다. 불교사적으로 유명한 불경의 '제1결집'이 열린 곳이다.

101) 열반에 이르는 네 가지 수행단계를 말한다.

4-12. 보드가야(Buddh Gayā/ 가야성/ 伽耶城)[102]

이곳 [왕사성]으로부터 서쪽으로 4유연을 가서 가야성에 이르렀
다. 이곳 약시 성 안은 텅 비어 있고 황폐해 있다. 다시 20리를
더 가서 보살 [싯다르타]께서 6년 동안 고행하시던 곳에 이르렀다.

이곳에는 보리수[103]나무가 있다. 이곳으로부터 서쪽으로 3리
가면 태자가 연못에 들어가 목욕을 하고 하늘에서 드리워준 나뭇
가지를 붙잡고 연못을 나온 곳에 이른다.

다시 북으로 2리를 가면 수자타(Sujāta/ 彌家)[104] 여인이 태자에
게 우유죽을 공양한 곳이 있고, 여기서 다시 북쪽으로 2리를 가면
어느 큰 나무 아래 바위 위에서 동쪽을 보고 앉아 태자가 우유죽을
드신 곳이 있는데, 그 나무와 바위는 지금도 그대로 있다. 바위는
넓이가 약 6척이고 높이는 약 2척 가량 된다. 중인도는 추위와 더
위가 별 차이가 없어서 나무들이 수천 살에서 수만 살에 이른다.

이곳으로부터 반 유연을 가서 어느 석굴에 이르렀다. 이곳은 태
자가 그 안에 들어가 서쪽으로 결가부좌(結跏趺坐)하고 앉아, 만약

---

102) 인도 동북부 비하르(Vihar)주 중부에 있는 마을로 갠지스강의 지류인 팔구강
　　 서쪽에 자리 잡고 있다. 불교성지 가운데 가장 신성한 곳의 하나로 싯다르타가
　　 깨달음을 얻어 부처가 되었다는 신성한 보리수가 있는 곳이다. 그 자리를 기념하
　　 기 위해 B.C. 3세기 아소카왕이 아담한 사원을 하나 지었는데, B.C. 1세기에 이
　　 사원 주위로 둘러 세운 석조난간 일부가 지금도 남아 있다.
　　　 쿠샨 왕조시대(2세기)에는 이 자리에 오늘날의 마하보디사원이 세워졌고, 팔
　　 라 왕조와 세나 왕조시대를 거치면서 더 많은 소상으로 장식하였다. 영국의 알렉
　　 산더 커닝엄은 19세기 후반에 이 사원을 복구했고, 미얀마의 불교도들이 1882년
　　 복구 작업을 끝냈다. 사원의 중앙탑은 높이가 54m에 이른다.
103) 원문에는 임목이라 되어 있지만, 분명 신성한 보리수를 말한다.
104) 우루벨라 마을의 수자타라는 여인은 우유죽을 공양한 그릇으로 고행에 지친
　　 태자로 하여금 깨달음을 얻게 하였다는 공덕으로 천추만대로 칭송을 받는 여인
　　 이 되었다. 그녀의 우유공양은 붓다가 받은 생애의 2대 공양의 하나로 붓다의
　　 열반의 계기가 되었다는 금세공인 춘다가 올린 '수카라 맛다바'와 더불어 유명
　　 하다.

수자타 여인의 집터에 세워진 사원

성도를 한다면 신령스러운 증상이 나타날 것이라고 생각한 곳이
다. 이 석굴 안 석벽에는 태자의 그림자가 나타나 있는데 길이가
약 3척 정도 되며 지금도 매우 뚜렷하다. 이때 천지가 크게 움직이
더니 여러 천신이 공중에서,

　"이곳은 과거나 현재의 모든 붓다의 성도처(成道處)가 아니다. 이
곳으로부터 반 유연되는 곳의 패다수(貝多樹/ pattā)105) 아래야말로
과거와 현재의 부처의 성도처이니라" 하고 또렷이 말하였다.

　여러 천신들은 말을 마치자 바로 앞장서서 길을 인도하였기에
태자가 일어서서 따라갔다. [신성한] 나무로부터 30보 떨어진 곳
에서 하늘은 길상초(吉祥草)를 보내어 태자는 이것을 받았다. 다시
15보를 더 가니 500마리의 푸른 참새가 날아와 태자의 둘레를 세
바퀴 돌고 날아갔다. 태자는 패다수 아래로 나아가 길상초를 깔고

---

105) 패다라(貝多羅)라고도 하는데, 옛 인도에서 글자를 쓰는 데 사용하던 나무의
　　잎으로 불교경전을 많이 쓴 것으로『패엽경(貝葉經)』또는 패서(貝書)라고 한다.
　　그러나 일반적으로는 보리수나무와 혼동되어 쓰이기도 한다.

동쪽을 향해 앉았다.

이때 마왕은 북쪽으로부터 와서 세 명의 옥 같은 여인을 보내 태자를 시험했다. 태자가 손가락으로 땅을 가리키자 마왕의 병졸들은 물러났고 옥 같은 여인들은 늙은 노파로 변했다. 위에서 이야기한 6년 고행으로부터 이곳에 이르는 여러 곳에는 후인들이 탑과 형상을 세웠는데 지금도 그대로 있다.

보드가야의 마하보디 대탑의 전경

그 외 여래가 성도를 하시고 7일 동안 보리수를 바라보시고 해탈의 즐거움을 맛보시던 곳, 패다수 아래에서 7일 동안 거니시던 곳, 여러 천신들이 칠보당을 짓고 7일 동안 여래를 공양하던 곳, 문린맹용(文鱗盲龍)이 7일 동안 여래를 맴돌던 곳, 여래가 시구율수(尼拘律樹) 아래의 모난 바위 위에서 동쪽으로 앉아 계실 때 범천이 청하던 곳, 사천왕이 바리때[鉢]를 바치던 곳, 500명의 상인들이 초밀을 여래께 공양하던 곳, 그리고 여래께서 가섭형제(迦葉兄弟)106)의 무리 천 명을 제도하시던 곳 등등 모든 곳에도 탑이 세워져 있다.

여래께서 깨달음을 얻으신 곳에는 세 개의 승가람이 있는데 모두 승려들이 살고 있다. 대중들도 민간인도 모두 공급이 충분하여 부족한 것이 없다. 이곳은 계율이 엄격하고 위의좌기(威儀坐起)와 입중(入衆)의 법은 여래 생존 시에 대중 등이 행하던 것과 같게 지

---

106) 마하가섭이 아니라 우루벨라 카샤파 삼형제와 500명의 제자들의 귀의를 말한다. 이들은 원래 배화교 신자로서, 머리 묶고 흰 옷을 입어 결박외도라 하였다. 니련선하 강가에서 관상을 보며 불을 숭배하며 제자들로부터 존경을 받고 있었는데, 여래를 만나자 귀의하게 되었다고 한다.

보드가야 보리수와 대탑

금에 이르고 있다.

여래께서 열반하신 이후로도 4대탑이 있는 곳은 서로 전해져 끊이지 않는다. 4대탑이란 여래께서 탄생하신 곳, 득도하신 곳, 법륜을 굴리신 곳, 열반하신 곳이다.

아소카왕이 옛날 어린아이 시절에 가섭불(迦葉佛)107)이 걸식을 하면서 오는 곳과 마주쳤다. 어린아이는 기뻐서 한 주먹의 흙을 집어서 가섭불에게 보시하였는데, 그는 그 흙을 경행하는 길 위에

---

107) 과거칠불*의 마지막 붓다를 말한다. 불교의 교리에 따르면 누구든지 깨달음을 얻어서 불타가 될 수 있기 때문에 이론적으로는 석가불 이전에도 깨달은 불타가 있을 가능성이 있다. 그러나 역사적으로 실재하였던 불타는 오직 석가모니 한 사람일 뿐이며, 나머지 여섯 명의 불타는 과거불사상이 전개됨에 따라 나타난 것으로 보인다. 과거불사상은 불타의 본생담(本生譚) 및 미래불사상과 밀접하게 연관되어 있으며, 대승불교에서 전개된 불타관(佛陀觀)의 원천이 되었다.

  *비바시불(毘婆尸佛/ Vipaśyin)·시기불(尸棄佛/ Śikhin)·비사부불(毘舍浮佛/ Viśvabhū)·구류손불(拘留孫佛/ Krakucchanda)·구나함모니불(拘那含牟尼佛/ Kanakamuni)·가섭불(迦葉佛/ āśKyapa)·석가모니불(釋迦牟尼佛/ Śākyamuni)

석존께서 깨달음을 얻었다는 보드가야 보리수와 그 아래의 금강좌

물을 섞어 뿌렸다. 이 과보로 어린이는 후에 철륜왕(鐵輪王)이 되어 염부제(閻浮提)의 왕이 되었다.

그리하여 왕은 철륜을 타고 염부제를 순행하다가 철위산(鐵圍山)[108] 사이에서 죄인을 다스리는 것을 보고 어찌된 영문인지를 신하들에게 물었다. 이에 신하들이 대답하였다.

"이는 귀왕염라(鬼王閻羅)가 죄인을 벌주고 있는 것입니다."

왕은 스스로 귀왕조차 능히 지옥을 만들어 죄인을 다스리고 있는데, 나는 인간의 왕으로서 '어찌하여 지옥을 만들어 죄인을 벌하지 않을까 보냐?'라고 생각하고는 신하들에게 물었다.

"누가 능히 나를 위해 지옥의 주인이 되어 죄인을 다스릴 자가

---

108) 수미산을 둘러싸고 있는, 9산(九山) 가운데 가장 밖에 있는 산으로 지변산(地邊山)에서 36만 3천 2백 88유순(由旬)이라 하며, 또는 남섬부주 남쪽 끝에서 3억 6만 6백 63유순(由旬)되는 곳에 있다 한다. 전부가 철로 되었다고 한다.

없겠느냐?”

이에 신하들은 대답하였다.

“그것은 단지 악독한 사람만이 잘할 수 있을 것입니다.”

그래서 왕은 곧 신하들을 각처로 보내어 악인을 구하였다. 어느 연못가에 한 남자가 있었는데, 키가 크고 장대하여 피부는 검고 머리는 황색이며 다리로는 물고기를 잡고 입으로는 짐승을 불러 그것이 오면 곧 사살하여 한 마리도 놓치지 않았다. 이에 신하들이 이 사람을 왕에게 데리고 갔다. 왕은 은밀히 칙지를 내렸다.

“너는 사방에 높은 담장을 쌓고 그 안에 갖가지 꽃과 과일나무를 심고 욕지를 만들어 장엄하게 꾸며 사람으로 하여금 갈망케 하여라. 지옥감옥에는 문호를 만들어 만약 들어오는 자가 있으면 즉시 체포하여 여러 가지 죄를 다스려 두 번 다시 나갈 수 없게 하여라. 설사 내가 들어갔다 하더라도 또한 죄를 다스려 놓아 보내지 말라. 이제 나는 너를 지옥주로 명하노라.”

어떤 비구가 걸식을 하다가 그 문으로 들어가게 되었다. 지옥주가 그를 발견하고 그 죄를 다스리려고 하였다. 비구는 크게 겁을 먹고 잠시 점심을 먹기를 허락해 달라고 청하였다. 얼마 안 있어서 또 한 사람이 들어왔다. 지옥주가 그를 절구 속에 넣고 절굿공이로 찧자 붉은 피가 튕겨져 나왔다.

비구는 이를 보고 이 몸이 무상하고 괴롭고 헛되며 거품과 같음을 깊이 생각하게 되었다. 그러자 즉시 아라한과를 얻게 되었다.

얼마 뒤 지옥주가 비구를 붙잡아 끓는 가마솥에 넣었는데도, 비구의 마음과 얼굴은 기쁘기만 하였다. 그러자 불은 꺼지고 물은 식어져서 그 안에서 연꽃이 피어났는데, 그 비구는 그 안에 앉아 있는 것이 아닌가?

이에 놀란 지옥주가 왕에게로 가서 이상한 일을 보고하고는 직접 가서 보시기를 바란다고 하자, 왕은 먼저 해야 할 일이 많아서

지금은 갈 수가 없다고 하였으나 옥졸은

"이 일은 사소한 일이 아닙니다. 대왕이시여, 먼저 해야 할 일은 나중으로 미루시고 빨리 가보시기 바랍니다."

라고 재촉하자 왕은 할 수 없이 그를 따라 지옥원으로 들어갔다.

그리하여 비구는 왕을 위해 설법을 하였고 왕은 믿음과 이해를 얻었다. 이에 즉시 지옥원을 없애 버렸고 전에 지은 여러 악행을 참회하였다. 이로부터 왕은 삼보를 중히 믿게 되었고 항상 패다수 아래로 가서 허물을 뉘우치고 자책하고 여덟 가지 계제(戒齋)109)를 받았다.

왕비가 왕이 자주 어디를 혼자서 가시느냐고 물었더니 신하들이 패다수(貝多樹) 아래로 가신다고 대답했다. 이에 [질투심이 일어난] 왕비는 왕이 없는 시간을 틈타서 사람을 시켜 그 나무를 잘라 버렸다. 나중에 왕이 와서 보고는 놀란 나머지 정신을 잃고 쓰러져 버렸다. 신하들이 왕의 얼굴에 찬물을 뿌리자 겨우 정신을 차렸다.

이에 왕은 나무뿌리 주위에 벽돌을 쌓아 울타리를 만들게 하고 우유 100병을 그 나무의 뿌리에 부어주고 온몸의 사지를 땅에 엎드리는110) 등의 예배를 하면서 맹세하였다.

---

109) 불교의 계율에는 몇 가지 종류가 있는데, 재가인(在家人)이 지켜야 하는 오계(五戒), 재가인이 14일 동안의 금식 기간에 지켜야 하는 팔계(八戒)가 있는데, 보통 사람들은 일반적으로 모든 불교사원에서 행해지는 오계에 따라 생활하며, 희망에 따라 금식 기간에 행해지는 팔계도 있다. 팔계(八戒)에는 다음과 같은 계율이 있다.
  1. 목숨을 빼앗는 것의 금지.
  2. 남이 주지 않은 것을 취하는 것의 금지.
  3. 간음하는 것의 금지.
  4. 거짓을 말하는 것의 금지.
  5. 술이나 마약에 취하는 것의 금지.
  6. 정오 후에 음식을 먹는 것의 금지.
  7. 세속적인 오락에 빠지는 것의 금지.
  8. 장식물로 몸을 치장하고 향수를 쓰는 것의 금지.

"만약 이 나무가 살아나지 않으면 나도 일어나지 않을 것이다."

이 맹세를 마치자 과연 나무뿌리에서 나무가 자라기 시작하여 오늘에 이르기까지 살아 있는데, 지금 나무의 높이가 10장 가까이 된다.

이곳으로부터 남쪽으로 3유연을 가면 하나의 산이 있는데 이름을 계족(鷄足)이라 한다. 대가섭(大迦葉/ Mahā Kāsyapa)이 지금 이 산 중에 머물고 있다고 한다. 산의 갈라진 틈 사이로 가섭이 들어갔다고 하는데, 그곳으로 보통사람은 들어갈 수가 없다. 밑으로 들어간 곳은 극히 멀고 구덩이가 하나 있는데, 가섭의 온몸이 이 가운데 머물고 있다고 한다. 구멍 바깥으로는 가섭이 본래 손을 씻은 흙이 있는데, 그곳 사람들 중에 만약 머리가 아픈 사람이 있으면 그 흙을 머리에 바르면 곧 낳게 된다고 한다.

이 산 중에는 지금도 여러 나한들이 살고 있다. 천축의 여러 나라 도인들은 해마다 이곳에 와서 가섭에게 공양을 올리고 있다. 가섭을 극진히 숭배하는 사람들에게 밤이 되면 나한들이 찾아오는데, 함께 논의하고 의문 나는 것이 풀리면 홀연히 보이지 않는다고 한다.

이 산은 개암나무가 무성하고 사자·호랑이·늑대가 많아 함부로 다닐 수가 없을 정도이다. 법현은 되돌아와서 [마가다국의 도읍지인] 파탈리푸트라읍으로 향했다.111) 갠지스강을 따라 서쪽으로 10

---

110) 원문은 '四枝布地'인데, 몸의 네 곳[四枝]을 땅에 대는 인사법을 말하는데, 요즘 유행하는 오체투지(五體投地)로 이해하면 될 것이다.

111) 본문에서 법현은 파트나로 간다고 했으나, 본문의 다음 행선지는 바라나시로 이어지고 있다. 그러나 실제 법현의 연보상으로는 법현은 파트나에서 3년 동안 머무르며 불교공부를 본격적으로 하게 된다고 뒤에 다시 다음과 같이 기록하고 있다.

"중인도에 이르렀다. 마갈제국 파련불읍 아소카왕탑의 남쪽 천왕사(天王寺)에서 『마하승기율』, 『살바다율초』, 『잡아비담심론』, 『방등니원경』 등을 얻었다. 법현은 그곳에서 3년 동안 체류하면서 범어를 배워서 비로소 직접 글씨를 베껴

유연 내려가서 광야(曠野)라는 정사에 이르렀다. 이곳은 여래께서
사시던 곳으로 지금도 승려가 살고 있다.

4-13. 바라나시(Varanasi/ 파나날성/ 波羅奈城)112)

다시 갠지스강을 따라 서쪽을 향해 12유연을 가서 카시국(迦尸
國)113)의 파라날성에 이르렀다. 이 성에서 10리 떨어진 곳 [사르나
트(Sārnāth)]에 선인녹야원정사(仙人鹿野苑精舍)114)가 있다. 이 동산

쓸 수 있었다. 이에 불경과 불상을 지니고, 상인들에게 의탁하여 사자국(師子國)
에 도착하였다."

112) 옛 베나레스(Benares)로서 인도 대륙의 힌두교의 최고의 성지로 또한 볼거리
많고 느낄 것도 많은 관광지로 유명하다. 알라하바드(Allahabad) 아래 갠지스강
좌측 연안에 위치해 있는데, 바라나(Vārāṇa)강과 아시(Asi)강 사이에 있기 때문
에 합쳐서 명명되었다. 음역되어 파라나(波羅奈)·파라날사(波羅捺斯)·파라나사
(波羅那斯)로 표기되었다.
　현장은 "집들이 즐비하고 주민이 번성하며 집집마다 거부로서 기화가 가득하
다. 인성이 온화하고 학구심이 강하다. 외도를 많이 믿으며 불법은 별로 공경하
지 않는다. (…중략…) 천사(祆祠)가 백여 소나 되고 외도가 만여 명이나 된다.
알몸에 옷을 입지 않고 몸에는 재를 바르며 근면 고행을 한다"라고 기록하였다.
113) 옛날에는 고대인도 16대국의 하나인 카시(Kasī)국으로 카시나가라(Kāsinagara)
로 불렸다.
114) 녹원정사는 불교의 4대 성지 가운데 하나로 현 인도 바라나시 북방 약 7km에
위치하며 지명의 유래에 관해서는 여러 가지 설이 있다. 붓다가 고행 끝에 깨달
음을 이룬 뒤 이곳에서 5명의 수행자에게 자기가 깨달은 진리를 설하였기에 법
륜의 수레바퀴가 굴러감과 더불어 불교교단이 비로소 성립되었다는 것을 의미
한다. 이러한 중요성 때문에 초기 경전에서부터 이곳은 성지로 꼽혔다. 이후 아
소카왕이 불교성지를 순례하면서 이곳에 탑과 석주(石柱)를 세운 뒤 더욱 신도
들의 숭앙을 받아왔다.
　현장이 순례할 당시만 해도 이곳은 약 30m 높이의 정사가 하늘 높이 솟아 있고
그 주위 100여 단이나 되는 감실(龕室)에는 황금 불상과 부조가 있다. 안쪽에도
등신대의 초전법륜상이 줄지어 있고 1,000여 명의 승려가 거주하는 등 번영을
누리고 있었다고 한다.
　그러나 13세기 무렵 이슬람교도와 힌두교도에게 유린되어 폐허가 되었다. 현

사르나트 녹야원의 42m나 되는 거대한 다메크 스투파

에는 원래 벽지불이 거주하고 계셨으며 늘 들사슴들이 서식하고
있다.

세존이 성도하시려 할 때 여러 신들이 허공에서 이르기를,

"백정(白淨) 왕자115)는 출가하여 도를 배우고, 이로부터 7일 뒤
에 마땅히 성불할 것이라."

라고 하였다. 벽지불은 이 소리를 듣고 즉시 반 열반에 드셨다.
그래서 이곳을 선인녹야원이라 하는 것이다. 세존께서 성도하시
자 후인들이 이곳에 정사를 지었다. 세존께서는 구린(拘驎) 등의

재는 다메크탑과 부러진 아소카왕의 석주 등이 남아 있으며 많은 불상이 출토되
고 있다. 이 가운데 아소카왕의 석주 머리에 있던, 서로 등을 맞대고 있는 네
마리의 사자상은 현재 인도의 국장(國章)으로 사용되고 있다.

115) '백정 왕자'라는 호칭은 별로 사용되지 않는 호칭인데, 법현은 정반왕의 아들로
서의 호칭으로 사용한 것으로 보인다.

수억에 달하는 힌두교도들의 영혼의 귀의처, 바라나시의 강가 가트 전경

5비구116)를 제도하시려고 하였으나 그들은 말하기를,

"이 고타마[瞿曇]사문은 본래 6년 동안 고행을 하면서 매일 1마(麻) 1미(米)를 먹으면서도 성도를 하지 못했다. 하물며 인간으로 돌아가 신구의(身·口·意)를 마음대로 하였으니 무슨 도가 있겠는가? 오늘 그가 오더라도 서로 삼가 말을 주고받지도 말도록 합시

---

116) 오비구(五比丘)는 붓다께서 깨달은 후 처음으로 교화를 받고 제자가 된 다섯 명의 비구를 말하는데 콘단냐·아사지(Assaji)·마하나마·밧디야·바파(Vappa) 등으로 이들을 상대로 녹야원에서 최초로 법을 설한 것을 초전법륜(初轉法輪)이라 한다. 이때부터 불(佛)·법(法)·승(僧) 등 삼보(三寶)가 갖추어지게 됐다.
　원래 오비구는 태자가 성도하기 이전부터 수행하던 도반들이었는데, 당시 태자의 처절하고도 힘든 고행에 감탄했었다. 그러던 어느 날 태자가 고행을 포기하자 실망하고 태자 곁을 떠났다가 녹야원에서 붓다에게서 네 가지 성스러운 진리와 여덟 가지의 올바른 수행법에 대해 듣고서는 바로 아라한과를 이루어 성자가 됐다고 한다. 말하자면, 최초의 붓다의 제자가 탄생하는 순간이며 정식으로 교단이 성립하기 시작한 첫 걸음이다.

다.”

그러나 붓다께서 이곳에 이르자 그들은 예를 다하였다고 한다.
다시 북쪽으로 60보를 가면 세존께서 동향으로 앉아서 법륜(法輪/
dhārma cākra)117)을 굴리시어 구린 등 다섯 명을 제도하신 곳이 있다.

그 북쪽 20보 되는 곳에는 세존께서 미륵을 위해 수기를 내리신
곳이다. 그 남쪽 50보에는 에라발용(翳羅鉢龍)118)이

“저는 언제나 이 용의 몸을 벗을 수 있겠습니까?”
라고 세존께 물어보던 곳이 있다. 이러한 유적에는 모두 탑이 세워
져 있고 또한 지금도 남아 있는데, 그중 두 승가람에는 승려들이
살고 있다.119)

4-14. 코삼비(Kosāmbi/ 구섬미국/ 拘睒彌國)120)

녹야원정사에서 서북쪽으로 13유연 가면 구섬미국에 이르는데,
한 정사의 이름이 구사라원(瞿師羅園/ Kokilā)121)이라 한다. 옛날 세
존께서 주석하셨던 곳이다. 이곳에는 많은 승려들이 있어서 주로
소승을 공부한다.

---

117) 법의 수레바퀴란 뜻으로 원래 차크라(cakra)란 고대인도의 전차(戰車)와 같은
　　 것으로 세계를 통솔한다는 전륜성왕(轉輪聖王)의 보기(寶器)이다. 또 부처가 중
　　 생을 제도(濟度)하기 위해 교법을 펴는 것을 전법륜(轉法輪), 즉 ‘법륜을 굴린다’
　　 라고 한다.
118) 『불본행집경(佛本行集經)』 권37에 나오는 일화이다. 과거에 이라초(伊羅草)를
　　 해쳐서 그 과보로 용이 된 에라발용은 항상 사람으로 돌아가기를 바라고 있던
　　 중에 가섭불을 만나 싯다르타 태자의 성도 이야기를 듣고 세존을 마나자마자
　　 해탈의 방법을 물었다고 한다. 이에 세존은 불법에 귀의하여 수행을 계속하면
　　 미륵보살의 출세간에 사람으로 돌아갈 수 있다고 답변하셨다고 한다.
119) 법현의 녹야원에 기록 중에서 달마라지카 스투파와 아소카석주 이야기가 빠져
　　 있는 것이 좀 이해가 되지 않는다.
120) 현 알라하바드로부터 야무나강을 따라서 서쪽으로 약 60km 떨어진 북쪽 강안

이곳으로부터 동쪽으로 8유연을 가면 악귀를 제도하시던 곳과 항상 머무시던 곳이 있는데, 모두 탑과 승가람이 세워져 있으며 약 100여 명의 승려가 있다.

4-15. 달친국(達嚫國)[122]

이곳 [코삼비]에서 남쪽으로 2백 유연을 가면 달친이라는 나라가 있다. 여기에는 과거 가섭불의 승가람이 있다. 그곳은 큰 바위산을 뚫어서 만들었는데 5층으로 되어 있다.

에 위치한 코삼비(Kosambi)라는 작은 마을이지만, 석존 재세 시에는 밤사왕국이 교통의 요충지로 홍성했고 또한 불교를 신봉하였던 나라로 일찍이 B.C. 500년 인도의 붓다 시대의 최대 도시 중의 하나 매우 번성하였고 수많은 백만장자 상인이 거주하였다.

법현의 기록에서는 보이지 않지만 『대당서역기』 권5를 보면 이곳 코삼비는 세존께서 도리천에서 어머니를 위해 설법을 하시고 계실 때 전단목으로 불상을 만들어 세존이 땅으로 내려오셨을 때 산카샤로 마중을 갔던 코삼비의 우진왕의 나라이다. 이에 대하여 현장은 "성 안의 옛 궁에는 커다란 정사가 있는데 높이는 60여 척에 달하며 전단나무를 조각한 불상이 있는데 위에는 석개(石蓋)가 걸려 있다. 오타연나왕(鄔陀衍那王)이 만든 것으로 영험이 간간이 일어나고 있으며, 신령스러운 빛이 이따금 비친다. 그래서 여러 나라의 군왕들이 자신의 힘을 믿고서 이 불상을 들고 가려고 하였지만 아무리 많은 사람이 힘을 써도 옮길 수 없었다"라고 기록하고 있다.

한편 법현은 구섬미로 불렀지만 1년 후의 현장의 『대당서역기』 권5에서는 교상미국(憍賞彌國)로 부르면서 괄호 안 병주로 "구역에서는 구섬미국(拘睒彌國)이라고 하는데 잘못된 것이다"라는 토를 달아 놓았다.

121) 구사라 또는 구시라(瞿翅羅)는 호성조(好聲鳥/ Kokila)라는 새를 가리키는데 인도에서 사는 검정빛 두견새의 종류로 목소리는 아름다우나 모양은 흉하다 한다. 울창한 숲을 좋아하고 죽은 나무에서는 살지 않는다고 한다. 경전에는 그 새의 이름을 딴 정사도 잇고 같은 이름의 장자도 있어서 세존에게 설법을 들었다고 전한다.

122) '1유연'이란 소[聖王]가 하루 동안 걷는 거리로 약 40리(혹 30리)에 해당된다고 하니, 코삼비에서 남쪽으로 200유연이라는 거리는 남인도의 데칸고원 안에 있는 나라로 추정되지만 정확한 위치는 미상이다.

제일 아래층은 코끼리 형상을 만들고 500칸의 석실이 있다. 제2층은 사자의 형상을 만들고 400칸의 석실이 있으며, 제3층은 말의 형상을 만들고 300칸의 석실이 있고, 제4층은 소의 형상을 만들고 200칸의 석실이 있으며, 제5층은 비둘기 형상을 만들고 100칸의 석실이 있다.

맨 위에는 샘이 있는데, 거기에서 솟는 샘물은 석실 앞을 통하여 방을 거처 흐른다. 이와 같이 모든 석실을 석실 바닥을 돌며 구부러져 흐른 다음 아래층으로 흘러내려간다. 그리고 맨 아래층의 방 둘레를 따라 흐른 샘물은 문을 통해 흘러 [밖으로] 나간다.

모든 대중들의 방 안 곳곳에는 바위를 뚫어 밝게 하여 실내는 밝고 환하여 도무지 어두운 곳이 없다. 또한 석실 네 귀퉁이 위로 바위를 쪼아서 계단을 만들어 그것을 밟고 위로 올라갈 수 있도록 되어 있다. 요즘 사람들은 몸매가 작아서 그 계단을 통해 위로 올라갈 수 있지만, 옛날 사람들은 한 걸음으로 올라갔었다고 한다. 그래서 이 사원 이름을 파라월(波羅越)이라 부른다고 하는데, ‘파라월’이란 천축말로 비둘기라고 한다.

이 사원에는 항상 나한들이 살고 있다. 이 지역의 대지는 거칠어 일반 사람들은 살지 않는다. 이 산을 떠나 아주 먼 곳에 마을이 하나 있는데, 그곳 사람들은 모두 사견에 빠져 불법을 모를 뿐만 아니라 사문이나 브라만 등 여러 외도들도 알지를 못한다.

이 나라 사람들은 항상 사람이 날아서 [이 석굴사원]으로 들어

또한 현장도 이 나라를 『대당서역기』 권10에서 교살라국(憍薩羅國)이라 부르면서 용수보살과 관련된 부분과 일명 거대한 석굴사원에 대해 다음과 같이 기록하고 있다. “이 나라의 서남쪽으로 300여 리를 가면 일명 흑봉산이라는 발라말라기리산(跋邏末羅耆釐山)에 도착한다. 이 산은 우뚝 솟았으며 봉우리와 암벽이 험난하고 벼랑과 골짜기가 없으며 전체가 하나의 거대한 바위로만 이루어졌다. 왕이 용수보살을 위하여 이 산을 깎아서 가람을 세우고 수십 리에 걸쳐 큰 길을 뚫어 통로를 만들었다.”

가본다고 한다. 때로 여러 나라의 도인들이 이곳에 예배하려고 오는 자가 있으면,

"왜 당신은 날아다니지 않소? 나는 이 지방의 도인들이 모두 날아다닌 것을 보는데…."

라고 질문을 한다고 한다. 그러면 그 도인은 방편으로 대답하기를, "나는 아직 날개가 나지 않았다오"라고 한다.

달친국은 적이 험하여 도로를 찾기가 대단히 어려워서 이 나라에 오려고 하는 자는 우선 쇠돈[鐵貨]을 이 나라의 왕에게 바치지 않으면 안 된다. 그러면 왕은 사람을 보내어 길을 가르쳐주고 오고 가게 하였다. 법현은 결국 이 나라에 갈 수가 없었는데, 단지 이 나라 사람들에게 들은 사정을 적을 뿐이다.

4-16. 파탈리푸트라(Pataliputrā/ 파련불읍/ 巴連弗邑)[123]

법현은 바라나시국에서 동쪽으로 돌아가 다시 마가다국의 파련불읍에 이르렀다. 법현은 본래 계율(戒律)에 관한 문헌을 구하고 있었으나 북인도의 여러 나라는 모두 스승에게서 구전(口傳)되어서 베낄 만한 것이, 그리고 구할 만한 것이 없었다.

그래서 멀리 찾아다니다가 중천축의 이르러 이 마하연(摩訶衍)의 승가람[大乘寺]에서 일부 율장(律藏)을 얻게 되었다. 그것은 마하승기중(摩訶僧祇衆)의 율장으로 세존 재세 시에 최초의 대중이

---

123) 법현의 행선 루트상으로는 좀 헷갈리기는 하나, 이곳은 분명히 마가다국의 도읍지인 현 파트나(Patna)를 가리키는 것이 분명하다. 바로 아래 그 사연이 나오지만, 법현은 전에 파트나를 들렀다가 율장을 구하고 중인도를 한 바퀴 돌아다닌 다음에 다시 파트나로 와서 3년 동안 머물면서 공부를 했다고 스스로 기록하고 있다.

행한 바로 그것124)인데, 이것은 기원정사에 전해져 내려오고 있었다.

그 외 18부도 각각 스승과 제자 사이로 전해져 오고 있었는데, 그 대요는 다르지 않으나 세부적인 부분에 들어가서는 같지가 않고 계율의 적용에 약간의 관용을 사용하고 있었다.125) 다만 이 율장은 가장 널리 설해지고 모두 갖추어진 것이다.

다시 또 7천 개의 게송이 있는 1부의 초율(初律)을 얻을 수 있었다. 이것은 살바다중(薩婆多衆)126)의 율장이니 바로 중국의 대중들이 행하는 그것 또한 스승과 스승 사이에 구전되어 전수되어 내려왔기에 문자로는 기록되지 않은 것이다. 다시 이 중에는 『잡아비담심(雜阿毘曇心)』127)을 얻었는데 약 6천 계송으로 되어 있다. 다시 일부 2천 5백 게송의 얻었고, 또 한 권의 『방등반니원경(方等般泥洹經)』 5천 게송(偈頌), 『마하승기(摩訶僧祇)』, 『아비담(阿毘曇)』도 얻었다.

그리하여 법현은 이곳에서 [파탈리푸트라성의 대승사] 3년을 머물며 범서(梵書)와 범어를 배우고 율장을 베껴 썼다.

[인도에 같이 온 도반인] 도정(道整)사문은 이미 중인도에 도착하여 사원의 법규를 보고 대중들의 행주좌와의 행동거지가 볼 만한 것이 많음을 보고 중국[秦土] 같은 변경에서는 대중의 계율이

---

124) 칠엽굴의 제1차 결집에서 정해져서 「대중부」에서 전해져 오던 율장으로 후에 법현이 귀국 후에 번역한 『마하승기율』 40권이 바로 이것이다.

125) 원문은 개색(開塞)이나 이는 계율의 잣대를 적용함에 정도의 여유를 둔다는 말이다.

126) '상좌부'로부터 분파한 살바다부(薩婆多部, 산스크리트어 sarvāsti-vāda), 즉 '설일체유부'의 율장을 말한다.

127) 아비담은 아비달마(論藏)와 같은 뜻으로 『대아비달마비바사론』을 요약한 것이 『아비담심』류이다. 후에 법현이 귀국 후에 번역한 『잡아비담심』 13권이 바로 이 율장이다.

많이 빠져 있음을 한탄하면서 지금부터 부처가 되기 전까지는 변
경에 태어나지 않기로 서원하면서 인도에 머물기로 하고 중국으
로 돌아오지 않았다.

법현은 본래 마음으로 중국[漢地]에 계율을 유통시키고자 하였
었기에 여기에서 혼자서 중국으로 돌아오게 되었다.

4-17. 참파(Campā/ 참파대국/ 瞻波大國)128)

갠지스강을 따라서 동쪽으로 18유연 내려가면 그 남쪽 강변에
첨파대국이 있다. 여기에 여래의 정사와 거니시던 곳, 그리고 과거
4불의 좌선처가 있는데, 모두 탑이 세워져 있고 현재 승려들이 살
고 있다.

4-18. 탐라립티(Tamrā-lipti/ 다마리제국/ 多摩梨帝國)129)

이곳으로부터 동쪽으로 약 50유연 가면 다마리제국에 이르는데

---

128) 범어로는 참파(Campā)로 첨복(瞻蔔)·첨파(瞻婆)·점파(占波) 등으로 음사되며
    무승(無勝)이라 번역된다. 첨파강(현 Chandan)과 갠지스강에 접해 있다. 석존 시
    절에는 인도 16대국 가운데 하나였던 앙가(鴦伽/ Angā)국으로서 번영하였다.
     인도차이나반도의 점파(占波/ Campā)는 이 지역에서 이주한 자들이 그 출신
    지명을 그대로 사용한 것으로 보인다. 현장도 그곳을 당나라에 부르는 임읍(林
    邑)이라 부르며 기록을 남겼다. "동쪽에는 마하첨파국(摩訶瞻波國)이 있으니, 이
    것이 바로 당나라에서 말하는 임읍이다."
129) 범어로는 탐라립티(Tamra-lipti)이며 갠지스강 하구에서 여러 흐름의 서쪽 끝
    인 후글리(Hooghly)강의 서안(西岸)에 있는 현 탐룩(Tamlak)로 비정되고 있다.
    이곳은 또한 혜초가 인도에 처음 발자국을 디딘 곳이라 옮긴이도 물어물어 어렵
    게 찾아가 본 적이 있으나 정말 아무 것도 건진 것이 없었다. 옮긴이의 『혜초따라
    5만리』 상권(여시아문, 2005), 95쪽 「땀룩」조를 참조하시기 바란다.

[바다에 연한] 항구이다. 이 나라에는 24곳의 승가람이 있는데 모두 승려들이 살고 있고 불법 또한 성하다.130)

　법현은 이곳에서 2년 동안 머물면서 경을 베끼고 불상을 그렸다.

130) 탐룩에 대한 법현의 기록은 간략하지만, 이곳은 모든 순례기에 빠짐없이 나타나는 곳으로 의정·혜초·현장도 기록을 남기고 있다. 특히 왕복 항로를 이용한 의정은 『대당서역구법고승전』에서, 672년에 무역선을 타고 이곳에 도착하여 일년 동안 머물면서 범어를 배우고 또한 도림(道琳)법사의 행장을 적으면서도 "법사는 3년 동안 탐나립티국에 머물며 범어를 익혔다"라고 기록하고 있다.

사자국에서

5-1. 스리랑카(Sri Lankā/ 사자국/ 師子國)[1]

그곳에서 [동인도 탐라립티] 상인의 큰 배를 타고 바다에 나가

---

1) 범어로는 싱할라(sinhāla)이며 능가주(楞伽州)로 음역되며 집사자국(執師子國)·
사자국(師子國)로 한역되는 옛 세일론(Ceylon)을 말한다. 스리랑카(Sri Lankā)의
어원은 Sri(Great, 위대한)과 Lanka(Beauty, 아름다움)의 합성어라고 한다. 인도
대륙과는 팔크해협을 사이에 두고 마주보고 있어서 옛부터 인도문화와 밀접한
관계를 이루며 살아온 나라로 현 수도는 콜롬보이다. 일찍이 마르코 폴로가 "지
상에서 가장 아름다운 섬"이라고 극찬했고 아라비안들은 "보석의 섬"이라고 불
렀다.
　　스리랑카의 고대역사서인 『大史(Mahavamsa)』의 기록에 따르면 아소카왕의 스
승 목갈리풋타(Moggaliputta-Tissa)는 마가다왕국의 파탈리푸트라에서 '제3결집'
을 행하고, 사자국, 즉 스리랑카를 포함한 9개국에 전도사를 파견했다고 한다.
이때 전도사로 결정된 이들이 바로 아소카의 이복동생 남매인 마힌다(Mahinda)
장로와 싱가미타 공주로서, 그들은 산치(Sanchi) 부근의 베디사(Vedisa)정사에서
여장을 갖추고 어머니께 작별을 고한 다음, 다른 네 명의 비구와 함께 섬으로
갔다고 한다. 그들의 행로는 웃제니(Ujjeni)에서 인도 서해안으로 나와 해안을
따라서 배편으로 남하하여 인도반도의 첨단을 돌아 섬에 도착했을 것으로 추정

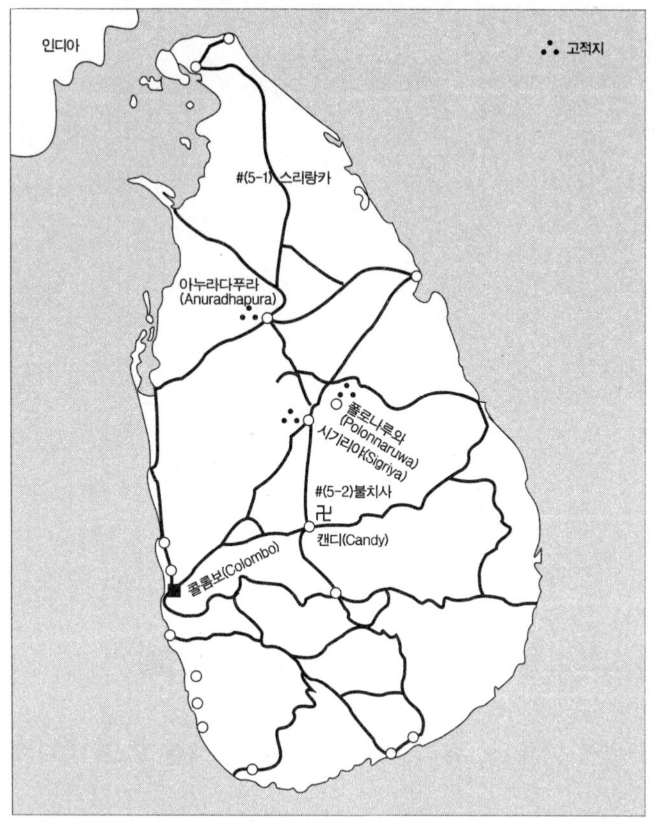

법현이 2년 동안이나 머물면서 율장을 필사했던 싱할라왕국이었던 스리랑카섬 지
도. 고대왕국 유적지였던 아누라다푸라, 폴로나루와, 캔디 등이 내륙 고원지대에
삼각으로 늘어서 있다.

서 서남쪽으로 향하였다. 초겨울의 계절풍[2]을 만나 밤낮으로 14
일 만에 사자국에 이르렀다. 그 나라 사람들이 말하기를 "그곳에

하고 있다.

 그러나 법현은 이 나라의 또 하나의 개국전설인 '싱할라'의 유래에 대해서 언급
을 하고 있지 않은 반면, 직접 이곳에 오지 않았던 현장은 이를 『대당서역기』
권11에서 자세하게 소개하고 있다.

2) 인도양에서는 12월에서 2월에 사이에 계절풍이 부는데, 옛날부터 인도양의 모든
 선박들을 이 바람을 이용하여 항해를 하였다.

서 사자국까지는 거리가 700유연이다" 하였다.

이 나라는 본래 섬 위에 있는 나라로 동서로 30유연이고 좌우에 작은 섬이 100여 개가 된다. 듣기에는 10리, 20리, 혹은 200리 떨어져 있는데 모두 큰 섬에 속해 있다.

이곳에는 많은 진귀한 보물과 구슬이 나오는데, 그중에서 마니주(摩尼珠)3)가 나오는 섬은 사방이 약 10리 된다. 왕이 관리를 사람을 보내 지키게 하는데, 만약 이것을 채취하는 자가 있으면 그중 3푼을 취한다.

이 나라는 원래 사람이 살고 있지 않았다. 오직 귀신과 용만이 살면서 여러 나라의 상인들과 교역을 하고 있었다. 거래를 할 때에는 귀신은 직접 몸을 드러내지 않고, 다만 값을 매겨서 보물을 내어 놓는다. 그러면 상인들은 그 가격에 맞추어 물건 값을 치르고 가져가면 된다. [이렇게] 상인들이 왕래를 하면서 여러 나라의 사람들은 이곳이 좋은 곳이라는 말을 듣고서 찾아오기 시작하여 많은 사람들이 살게 되면서 큰 나라가 되었다.

이 나라는 기후가 온난하고 여름 겨울의 구분이 없어서 초목이 항산 무성하여서 밭에 씨를 뿌리는 것도 사람에 따라서 하고 정해진 때가 따로 없다.

여래께서 이 나라에 오셔서 악용을 제도하시고자 신통력으로 한 발은 왕성4)의 북쪽에, 한 발은 산꼭대기를 밟으셨다고5) 하는

---

3) 마니주란 용왕의 뇌 속에 있다고 하는 가장 존귀한 보석으로 옛날부터 스리랑카는 사파이어·루비·문스톤·다이아몬드 등의 보석의 산지로 유명하여 보주(寶州/Ratna-dwipa)라고 불려 왔다.
4) 섬 북부 구릉에 있는 아누라다푸라(Anuradhapura)로 성 안에는 부다가야에서 가지고 온 보리수와 싱가미타 공주가 부처님이 깨달음을 얻었다는 보리수나무 가지를 가져와 심었다는 보리수와 불아성(佛牙城))에서 옮겨온 부처님의 치아를 모신 정사가 있는 것으로 유명하다.
5) 혼히 불족산(佛足山)이라 불리는 산으로 왕성의 남쪽 15유연에 있는 곳에 있는 아담스피크(Adams peak)를 말한다.

데, 두 발자국 사에는 15유연이나 된다. 왕은 성 북쪽 발자국 위에 탑을 세웠는데 크기가 40장이나 되며, 금은으로 장식하고 여러 보화로써 만들었다.

또 탑 주변에는 다시 승가람을 만들고 이름을 무외산(無畏山/ Abhayagiri)[6])이라 하였는데, 승려들이 5천 명 거주하고 있다. [그곳에]불당을 만들었는데 금은으로 새겨 넣었고 여러 가지 보물로 치장을 하였다. 그 안에는 높이 2장 정도 되는 청옥상(靑玉像)이 있는데, 전신에 칠보가 번쩍이며 위엄스러운 형상은 엄연하게 보여서 모습은 말로써 표현할 수가 없을 정도이다. 이 청옥상의 오른쪽 손바닥 안에는 값을 매길 수 없을 만큼 귀중한 보배구슬이 있다.

법현은 중국을 출발한 지 여러 해가 지났는데 상대하는 사람은 모두 이역의 사람들이고 산천초목도 바라보면 하나도 중국과 같은 것은 없다. 또 같이 [중국을] 떠나온 도반들도 어떤 이는 머물고, 어떤 이는 먼저 입적하여서, 돌아보면 나[법현] 혼자뿐이어서 마음에 항상 슬픔을 품고 있는 중이었다. 그런데 이 옥상 근처에서 상인이 중국의 백견선(白絹扇)으로 공양을 올리는 것을 보고는 나도 모르게 처연해져서 두 눈에서 눈물을 흘리고 말았다.

이 나라의 전대 국왕은 중국에 사신을 보내 패다수(貝多樹/ pattā)의 종자를 구하여 불당 근처에 심게 하였는데, 이 나무는 지금 높

---

6) 불치정사와 쌍벽을 이루는 유명한 사원으로 당초 스리랑카에서 대승[마하야나] 불교의 전통을 전래받았던 무외산사파는 소승 [히나야나]의 대사파(大寺派), 즉 마하비하라주부(摩訶毘訶羅住部/ Mahā-vihāra)파와 주도권을 놓고 오랜 갈등을 벌렸지만, 여러 가지 우여곡절 끝에 모든 동남아국가가 그렇듯이 섬에서 영원히 추출되고 말았고, 이후 무외산파도 히나야나 불교로 변신하게 되어 스리랑카의 불교는 순수한 상좌부 전통을 지금까지 고수하게 된다. 그 유적이 최초의 도읍지인 아누라다푸라(Anurādhapura) 남쪽에 지금도 남아 있는데 B.C. 306년 무렵 천애제수왕(天愛帝須王/ Devanampiyatissa)에 의해 세워졌다고 한다.

2200년 전 아소카왕의 싱가미타 공주가 부다가야에 옮겨 심었다고 전해지는 보리수

이가 20여 장이나 된다.[7] 이 나무가 동남으로 기울어졌기 때문에 왕은 나무가 쓰러질 것을 염려하여 8.9아름의 나무기둥으로 지탱하게 하였다. 그런데 나무를 지탱하는 곳에서 싹이 나더니 기둥을 뚫고 땅으로 내려가 뿌리를 내렸는데, 그 크기가 4아름 쯤 되자 비록 기둥이 안이 찢어져 있었지만, 바깥쪽은 완전히 나무로 뒤덮혔다. 사람들은 또한 이것을 제거하지 않는다.

---

7) 그러나 전설에 의하면 스리랑카의 보리수는 아소카왕의 이복여동생인 싱가미타 공주가 스리랑카로 표교사로 올 때 부다가야에서 옮겨 심은 것으로 전해지고 있다. 이 나무는 2,200년이 되어 현존하는 식물 중 세계에서 가장 오래되었다고 공인된 나무이다. 보리수 이식에 대한 이야기는 『선견율비바사(善見律毘婆娑)』에 자세히 기록되어 있다.

패다수는 패다라(貝多羅)라고도 하는데 옛 인도에서 글자를 쓰는 데 사용하던 나무의 잎으로 불교경전을 많이 쓴 것으로 『패엽경(貝葉經)』 또는 패서(貝書)라고 한다. 그러나 일반적으로는 보리수나무와 혼동되어 쓰이기도 한다.

아누라다푸라의 고대 왕궁 유적지의 스투파

패다수 아래에 정사가 세워졌고 그 안에 좌불상이 모셔져 있는데, 승속을 불문하고 모든 사람들이 우러러본다. 도성 안에는 또 불치정사(佛齒精舍)[8]를 세웠는데 모두 칠보로 꾸몄다.

국왕은 범행을 잘 닦고 성 안 국민들에 대한 믿음의 마음도 돈독

---

8) 원래 여래의 유체를 다비한 후 수습한 [몇 말의 가까운] 진신사리는 8등분으로 분산되어 인도 각지로 흩어졌는데, 그중 유일한 불치가 남인도 칼링가왕국으로 내려오게 되었다. 그러나 법현사문이 스리랑카를 오기 반세기 전 서기 362년에 칼링카왕국의 전란으로 인한 혼란을 틈타 함말리 공주의 머리카락에 숨겨져 스리랑카로 흘러왔다고 스리랑카의 역사서들은 이를 드라마틱하게 전해주고 있다. 이 불치사리는 불치사리도 현재도 싱할리 왕조의 정통성의 상징으로 여겨져 처음에는 볍현의 기록대로 구왕궁이 있던 아누라다푸라의 한 정사에 안치되었다가, 왕국이 제2대 왕성인 폴로나루와로 천도됨에 따라 스리랑카 중부 고원지대의 캔디(Candy)의 한 사원으로 이운되었는데, 이 사원이 바로 세계적으로 가장 아름답다는 달라다 말리가와(Dalada Maligawa), 즉 현재의 불치사이다.
유네스코 문화유산을 여섯 개나 보유하고 있는 스리랑카는 그 외에도 자랑거리가 두 개 더 있는데 바로 2300년 된 보리수와 이 불치사의 사리이다.

하다. 이 나라는 건국 이래 기근
이나 전란도 없었다.9) 사원 창
고에는 많은 보배와 값을 정할
수 없는 마니주가 있었는데, 왕
이 어느 날 그 창고에 들어가 둘
러보고는 마니주를 보고 욕심
을 내 이를 탈취하려고 하였다.
그러나 사흘 째 되는 날 이를 반
성하고 곧 승려들에게 가서 머
리를 굽혀 사죄하고 말하기를,
　"바라건대, 승단에서 법칙을
만들어서 이후에는 국왕이라도
사원의 창고 안에 들어가서 둘
러보는 것을 금지하게 하시고,
비구도 40납(臘)이 지나야 들어
갈 수 있도록 하십시오."

남인도 칼링카왕국 쿠마라(DantaKumara)왕자와 함말리
(Hammali)공주에 의해 불치가 스리랑카로 이운되는 고사
를 그린 벽화

　성 안에는 많은 장자와 거사와 큰 상인이 있다. 집들은 화려하
게 꾸미고 도로는 정연하게 펼쳐져 있다. 동서남북의 길모퉁이에
는 모두 설법당을 만들고 매월 8일, 14일 그리고 15일에는 높은
법상을 만들어 승속을 막론하고 4부대중이 모두 모여서 설법을
듣는다.

　이 나라에는 대략 6만 명의 승려들이 있는데, 모두 대중공양[衆
食]을 한다고 한다. 왕은 별도로 성 안에서 5천~6천 명에게 대중공

---

9) 법현이 갔을 때까지는 사자국은 아누라다푸라를 수도로 한 전란 없이 평화로운
　섬이었지만, 그 뒤에 10세기 초 시바교도인 남인도의 촐라(Chola)인들이 침입하
　여 왕도(王都)가 함락되고 사찰은 폐허가 되었는데, 이때 비구니 승단이 절멸되
　고 말아 지금까지 스리랑카에는 비구니 승단이 없다.

양을 하고 있다. 이 중식을 받는 승려는 모두 발우(鉢盂)10)를 가지고 가서 받는데 그릇의 크기에 따라서 모두 가득 채우고 간다.

5-2. 불치정사(佛齒)와 무외정사(無畏)

불치는 항상 3월 중에 [불치정사로부터] 나온다.11) 행상을 하기 10일 전에 국왕은 큰 코끼리를 장엄하게 하여 한 사람의 말 잘하는 사람으로 하여금 국왕의 복장을 입혀서 코끼리 위에서 북을 치며 다음과 같이 노래를 하게 한다.

"보살은 [과거 석가여래의 전생] 3아승지겁(三阿僧祇劫)12)에 걸쳐서 고행을 하시면서 목숨조차 아끼지 않으셨다. 나라와 성과 처자식 그리고 자신의 눈조차 빼어서 남에게 보시하시며 살점을 베어내 비둘기의 몸값을 치르시고 자신의 머리까지 잘라 보시를 하시고 자신의 몸을 굶주린 호랑이에게 내주어 뇌수를 아끼지 않으셨다.13)

이와 같이 여러 가지로 중생을 위하셨기 때문에 성불하시어 세상에서 45년 동안 설법과 교화를 하시어 반 열반에 드셨도다.

───────────────────

10) 당시의 율에는 여래는 돌 바리때를, 일반 대중은 쇠 바리때를 사용했다고 기록들은 전한다.

11) 중부 내륙 도시인 캔디(Kandy)에 있는 여래의 치아사리를 모셔놓은 사원에서는 매년 8월에 10일 동안 '캔디 페라헤라'라는 거창한 축제를 벌려 행상행렬을 하는데, 이때 불치를 모시는 코끼리는 아주 특별하게 엄선되어 평생 아무것도 안 하고 일 년에 한 번씩 이렇게 행상을 하는 일만 한다고 한다. 이 '페라헤라'의 역사는 2천 년 이상이 된다고 하는데, 어둠이 깔리면 도로를 따라 100마리의 코끼리를 앞세우고 행상을 거행한다.

12) 헤아릴 수 없는 무한대의 아주 긴 시간을 말한다. 오늘날의 천문학적인 시간에 해당된다.

13) 이른바 〈자타카〉를 말하는데, 이미 현장·혜초·송운의 여행기 「우디야나」·「간다라국」조에서 여러 번 언급을 하였기에 여기에서는 생략하고 넘어가기로 한다.

스리랑카의 상징으로, 세계문화유산으로 등록된 캔디의 달라다말리가와(Dalāda Maligāwa)사원, 즉 불치정사(佛齒精舍)의 전경

2천 년의 역사를 가진 매년 8월에 열리는 캔디의 〈페라훼라〉 행상도 행렬

  그 이후로 1497년,[14] 세상의 눈은 멸하여 중생들은 긴 근심 속에 있다. 이제부터 10일 후 불치사리는 정사를 나와 무외산에 이를 것이다. 나라 안의 승속들과 복을 이루고자 하는 사람들은 각각 도로를 평탄하게 하고 아름답게 꾸며 여러 가지 꽃과 향과 공양기구를 준비할지어다."

  이와 같이 창을 마치면 국왕은 길 양편에 보살의 500신 이래의 여러 가지 변화된 형상을 만든다. 혹은 수대나(須大拏)[15] 태자의 상을 만들고 혹은 섬(睒)선인[16]의 형상을 만들어, 혹은 코끼리·말·사슴 등의 형상을 만든다. 이와 같은 형상은 모두 그림으로 장식하여 마치 살아 있는 것 같아 보이게 한다.

  그런 후에 불치사리를 모셔내어 가운데 도로를 통해 지나가는데, 이때 주위의 사람들은 길에서 공양을 올리며 무외산(無畏山) 불당에 이르게 된다.

  여기에서 승속을 막론하고 모여들어 향을 피우고 등을 피우는 등 여러 가지 법회가 주야로 쉬지 않고 계속된다. 이리하여 만 90

---

14) 1497년이란 수치는 법현의 연보와 현행 남방, 북방불교에서 쓰고 있는 불기와 대조해볼 필요가 있다. 불기는 석존의 열반년도로 시작되지만 아직 통일되지 못하고 있다. 현재 남방권은 입멸연도를 B.C. 544년으로, 출생연도는 B.C. 624년으로 보는 반면, 북방불교는 그보다 100여 년이 앞선다. 이러한 차이는 아소카왕의 즉위 연도가 다르게 전하는 데 기인한다.

15) 북인도 「우디야나」, 「간다라국」조에서 나온 여래의 본생담인 〈자타카〉의 현장인 '사본생처(四本生處)', 즉 '시비왕구합처(尸毗王救鴿處)'·'사두처(捨頭處)'·'사안처(捨眼處)'·'위오야차처(餧五夜叉處)' 등 같은 보시행을 강조하는 고사로 『태자수대나경(太子須大拏經)』에 의하면 수다나(Sudāna) 태자가 염파국 살사왕의 태자로 태어나 나라의 보물을 보시한 탓으로 부왕의 노여움으로 귀양살이 하던 때에도 처자식과 자신의 몸까지 보시했다는 내용이다.

16) 사마(Sama)의 음역으로 상막가(商莫迦)로 번역된다. 역시 〈자타카〉의 하나로 여래가 전생에 섬선인이었을 때 부모를 모시고 살고 있을 때 물을 긷고 있다가 가리왕에게 살해를 당하자 부모가 비통해하는 모습을 보고 제석천이 하늘의 선약을 가져와 섬선인을 살려내었다는 내용의 고사이다. 『대당서역기』 권2에 나온다.

일이 되면 불치사리는 다시 성내의 정사로 돌아가게 된다. 성 안의 정사에서는 재일이 되면 문을 열어 여법하게 예경을 한다.

무외산정의 동쪽 40리 되는 곳에 하나의 산17)이 있는데, 그 산 속에 지제(支提)18)라고 하는 정사가 있으며 승려들이 2천 명이 있다. 이 중에 달마구제(達摩瞿諦)라는 대덕사문이 있는데, 이 나라 사람들이 모두 존경하고 있다. 그는 한 석실 안에서 40년이나 살고 있는데, 항상 자비를 행하여 뱀이나 쥐에게도 감화를 주어 같은 실내에 머물지만 서로 해코지 하지 않는다고 한다.

성 남쪽 7리 되는 곳에 하나의 정사가 있는데 마하비하라(摩訶毘呵羅/ 大寺/ Mahāvihāra)19)라고 한다. 여기에는 승려들이 3천 명 살고 있다. 한 덕이 높은 사문이 있는데, 계율이 청결하여 나라 안 사람들이 모두 혹 '나한이 아닐까?' 하고 생각하고 있다. 그의 임종 시에 국왕이 와서 자세히 살펴보고 여법하게 승려들을 모아놓고 물었다.

---

17) 구왕성인 아누라다푸라의 동쪽 12km에 있는 미힌타레(Mihintāle)산을 말하는데, 지제야산이라고 번역된다. 여기서 마힌다(Mahinda/ 摩哂陀)는 바로 아소카왕의 아들로, 스리랑카의 역사서 『大史(Mahavamsa)』의 기록에 따르면, 미힌타 남매가 사자국에 건너와 지제야산에 이르렀는데, 때에 국왕 제수(帝須)는 사냥을 하다가 이곳에 이르러 마힌다 장로의 교화를 받아서 국왕은 대신들과 함께 이곳을 찾아 그의 설법을 들었다고 한다. 지금도 마힌다가 머물렀다는 유적지가 있다고 한다.

18) 범어 바드리카(Bhādrika)의 음역으로 산 이름이 지제야산(支提倻山)으로 번역되는 것에 연유된다. 혹은 발제(跋踶)라고도 부르는 사원으로 미힌타레산에 있는 암브스탈라(Ambstala) 정사의 전신으로 당시 달마구제라는 고승이 살고 있었다 한다.

19) 마하비하라(Mahāvihāra)는 큰 사원이란 뜻으로 아누라다푸라의 남쪽 루반벨리 탑 근처에 그 유적이 있다. 스리랑카에 불교를 처음으로 받아드린 제수왕의 미기 왕국의 유적지로 이때 제수왕은 아소카왕이 파견한 미힌다 장로 남매를 맞이하여 보드가야에서 가져온 보리수를 심었다고 하는데, 이 보리수는 지금도 2200년의 역사를 자랑하여 살아 있다. 이 대사(大寺)는 스리랑카 상좌부 불교의 본거지로 한때 마하야냐를 표방했던, 무외정사와 더불어 스리랑카불교의 양대 산맥으로서의 자리를 지켜왔다.

"비구는 벌써 득도하셨는가?"

그러자 승려들은 바로 사실을 보이며

"그는 나한입니다."

라고 대답하였다.

얼마 후에 그는 입적을 하였다. 그리하여 국왕은 율장을 참고하여 나한의 장례법대로 다비를 치르게 하였다. 바로 정사의 동쪽 4.5리 되는 곳에 좋은 장작을 사방 3장, 높이도 3장 되게 쌓고 윗쪽에 전단과 침향 등의 향나무를 올려놓고 네 변에 계단을 만들었다. 그리고는 그 위에 깨끗한 하얀 천을 두르고 장작을 쌓아 큰 침상을 만들었으니 그 모양은 중국의 상여[轜車]와 같은데, 다만 어용(龍魚)의 귀 같은 장식이 없을 뿐이다.

사유(闍維/ Jhāpita)20)를 할 때에는 국왕과 사부대중들이 모두 모여 화향으로 공양을 하고 상여를 따라 묘소에 이르렀다. 왕은 자신이 화향을 공양하고 공양이 끝난 후에 상여를 쌓아 놓은 위에 수유(酥油)를 두루 붓고 불을 부처 태웠다. 불이 탈 때에는 사람들은 존경하는 마음으로 각기 상의나 누의 산개 등을 벗어 저 멀리 불속에 던져 넣어 타는 것을 도왔다. 화장이 끝나자 뼈를 추려 탑을 세웠다. 법현이 이곳에 이르렀을 때는 이미 나한은 살아 있지 않고 오직 장사지내는 광경만 볼 수가 있었다.

국왕은 불법을 돈독하게 믿어 새로 정사를 짓고자 하였다. 먼저 대회를 열어 공양을 대접하고 식사가 끝나자 좋은 소 한 쌍을 골라 금은보화로 그 위를 장식하고 다시 금으로 만들어 왕 스스로 밭 둘레의 네 변을 경작하고는 그 후에 집과 전택을 보시하고 이를 철권(鐵券)21)에 적었다. 이로부터 이런 일은 대대로 전해 내려와

---

20) 범어 자피타(Japita)의 음역으로 야유(耶惟)라고 번역하며 다비(茶毘), 즉 화장(火葬)을 하는 것을 말한다. 이 기록은 대단히 귀중한 것으로 1600년 전의 다비절차를 생생하게 전해주고 있다.

함부로 폐하거나 변경하지 않고 있다.

5-3. 사자국에서의 회향(迴向)

법현은 이 나라에서 천축의 도인이 고좌 위에서 설법하는 것을 들었는데, 그에 의하면 원래 여래의 바리때[佛鉢]는 비사리(毘舍離/ Vishāli)에 있었는데 지금은 건타위국(鍵陀衛/ Gandhāra)에 있다고 한다.

그러나 몇 백 년이 지나면22) 틀림없이 서월씨국(西月氏國)에 이를 것이라. 다시 또 몇 백 년 후에는 천전국(天闐國)에 이르렀다가 다시 또 몇 백 년 후에는 굴차국(屈茨國)에 이르렀다가 몇 백 년 후에는 한(漢)의 땅에 이르렀다가 다시 사자국으로 이르고 다시 중인도로 돌아갈 것이라. 그때가 되면 바리때는 틀림없이 도솔천으로 올라갈 것이라.

[그러면] 미륵보살이 이를 보고 찬탄하여 말하기를,

"석가불의 바리때가 왔도다."

하면서 모든 천신과 함께 7일 동안 화향을 공양할 것이라. 그러면 바리때는 이 세상으로 돌아오고 그러면 바다의 용왕은 이를 가지고 용궁으로 돌아갈 것이라.

[미래] 미륵보살이 성도하려고 하면 바리때는 네 조각으로 쪼개져서 다시 본래의 알라산(頞那山)의 위로 돌아갈 것이고, 미륵보살이 성도하면 사천왕은 마땅히 그를 앞서의 부처와 같이 대할 것이

---

21) 종이 대신에 공양할 품목을 철판에 기록하여 영원히 남긴다는 뜻으로 요즘의 보시명단에 해당된다.

22) 법현 자병주(自倂註): 법현이 그때는 정해진 년도 수가 있었으나 지금은 귀에 잊어 버렸다.

스리랑카의 상징인 사자를 닮은 시기리아(Sigiriya)의 사자바위 성채의 전경

리라.

이처럼 현겁의 붓다들은 모두 이 바리때를 사용할 것이라. 바리때가 없어지면 불법도 점차로 사그라지고, 그러면 사람의 수명이 5년이 되고 그러면 쌀과 수유는 전부 없어지고 사람들은 극악해져서 풀이나 나무를 잡아도 칼이나 창으로 변해 서로 찌르고 베고 할 것이라.

그중에 복된 이가 있어서 이를 피해 산에 들어갈 것이라. 악인들이 모두 죽이고 죽고 하여 모두 없어진 다음에 산에서 내려와 서로 다음과 같은 말을 주고받을 것이리라.

"옛날 사람의 수명은 매우 길었다. 그러나 사람들이 악해져서 법이 아닌 것을 행하였기 때문에 우리들의 수명이 이와 같이 짧게 되었다. 이제야말로 우리들은 선행을 함께하고 자비로운 마음을 일으켜서 인의를 수행토록 하자."

이와 같이 하여 각각 신의를 행하니 몸이 건전하여 수명이 8년에 이르게 되었다.

미륵보살이 세상에 출현하여 먼저 법륜을 굴릴 때에 먼저 석가불의 유법제자와 출가자 그리고 삼귀오계(三歸五戒), 팔재법(八齋法)을 받고 삼보를 공양하는 자들을 제도하고 제2, 제3차로 인연 있는 사람들을 구제할 것이리라.

법현은 이 경을 베끼고자 하였지만, 그 사람은 말하기를, "이것은 경본이 없이 그가 사사로이 마음으로 구송할 뿐"이라는 것이었다.

법현은 이 나라에 2년 동안 머물고 다시 『미사세율장(彌沙塞律藏)』을 얻고 『장아함(長阿含)』과 『잡아함(雜阿含)』,23) 그리고 한 부의 잡장(雜藏)의 책을 얻게 되었다. 이것들은 모두 중국에는 없는 경전들이다.

---

23) 아함(阿含)은 남방불교에서는 빠알리어로 전수되어 니카야(Nikāya 部)라는 명칭으로 불렸고 북방불교에서는 산스크리트어로 '아가마(Agamā)'라고 불렸다. 아함경의 기원은 B.C. 4~3세기로 추정되는데 석존 입멸 뒤 100년 후부터 교단이 분파되어 부파불교시대가 되는데, 이 중 한 부파의 경장이 온전히 보존되어 현재까지 유일하게 전해지는 것이 빠알리어의 '5니카야'이다. 이에 비해 현존하는 『아함경』류는 부파에서 전해 온 것들을 끌어모아 중국에서 '4아함'으로 정리한 것이다.
  그러나 대승 경전 성립 이후로는 소승불교를 대표하는 총칭이 되어 한자문화권에서는 중시되지 않았으나 그 내용이 합리적이고 명쾌해서 특히 근래 서양에서는 그 영향력이 대승경전보다 중시되고 있다. 법현사문이 이렇게 스리랑카에서 직접 필사하여 힘들게 가져와서 번역한 범본도 그 중 두 종류에 해당된다.

귀국항로(歸國航路)

6-1. 인도양으로 나아가다

[법현은] 이런 범본(梵本)을 얻은 다음 무역상인의 큰 범선에 올랐는데,[1] 그 배에는 [선원들과 상인 등이] 200여 명이 타고 있었다. 항해에는 위험이 많기 때문에 큰 배 뒤에 또 하나의 작은 배를 매달아놓아 배의 파손에 대비를 하고 있었다.

처음에는 순풍을 만나 이틀 동안 동쪽으로 잘 갔지만, 바로 큰 태풍을 만나게 되어 큰 배에 바닷물이 들어차자 상인들은 서로 작은 배로 옮겨 타려고 하였는데, 작은 배에 먼저 탄 사람들은 많은 사람들이 옮겨 탈 것을 두려워하여 연결된 밧줄을 끊어 버렸다.

그러자 큰 배에 있던 상인들은 크게 두려워하여 이제 생명줄이

---

1) 법현이 사자국을 어느 해에 무슨 달에 출발하였는지 여부는 기록에는 보이지 않지만, 중국 도착일로부터 역으로 환산하여 항해일과 기착일을 빼면 대략 의희(義熙) 7년(411) 8월경에 해당된다고 비정된다.

얼마 남지 않았다고 하면서 배에 바닷물이 스며들어 오는 것을 겁내어 큰 물건들을 [배 무게를 줄이려고] 바다로 던져 버렸다.

법현 또한 군지(君持)와 조관(澡罐)2) 및 기타 물건들은 바다로 던져 버렸지만, 다만 상인들이 경전 및 불상 등을 바다로 던져 버릴 것을 두려워하여 오직 한마음으로 관음보살을 염하고 중국의 대중들에게도 빌었다.

"나는 멀리 인도에까지 와서 불법을 구하였으니 원하옵건대, 위엄스런 신들의 [가피력으로 인해 배가] 잘 흘러가서 목적지로 돌아가게 해주십시오."

이와 같은 태풍 속에서 밤낮으로 13일을 달려서 한 섬3)에 이르렀다. 그곳에서 바람이 지나가는 것을 기다리면서 배의 새는 곳을 수리하고는 다시 앞으로 계속 나아갔다.

이 해협에는4) 도적이 많아 그들과 만나게 되면 무사할 수가 없다. 대해는 어디까지인지 끝이 없이 넓고 넓어 동서를 분별할 수가 없으며 오직 해와 달과 별자리를 보면서 나아갈 뿐이다.

만약 비가 오면 바람에 불려가 아무 대비책도 준비를 할 수가

---

2) 군지나 조관 등은 세면기와 물병 등으로 별로 중요하지 않은 물건으로 보인다.
3) 법현의 항해 일정상 인도양의 니코바르(Nicobar Is.)제도로 비정된다. 바로 혜초나 의정의 기록에 나인국·나형국으로 나오는 섬이다. 인도를 왕복 해양로를 선택한 의정은 다음과 같이 기록하고 있다. "케다에서 북행 10여 일에 나인국(裸人國)에 이르렀다. 남자는 모두 벌거벗었으며 부녀들은 나뭇잎으로 앞을 가렸을 뿐이다. (…중략…) 여기에서 다시 서북으로 반 달 만에 탐나립티국에 닿았는데 바로 그곳이 동인도의 남쪽 경계이다."
4) 바로 인도네시아의 현 수마트라섬(서쪽)과 말레이반도(동쪽) 사이의 긴 해협인 말라카해협(Strait of Malacca)을 말하며 인도와 중국 사이를 이어주는 가장 짧은 해로로 인도양에 속한 안다만해와 태평양에 속한 남중국해를 잇는 해로이다. 지금도 세계에서 가장 교통량이 많은 선박항로 중 하나로 옛날부터 해양 실크로드의 중요한 통로로 이용되었다. 중세기 이후에 아랍인들의 통치를 받아서 현재는 이슬람문화의 영향력이 강하다. 법현을 비롯한 의정, 혜초 등의 구법승들이 지나다녔던 해로로 동서 소통사에 족적을 남겼다.

없다. 어두운 밤에는 다만 큰 파도가 부딪쳐 밝은 불빛과 같았으며 [가끔] 거북의 종류인 괴물 같은 것을 볼 수 있을 뿐이다. 상인들은 그저 겁을 먹고 두려워하며 얼마나 깊은 밑바닥으로 가는지를 알지 못할 뿐이다.

바다는 깊고 바닥은 알지 못하며 닻으로 쓰는 돌을 내려보아도 바다가 깊어서 바닥에 닿지를 않는다. 하늘이 맑아지면 그때야 동서를 분간할 수 있어서 바른 방향으로 나아가는데, 만약 복석(伏石)5)을 만나게 되면 나아갈 곳을 찾을 수가 없다. 이처럼 하여 90일 정도 되어서 야바제(耶婆提)라는 나라에 이르렀다.6)

6-2. 자바(Java/ 야바제국/ 耶婆提國)7)를 경유하여

이 나라는 외도 브라만이 홍성하여8) 불법을 말하기가 마땅치 못하다.

---

5) 바다 속의 암초를 말한다.

6) 중세기 당시의 말라카해협을 통과하는 항로는 당 의정(義淨)의 그것과 비교해보면 이해하기가 쉽다. 의정은 뱃길로 인도를 두 번 왕복하여 『남해기귀전(南海寄歸傳)』과 『대당서역구법고승전(大唐西域求法高僧傳)』을 저술하였는데, 그 속에 그의 항로를 상세히 기록하였다. 그의 항로는 다음과 같이 요약된다. 고종 2년(672) 37세 때 광주를 출발해 팔렘방에 도착하여 다음 해 다시 인도로 들어가 10년을 순례한 후 688년 귀로에 팔렘방에서 2년을 머물다가 우연히 중국행 배에 올랐다가 파도로 하선하지 못하여 중국으로 갔다가 다시 팔렘방으로 돌아와 6년을 머무르다가 694년 광주로 돌아갔다고 한다. 이를 보면 의정은 수마트라섬에서 거의 8년 정도를 보낸 셈이니 가히 '인도네시아통'이라 할 만하다.

7) 이 섬에 대한 현 확실한 위치비정은 미정이나 발음상으로는 자바에 가깝다. 그러나 법현이 8세기의 다른 순례승들처럼 말라카해협을 통과하여 수마트라섬의 팔렘방에서 기착하는 항로를 택하지 않고, 바로 자바섬으로 갔다는 점은 이해하기 어렵다.
　자바섬은 서력 기원을 전후하여 인도인이 이주하였으며, 그들이 벼 재배기술을 비롯한 고도의 문화를 전함으로써 자바의 발전을 자극하였다. 이에 따라 불교

이 나라에 5개월 머물다가 다른 상선에 올랐다.[9] 아주 큰 배에는
역시 200여 명의 상인들이 타고 있었는데, 50일 분의 식량을 준비
하였다. 4월 16일에 이 나라를 출발하였다. 법현은 배 위에서 하안
거에 들어간 셈이다.

배는 동북쪽으로 광저우[廣州][10]를 향해 나아갔다. 1개월이 지
나 야고(夜鼓) 소리가 2경을 알렸을 때 검은 바람과 폭우가 쏟아

와 힌두교를 지주로 하는 여러 왕국이 수립되었으며, 그 문화는 8세기경에 건설
되었다고 하는 보로부두르의 불적(佛跡) 등에 뚜렷이 반영되어 있다. 자바 또는
자와(Djawa, Jawa)로 표기하며 말레이시아와 수마트라섬, 보르네오섬, 발리섬
사이에 자리 잡고 있다. 주도는 자카르타(옛 바타비아)로서 현 인도네시아공화
국의 수도이기도 하다.

8) 법현보다 3세기가 지난 8세기에 자바제국에는 불교가 홍성한 것으로 기록되고
있다. 의정이나 혜초의 경우는 인도로 가기 전에 이곳에서 오랫동안 범어 및 불
교 공부를 미리했다고 기록하고 있다.

9) 중세기 당시 중국 남부와 인도 사이의 항로는 대개 수마트라섬과 말레이반도
사이의 좁은 말라카해협을 빠져나가 인도양으로 나가서 니코바르(Nicobar Is.)군
도를 거치던지, 아니면 벵갈만으로 나가던지 하는 둘 중 한 코스를 택해 인도에
도착하게 된다. 이 루트를 이용하여 왕복 세 차례에 걸쳐 인도를 들락거렸던 8세
기 초 의정사문의 경우도 수마트라섬에서 도합 10년 동안을 머물며 범어 및 기타
토착어 그리고 천축국의 불교의식과 생활습관을 익히며 기후의 적응훈련도 하
였다고 한다. 그 외 여러 구법승들의 경우에도 대게는 이곳에서 인도 입국 준비
를 하였다고 하였으니 이것은 당시 일반적인 관례였다고 할 수 있다.
그렇다면 법현이 기록한 "자바에서 5개월 머물다 떠난다"라는 구절의 해석이
난제로 남은데, 이 또한 하나의 다른 행로를 추정해볼 수 있다. 그 단서가 바로
"이름 없는 두 명의 신라승"에 있다. 의정(義淨)의 『대당서역구법고승전』에는 이
름이 거명된 아리야발마(阿離耶跋摩) 등 다섯 명의 해동의 사문 외에도 "이름
없는 신라승 두 명이 배를 타고 스리비쟈야국[현 수마트라섬] 서쪽 파로사국(婆
魯師國, 현 Barus)에 도착해서 병을 얻어 입적했다"라고 기록되어 있다. 그런데
이 파로사국은 말라카해협의 반대편에 있는 수마트라섬 남단에 있는데, 당시 해
로도를 보면 바로 말라카해협을 통하지 않고 바루스(Barus)를 경유하여 바로 자
바섬으로 직행하는 코스도 그려져 있다. 그렇다면 무슨 연유인지는 몰라도 법현
이 탄 배는 이 항로를 통해 바로 자바섬으로 갔다는 가설이 설득력을 얻을 수
있다. 당시 현 인도네시아 일원에는 의정과 혜초의 통과 시에 강력한 해상왕국으
로 잘 알려진 스리비쟈야국(7~13세기)보다 앞서 타루마나가라(Tarumanagara,
358~723)라는 왕조가 존재하고 있었으니, 법현은 바루스를 경유하여 자바로 이
동했을 가능성은 높다고 하겠다.

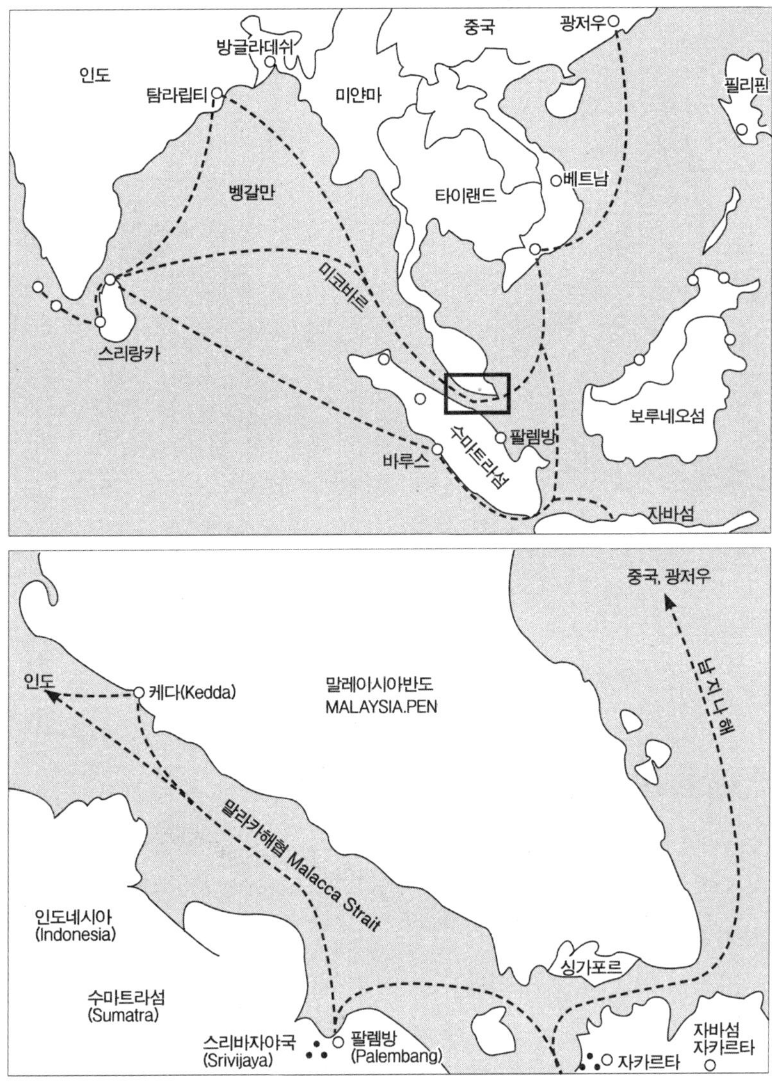

말라카해협의 지도. 수마트라 섬 남쪽 중간에 바루스(Barus)가 보이는데, 이곳을 경유하는 항로가 바로 법현이 말라카해협을 통과하지 않고 자바섬으로 직행한 이유를 설명해준다.

져 사람들이 모두 공포에 떨었다. 법현은 이때에 관음보살과 중국의 대중들을 생각하였는데, 존엄한 신들의 가피력으로 날이 밝

자바섬의 유명한 불적지인 보로부두르 사원에서 내려다본 밀림지대

게 되었다.

그런데 날이 밝자 브라만들이 의논하기를,

"이 배에 저 사문이 타고 있기 때문에 우리들은 불리하게 이런 큰 고생을 하고 있는 것 같다. 그러므로 저 비구를 뭍에다 내려놓아야만 한다. 우리들이 한 사람을 위하여 위험을 자초할 필요가 있는가?"

그러나 법현의 단월(檀越/ 施主)은 말하기를,

"당신들이 만약 이 사문을 내려놓겠다면, 나도 함께 내려놓으시

---

10) 중국 남부 광동성의 성도로 주강을 끼고 홍콩만과 통해 있어서 거대한 무역선이 출입할 수 있어서 옛부터 국제무역항으로 이름이 높았다. 따라서 해양실크로드의 거점으로, 인도 불교의 중원으로 직수입처 기능도 수행하였다. 혜초와 의정사문 등도 모두 이 항구를 통해 인도를 들락거렸다. 역시 옮긴이의 『혜초따라 5만리』의 「해양로」 부분을 참조하기 바란다.

보로부두르 사원 전경

오. 아니면 나를 죽이시오. 당신들이 이 사문을 꼭 내려놓겠다면, 나는 중국에 도착하면 국왕에게 당신들을 고발할 것이오. 중국의 제왕(帝王)은 불법을 받들고 승려들을 공경한다고 하니 말이오.”

이에 여러 상인들은 고개를 숙이고 감히 대꾸를 하지 못했다.

이때에 하늘에서는 연일 흐려서 배의 항해사가 잘못 항로를 잡아서 결국 70여 일이 지나도록 [육지에 도착을 못해서] 먹을 물과 마실 거리와 식량이 바닥이 나게 되었다. 그리하여 바닷물을 떠서 밥을 짓고 남은 식수를 나누었는데, 한 사람당 두 되밖에 안 되어 결국 물도 다 떨어지게 되었다.

이에 상인들이 의논하기를, “일반적으로 50일이면 광저우에 도착하는데 지금 그 날짜가 벌써 여러 날 지나 버렸으니 아마 항로가 잘못 된 것 같다” 하였다.

자바섬의 보로부두르(Borobudur)사원 유적지의 고대 선박 부조

6-3. 드디어 산동(山東)반도에 도착하다

그리하여 배를 서북방 쪽으로 돌려 해안을 찾아 밤낮으로 20일
만에 장관군계(長廣郡界)의 뇌산(牢山)[11] 남쪽에 이르렀다.[12] 그래서
좋은 신선한 물과 야채를 구할 수 있었다.

다만 험난한 뱃길을 오면서 매일 근심 속에서 보냈는데, 문득
해안에 도착하기는 했지만, [어디인가 모르던 차에] 법현은 여기
에서 여곽(藜藿)을 보고 이곳이 중국 땅인지 비로소 알게 되었다.
그러나 인적이 보이지 않아서 이곳이 어디쯤인지 도무지 알 수가
없었다. 그래서 어떤 이는 아직 광저우에 못 이르렀다고 하고, 어
떤 이는 이미 지나쳤다고 하기도 하는 등 [의논이 분분하여] 확실
히 알 수가 없었다.

그리하여 적은 배를 타고 포구에 들어가 두 사람의 사냥꾼을
찾아 데리고 와서 법현으로 하여금 통역을 하게 하고 질문을 하
게 되었다. 법현은 먼저 두 사람을 안심시키고 위로하면서 물어
보았다.

"당신들은 어떤 사람들이요?"라고 묻자 그들이 대답하기를,

"우리들은 불제자입니다."

다시 묻기를,

"당신들은 산에 들어가 무엇을 구하려고 하였소?"

---

11) 법현이 도착했다고 기록한 '뇌산남안'은 진나라 때의 행정구역으로 청주(靑州)의
　　장산군으로 현재 산동성(山東省) 교주만(膠州灣)에 해당된다. 그리고 뇌산은 현
　　재 칭다오[靑島] 근교 도교의 명산인 노산(勞山, 1133m)을 말한다. 중국사전에
　　교주만은 "胶州湾是位于黄海中部·胶东半岛南岸·中国山东省青岛市境内的半封闭
　　海湾, 近似喇叭形. 因古时属胶州所辖, 故而得名"이라 나오는데, 현재 중국에서는
　　법현의 도착지를 기념하여 노산풍경구 입구에 법현동상을 세워놓고 그를 기리
　　고 있다.
12) 이때가 의희(義熙) 8년(412) 4월 14일이었다고 한다. 그리고 고로도(栲栳島)라는
　　섬에도 먼저 착륙하였다고 다른 자료는 전하고 있다.

법현이 탄 배가 도착한 산동성 청도 근교의 명산인 노산(勞山,1,133m)에서 내려다본 앞바다 풍경

노산풍경구에 세워진 법현사문의 동상

그러자 두 사람은

"내일이 [하안거가 끝나는] 7월 15일이어서 복숭아를 따서 불전에 공양하려고 했다오."

라고 답변을 하였다.

"그런데 도대체 이곳은 어느 나라 어디쯤이요?"

"여기는 장광군계의 경계로 진(晉)나라에 속해 있습니다."

라고 대답하였다.

이 말을 듣고 상인들은 크게 기뻐하여 재물을 빌려 사람을 장광군으로 보냈다.

[장광군의] 태수인 이의(李嶷)는 불법을 믿고 있었는데, 그는 한 사람의 사문이 경전과 불상을 싣고 배로 바다를 건너왔다는 소식을 듣고 즉시 사람들을 데리고 해변까지 나와서 경전과 불상을 영접하여 자기가 다스리는 곳으로 돌아갔다.

여기에서 상인들은 법현과 함께 양저우[楊洲][13]로 향하였는데, 청주에 이르렀을 때 청주자사(靑州刺史) 유연(劉沇)[14]은 법현을 청하여 한겨울과 한여름을 대접했음으로 그 다음 해의 하안거는 여기에서 지내게 되었다.

여름 안거를 마치자 법현은 실로 오랫동안 모든 도반사문들과 떨어져 있었기에 장안(長安)으로 바로 가고자 하였다. 다만 반드시 해야 할 일이 중대하였음으로 젠캉[建康, 현 南京]으로 남하하여 선사(禪師) [불타발타라(佛馱跋陀羅)]를 쫓아 [천축에서 가져온] 경·율·론 [삼장(三藏)]을 번역하게 되었다.[15]

---

13) 양자강 이남의 절강성 양저우는 뱃길로 사통팔달되는 수운항로의 요충지여서 다시 인도로 돌아가야 하는 상인들에게는 광저우로 가기 위해서 필요한 곳이기에 그곳으로 향한 것으로 보인다.

14) 『자치통감』 권116에서도 인적 사항이 확인되는 인물로 그는 의희(義熙) 8년 9월 청주자사가 되어 경구(京口)에 주둔하였다고 기록되어 법현과 연대가 맞는다.

15) 법현은 불타발타라와 함께 남경 도장사(道場寺)에서 자신이 인도에서 가져온 여

법현은 장안을 출발하여 6년 만에 중인도에 이르러서 거기서 6년 동안 머물고 3년 만에 칭저우[靑州]에 도착하니 무릇 30개국을 돌아다닌 셈이다.

사하(沙河)에서 서쪽 천축에 이르기까지 사람들과 승가 대중들의 위의(威儀)와 법화(法化)의 미는 너무도 훌륭하여 자세하게 설명할 수가 없다.

가만히 생각해보건대, 여러 사문들은 이 지방에 것에 대해 자세하게 듣지 못하였지만, 법현은 보잘것없는 몸을 돌아보지 않고 바다를 건너서 돌아오게 되었다. 그 힘들고 어려웠던 것은 말할 수조차 없었지만 세 분 여래의 위대한 혼령의 은총을 입어, 여러 차례 위험이 있었지만 구법의 순례를 끝낼 수가 있었다. 그러므로 죽백(竹帛)16)에 돌아다닌 사실을 적어서 현자로 하여금 그 견문을 같이 나누고자 한다. 금년은 갑인년(甲寅年)17)이다.

러 경전을 번역하였다는데,『출삼장기집』권2를 보면 법현은 6부 63권을 번역했다고 한다. 6부란『대반니원경』6권,『방등니원경』2권,『마가승기율』40권,『승기비구계본(僧祇比丘戒本)』1권,『잡아비담심론』13권,『잡장경(雜藏經)』1권이다. 법현은 이밖에『정경』,『장아함경』,『잡아함경』,『사미새경(彌沙塞經)』,『살타다율초』5부를 인도에서 가져 왔는데, 그 모두를 직접 번역한 것이 아닌 것으로 보인다.

16) 고대에는 종이 대신에 죽간(竹簡)에 문서를 기록했음으로 그냥 종이로 이해하면 된다.

17) 갑인년은 의희(義熙) 10년(414)인데, 법현은 2년 전 7월 14일에 뇌산 남쪽에 도착하여 그해 9월부터 일 년 동안 칭저우[慶州]에 있다가 419년 7월에 남경 도장사에 들어가 그 다음 해에 본 역주본의 대본이 되는『법현전』을 탈고한 것으로 보인다. 물론 그 사이 연보상으로는 확인되지는 않지만, 아마도 여산 동림사에서 경을 설하면서 구술한 초안[小傳]을 다시 정리하여 탈고한 것으로 보인다.

송승(宋僧)¹⁾의 발문(跋文)

진(晋) 의희(義熙) 12년(416) 병진년(丙辰年)²⁾ 하안거 말에 우리들은

---

1) 이 '宋僧'이 실제 인명인지, 단지 '송나라의 승려'라는 의미인지 아직 확인되지 않고 있다. 이 문제는 나가사와[長澤]본을 비롯한 어느 역주본에서도 일체 거론되고 않았다. 만약 실제 인명이라면 아마도 법현사문이 여산(廬山) 동림사(東林寺)에서 설법을 하고 있을 때 법현과 같이 주석하던 스님으로 추정되고 있다. 그러나 법현은 『법현전』 서두에 스스로 썼다고 "法顯自記 遊天竺事"라고 밝힌 바 있지만, 다른 자료들에 의하면 편찬자가 있는 것으로 비정되고 있기에 이 문제는 조심스럽게 접근할 문제이다.

먼저 옮긴이가 해제문에서 이미 밝힌 바 있듯이 『불국기』의 초안을 잡은 사람 중에는 유명한 여산 동림사의 혜원(慧遠, 334~416)선사의 속가제자인 뇌차종(雷次宗)이란 인물이 거론된 바 있고, 그 이외에도 "법현사문이 여러 나라를 여행하고 답사한 것에 대해서는 별도로 '대전(大傳)'이 있다"라는 구절이 들어 있는 소전(小傳)을 쓴 석혜교(釋慧皎)라는 인물도 있기에 더욱 그러하다.

또 '송나라의 승려'라는 익명의 뜻이라면 얼핏 떠오르는 당송(唐宋)시대와는 연대가 너무 차이가 나기에 처음부터 제외되었지만, 옮긴이의 확인에 의하면 중국 역사상 또 다른 송(宋)나라가 남북조시대에 잠깐(59년 동안) 존재했기에 가능성을 열어둘 수 있지만, 이 또한 또 하나의 이 송(宋) 왕조의 존속기간이 420~479년이어서 역시 본서의 편찬연도인 416년과 4년 이상의 차이가 나기에 '송나라의 승려'라는 해석 역시 재확인을 요한다.

법현도인을 맞이했다. 법현도인은 와서 [우리와 같이] 머물면서 동재(冬
齋)를 지냈다.

그리하여 경을 설하는 여유시간에 거듭 천축순례의 일을 물어
보게 되었다. 법현사문은 공순하며 말하는 바는 실제 일에 의거하
였다. 그리하여 먼저 대략 구술한 바를 권하여 자세하게 기술하게
되었다.

법현사문은 다시 자세하게 그 처음과 끝을 차례를 매겨서 말하
기를

"돌이켜 지나왔던 곳을 생각해보면 나도 모르게 마음이 울렁거
려서 땀이 흐른다. 위험한 곳을 밟고 험준한 곳을 건너 이 몸뚱이
를 아끼지 않았던 것은 모두 굳은 뜻이 있어서 스스로의 우직함을
오롯하게 하였기 때문이었다. 그러므로 목숨을 죽을 땅에 던져 그
로써 만(萬)의 하나[一]의 희망을 달성한 것이다."

이에 감탄한 이들이 말하기를

"이 분은 고금에 드물게 보는 분이시다. 불교가 동방으로 전래
된 이후로 몸을 돌보지 않고 법을 구하기를 아직 법현사문과 같이
한 사람이 없었다. 이리하여 지성이 감응함이 다하지 아니함이 없
고 통하지 아니함이 없다는 것을 알았으며, 또한 뜻이 있는 곳에
공업(功業)이 이루어지지 않음이 없나니, 무릇 공업을 이룬 이는
중하게 여기는 신명을 잊어버림으로써 잊힌 소중한 것을 얻음이
아니겠는가!"

『법현전』 권1

[고려 23대 고종(高宗) 33년] 병오년(丙午年, 1246) 고려국(高麗國)

---

2) 원문은 '歲在壽星'인데, 별자리 '28숙(宿)의 방위'로 보면 수성(壽星)의 방위는 진
   (辰)임으로 바로 416년의 병진년이 된다는 의미이다.

대장도감(大藏都監)에서 칙명을 받들어 새기고 만들다.3)

---

3) 원문은 "丙午歲 高麗國 大藏都監 奉勅 雕造"로 본 역주본의 대본이 된 『불국기』
가 새겨진 병오년은 1246년으로 계산된다. 이른바 해인사판 팔만대장경은 초조
대장경과 속장경이 몽골군의 침입으로 소실된 뒤 1236년(고종 23) 당시의 수도
였던 강화에서 만들기 시작하여 1251년 9월에 완성되었으니 그 15년 사이의 병
오년은 고종 33년인 1246년뿐이다. 이 사업은 위에서 보이는 대로 대장도감(大藏
都監)에서 주관했으며, 제주도·완도·거제도 등에서 나는 자작나무를 재료로 사
용했고 부패를 방지하기 위해 먼저 나무를 바닷물에 절인 다음 그늘에서 충분히
말려 사용했다고 한다.

불국기 원문

高僧法顯傳 一卷 廣

高僧法顯傳

東晉沙門釋法顯自記遊天竺事

法顯. 昔在長安慨律藏殘缺. 於是遂以弘始二年歲在己亥. 與慧景道整慧應慧嵬等. 同契至天竺尋求戒律. 初發跡長安. 度隴至乾歸國夏坐. 夏坐訖前至褥檀國. 度養樓山至張掖鎮. 張掖大亂道路不通. 張掖王慇勤遂留為作檀越. 於是與智嚴慧簡僧紹寶雲僧景等相遇. 欣於同志. 便共夏坐. 夏坐訖復進到燉煌. 有塞東西可八十里. 南北四十里. 共停一月餘日. 法顯等五人隨使先發. 復與寶雲等別燉煌. 太守李浩供給度沙河. 沙河中多有惡鬼熱風. 遇則皆死無一全者. 上無飛鳥下無走獸. 遍望極目欲求度處則莫知所擬. 唯以死人枯骨為幖幟耳. 行十七日計可千五百里. 得至鄯鄯國. 其地崎嶇薄瘠. 俗人衣服粗與漢地同. 但以氈褐為異. 其國王奉法. 可有四千餘僧悉小乘學. 諸國俗人及沙門盡行天竺法. 但有精麤. 從此西行所經諸國類皆如是. 唯國國胡語不同. 然出家人皆習天竺書天竺語. 住此一月日. 復西北行十五日到烏夷國. 僧亦有四千餘人. 皆小乘學. 法則齊整. 秦土沙門至彼都不預其僧例也. 法顯得符行當公孫經理. 住二月餘日. 於是還與寶雲等共合烏夷國. 人不修禮儀遇客甚薄. 智嚴慧簡慧嵬遂返向高昌欲求行資. 法顯等蒙符公孫供給. 遂得直進西南. 行路中無居民. 涉行艱難. 所經之苦人理莫比. 在道一月五日得到于闐.

其國豐樂人民殷盛. 盡皆奉法. 以法樂相娛. 眾僧乃數萬人. 多大乘學. 皆有眾食. 彼國人民星居. 家家門前皆起小塔. 最小者可高二丈許. 作四方僧房供給客僧. 及餘所須國主安頓供給法顯等於僧伽藍. 僧伽藍名瞿摩帝. 是大乘寺. 三千僧共揵搥食. 入食堂時威儀齊肅次第而坐. 一切寂然器鉢無聲. 淨人益食不得相喚. 但以手指麾. 慧景道整慧達先發向竭叉國. 法顯等欲觀行像. 停三月日. 其國中有四大僧伽藍不數小者. 從四月一日城裏便掃灑道路莊嚴巷陌. 其城門上張大幰幕. 事事嚴飾. 王及夫人婇女皆住其中. 瞿摩帝僧是大乘學. 王所敬重. 最先行像. 離城二四里作四輪像車. 高三丈餘. 狀如行殿. 七寶莊校. 懸繒幡蓋. 像立車中二菩薩侍. 作諸天侍從. 皆以金銀彫瑩懸於虛空像去門百步. 王脫天冠易著新衣. 徒跣持花香翼從出城. 迎像頭面禮足散花燒香. 像入城時. 門樓上夫人婇女遙散眾花紛紛而下. 如是莊嚴供具車車各異. 一僧伽藍則一日行像. 自月一日. 為始至十四日行像乃訖. 行像訖王及夫人乃還宮耳. 其城西七八里有僧伽藍. 名王新寺. 作來八十年經三王方成. 可高二十五丈. 雕文刻鏤金銀覆上眾寶合成. 塔後作佛堂莊嚴妙好. 梁柱戶扇窗牖皆以金薄. 別作僧房亦嚴麗整飾. 非言可盡. 嶺東六國諸王所有上價寶物多作供養. 人用者少. 既過四月行像. 僧韶一人隨胡道人向罽賓. 法顯等進向子合國. 在道二十五日. 便到其國. 國王精進有千餘僧. 多大乘學. 住此十五日已. 於是南行四日至葱嶺山. 到於麾國安居.

安居已山行二十五日到竭叉國. 與慧景等合. 值其國王作般遮越師. 般遮越師漢言五年大會也. 會時請四方沙門. 皆來雲集. 集已莊嚴眾僧坐處. 懸繒幡蓋. 作金銀蓮華著僧座後. 鋪淨坐具. 王及群臣如法供養. 或一月二月. 或三月. 多在春時. 王作會已復勸諸群臣設供供養. 或一日二日三日五日乃至七日. 供養都畢. 王以所乘馬鞍勒

自副使國中貴重臣騎之. 并諸白氈種種珍寶沙門所須之物. 共諸群臣發願布施眾僧. 布施僧已還從僧贖其地. 山寒不生餘穀. 唯熟麥耳. 眾僧受歲已其晨輙霜. 故其王每請眾僧令麥熟. 然後受歲. 其國中有佛唾壺. 以石作之. 色似佛鉢. 又有佛一齒. 其國中人為佛齒起塔. 有千餘僧徒. 盡小乘學. 自山以東俗人被服類粗與秦土同. 亦以氈褐為異. 沙門法用轉勝不可具記. 其國當葱嶺之中. 自葱嶺已前草木果實皆異. 唯竹及安石榴甘蔗三物與漢地同耳. 從此西行向北天竺國. 在道一月得度葱嶺. 葱嶺山冬夏有雪. 又有毒龍. 若失其意則吐毒風. 雨雪飛沙礫石. 遇此難者萬無一全. 彼土人即名為雪山也. 度嶺已到北天竺. 始入其境. 有一小國名陀歷. 亦有眾僧皆小乘學. 其國昔有羅漢. 以神足力將一巧匠. 上兜率天觀彌勒菩薩長短色貌. 還下刻木作像. 前後三上觀. 然後乃成像. 長八丈足跌八尺. 齋日常有光明. 諸國王競興供養. 今故現在於此. 順嶺西南行十五日. 其道艱岨崖岸嶮絕. 其山唯石壁立千仞. 臨之目眩. 欲進則投. 足無所下. 有水名新頭河. 昔人有鑿石通路. 施傍梯者凡度七百. 度梯已躡懸緪過河. 河兩岸相去減八十步. 九譯所記. 漢之張騫甘英皆不至此.

眾僧問法顯. 佛法東過其始可知耶. 顯云. 訪問彼土人. 皆云. 古老相傳. 自立彌勒菩薩像. 後便有天竺沙門. 齎經律過此河者. 像立在佛泥洹後三百許年. 計於周氏平王時. 由茲而言. 大教宣流始自此像. 非夫彌勒大士繼軌釋迦. 孰能令三寶宣通邊人識法. 固知冥運之開本非人事. 則漢明帝之夢有由而然矣. 度河便到烏長國. 其烏長國是正北天竺也.

盡作中天竺語. 中天竺所謂中國. 俗人衣服飲食亦與中國同. 佛法甚盛. 名眾僧止住處為僧伽藍. 凡有五百僧伽藍. 皆小乘學. 若有客比丘到悉供養三日. 三日過已乃令自求所安. 常傳言. 佛至北天竺.

即到此國也. 佛遺足跡於此. 或長或短在人心念. 至今猶爾. 及曬衣
石度惡龍處悉亦現在. 石高丈四尺. 闊二丈許. 一邊平. 慧景慧達道
整三人先發向佛影那竭國. 法顯等住此國夏坐. 坐訖南下到宿呵多
國. 其國佛法亦盛. 昔天帝釋試菩薩化作鷹鴿割肉貿鴿處. 佛既成道
與諸弟子遊行. 語云. 此本是吾割肉貿鴿處. 國人由是得知. 於此處
起塔金銀挍飾. 從此東下五日行到揵陀衛國. 是阿育王子法益所治
處. 佛為菩薩時. 亦於此國以眼施人. 其處亦起大塔金銀挍飾. 此國
人多小乘學. 自此東行七日. 有國名竺剎尸羅. 竺剎尸羅漢言截頭
也. 佛為菩薩時. 於此處以頭施人. 故因以為名. 復東行二日至投身
餧餓虎處. 此二處亦起大塔. 皆眾寶挍飾. 諸國王臣民競興供養. 散
華然燈相繼不絕. 通上二塔彼方人亦名為四大塔也. 從揵陀衛國南
行四日到弗樓沙國. 佛昔將諸弟子遊行此國. 語阿難云. 吾般泥洹後
當有國王名罽膩伽. 於此處起塔. 後罽膩伽王出世. 出行遊觀時. 天
帝釋欲開發其意. 化作牧牛小兒. 當道起塔. 王問言. 汝作何等. 答言.
作佛塔. 王言大善. 於是王即於小兒塔上起塔. 高四十餘丈眾寶挍
飾. 凡所經見塔廟壯麗威嚴都無此比. 傳云. 閻浮提塔唯此塔為上.
王作塔成已小塔即自傍出大塔南. 高三尺許. 佛鉢即在此國. 昔月氏
王大興兵眾. 來伐此國欲取佛鉢. 既伏此國已. 月氏王等篤信佛法.
欲持鉢去. 故大興供養. 供養三寶畢. 乃挍飾大象置鉢其上. 象便伏
地不能得前. 更作四輪車載鉢. 八象共牽復不能進. 王知與鉢緣未
至. 深自愧歎即於此處起塔及僧伽藍. 并留鎮守種種供養. 可有七百
餘僧. 日將欲中眾僧則出鉢與. 白衣等種種供養. 然後中食. 至暮燒
香時復爾. 可容二斗許. 雜色而黑多四際分明. 厚可二分甚光澤. 貧
人以少華投中便滿. 有大富者欲以多華供養. 正復百千萬斛終不能
滿. 寶雲僧景止供養佛鉢便還. 慧景慧達道整先向那竭國. 供養佛影
佛齒及頂骨. 慧景病道整住看. 慧達一人還於弗樓沙國相見. 而慧達
寶雲僧景遂還秦土. 慧景在佛鉢寺無常. 由是法顯獨進向佛頂骨所.

西行十六由延至那竭國界醯羅城. 城中有佛頂骨精舍. 盡以金薄七
寶挍飾. 國王敬重頂骨. 慮人抄奪. 乃取國中豪姓八人. 人持一印.
印封守護. 清晨八人俱到各視其印. 然後開戶. 開戶已以香汁洗手.
出佛頂骨置精舍外高座上以七寶圓碪. 碪下瑠璃鍾覆上皆珠璣挍
飾. 骨黃白色. 方圓四寸. 其上隆起. 每日出後精舍人則登高樓擊大
鼓吹蠡敲銅鉢. 王聞已則詣精舍. 以華香供養. 供養已次第頂戴而
去. 從東門入西門出. 王朝朝如是供養禮拜. 然後聽國政. 居士長者
亦先供養乃修家事. 日日如是初無懈倦. 供養都訖乃還頂骨於精舍
中. 有七寶解脫塔. 或開或閉. 高五尺許. 以盛之. 精舍門前朝朝恒有
賣華香人. 凡欲供養者種種買焉. 諸國王亦恒遣使供養. 精舍處方三
十步雖復天震地裂此處不動. 從此北行一由延到那竭國城. 是菩薩
本以銀錢貿五莖華供養定光佛處. 城中亦有佛齒塔. 供養如頂骨法.
城東北一由延. 到一谷口有佛錫杖. 亦起精舍供養. 杖以牛頭旃檀
作. 長丈六七許. 以木筒盛之. 正復百千人舉不能移. 入谷口西行有
佛僧伽梨. 亦起精舍供養. 彼國土俗亢旱. 時國人相率出衣禮拜供
養. 天即大雨. 那竭城南半由延有石室博山. 西南向佛留影. 此中去
十餘步觀之如佛真形. 金色相好光明炳著. 轉近轉微髣髴如有. 諸方
國王遣工畫師摹寫莫能及. 彼國人傳云. 千佛盡當於此留影. 影西四
百步許. 佛在時剃髮剪爪. 佛自與諸弟子共造塔. 高七八丈以為將來
塔法. 今猶在. 邊有寺. 寺中有七百餘僧. 此處有諸羅漢辟支佛塔乃
千數. 住此冬三月. 法顯等三人南度小雪山. 雪山冬夏積雪. 山北陰
中遇寒風暴起人皆噤戰. 慧景一人不堪復進. 口出白沫語法顯云. 我
亦不復活. 便可時去勿得俱死. 於是遂終. 法顯撫之悲號. 本圖不果
命也奈何.

　復自力前得過嶺南到羅夷國. 近有三千僧兼大小乘學. 住此夏坐.
坐訖南下. 行十日到跋那國. 亦有三千許僧. 皆小乘學. 從此東行三
日復渡新頭河. 兩岸皆平地. 過河有國名毘茶. 佛法興盛兼大小乘

學. 見秦道人往乃大憐愍. 作是言. 如何邊地人能知出家為道遠求佛
法. 悉供給所須. 待之如法.

　　從此東南行減八十由延. 經歷諸寺甚多僧眾萬數. 過是諸處已到
一國. 國名摩頭羅. 又經捕那河. 河邊左右有二十僧伽藍. 可有三千
僧. 佛法轉盛. 凡沙河已西天竺諸國. 國王皆篤信佛法供養眾僧. 時
則脫天冠. 共諸宗親群臣手自行食. 行食已鋪氈於地. 對上座前坐於
眾僧前. 不敢坐床. 佛在世時. 諸王供養法式相傳至今. 從是以南名
為中國. 中國寒暑調和無霜雪. 人民殷樂無戶籍官法. 唯耕王地者乃
輸地利. 欲去便去欲住便住. 王治不用刑斬. 有罪者但罰其錢. 隨事
輕重. 雖復謀為惡逆. 不過截右手而已. 王之侍衛左右皆有供祿. 舉
國人民悉不殺生. 不飲酒不食葱蒜. 唯除旃荼羅. 旃荼羅名為惡人.
與人別居. 若入城市則擊木以自異. 人則識而避之不相搪揬. 國中不
養豬雞不賣生口. 市無屠店及沽酒者. 貨易則用貝齒. 唯旃荼羅漁獵
師賣肉耳. 自佛般泥洹後. 諸國王長者居士為眾僧起精舍. 供給田宅
園圃民戶牛犢鐵券書錄. 後王王相傳無敢廢者. 至今不絕. 眾僧住止
房舍. 床蓐飲食衣服都無闕乏. 處處皆爾. 眾僧常以作功德為業. 及
誦經坐禪. 客僧往到舊僧迎逆. 代擔衣鉢給洗足水. 塗足油與非時
漿. 須臾息已復問其臘數. 次第得房舍臥具. 種種如法. 眾僧住處作
舍利弗塔目連阿難塔并阿毘曇律經塔. 安居後一月諸希福之家勸
化供養. 僧行非時漿. 眾僧大會說法. 說法已供養舍利弗塔. 種種華
香通夜然燈. 使伎樂人作舍利弗大婆羅門時詣佛求出家. 大目連大
迦葉亦如是. 諸比丘尼多供養阿難塔. 以阿難請世尊聽女人出家故.
諸沙彌多供養羅云. 阿毘曇師者供養阿毘曇. 律師者供養律. 年年一
供養. 各自有日. 摩訶衍人則供養般若波羅蜜文殊師利觀世音等. 眾
僧受歲竟. 長者居士婆羅門等. 各將種種衣物沙門所須以用布施眾

僧. 僧受亦自各各布施. 佛泥洹已來. 聖眾所行. 威儀法則. 相承不紀.
自度新頭河至南天竺. 迄于南海四五萬里. 海平坦無大山川. 正有河
水耳. 從此東南行十八由延. 有國名僧迦施. 佛上忉利天三月為母說
法來下處. 佛上忉利天. 以神通力都不使諸弟子知來. 滿七日乃放神
足. 阿那律以天眼遙見世尊. 即語尊者大目連. 汝可往問訊世尊. 目
連即往頭面禮足共相問訊. 問訊已佛語目連. 吾却後七日當下閻浮
提. 目連既還. 于時八國大王及諸臣民不見佛久. 咸皆渴仰. 雲集此
國以待世尊. 時優鉢羅比丘尼. 即自心念. 今日國王臣民皆當迎佛.
我是女人. 何由得先見佛. 即以神足化作轉輪聖王. 最前禮佛. 佛從
忉利天上來向下. 下時化作三道寶階. 佛在中道七寶階上行. 梵天王
亦化作白銀階. 在右邊執白拂而侍. 天帝釋化作紫金階. 在左邊執七
寶蓋而侍. 諸天無數從佛來下. 佛既下三階俱沒于地. 餘有七級而
現. 後阿育王欲知其根際. 遣人掘看. 下至黃泉根猶不盡. 王益敬信.
即於階上起精舍. 當中階作丈六立像. 精舍後立石柱. 高二十肘. 上
作師子. 柱內四邊有佛像. 內外映徹淨若琉璃. 有外道論師與沙門諍
此住處. 時沙門理屈. 於是共立誓言. 此處若是沙門住處者. 今當有
靈驗. 作是言已. 柱頭師子乃大鳴吼見驗. 於是外道懾怖心伏而退.
佛以受天食三月故. 身作天香不同世人. 即便浴身後人於此處起浴
室. 浴室猶在優鉢羅比丘尼初禮佛處今亦起塔. 佛在世時有剪髮爪
作塔. 及過去三佛并釋迦文佛坐處經行處. 及作諸佛形像處. 盡有
塔. 今悉在. 天帝釋梵天王從佛下處亦起塔. 此處僧及尼可有千人.
皆同眾食. 雜大小乘學. 住處有一白耳龍. 與此眾僧作檀越. 令國內
豐熟雨澤以時無諸災害. 使眾僧得安. 眾僧感其惠. 故為作龍舍敷置
坐處. 又為龍設福食供養. 眾僧日日眾中別差三人到龍舍中食. 每至
夏坐訖龍輒化形作一小蛇. 兩耳邊白. 眾僧識之. 銅盂盛酪以龍置
中. 從上座至下座行之. 伏若問訊. 遍便化去. 每年一出. 其國豐饒人
民熾盛. 最樂無比. 諸國人來無不經理供給所須. 寺西北五十由延有

一寺. 名大墳. 大墳者惡鬼名也. 佛本化是惡鬼. 後人於此處起精舍. 布施阿羅漢以水灌手. 水瀝滴地. 其處故在. 正復掃除常現不滅. 此處別有佛塔. 善鬼神常掃灑. 初不須人功. 有邪見國王言. 汝能如是者. 我當多將兵眾住此益積糞穢. 汝復能除不. 鬼神即起大風吹之令淨此處. 有百枚小塔. 人終日數之不能得知. 若至意欲知者. 便一塔邊置一人已復計數. 人人或多或少其不可得知. 有一僧伽藍可六七百僧. 此中有辟支佛食處泥地. 大如車輪. 餘處生草此處獨不生. 及曬衣地處亦不生草. 衣條著地跡今故現在. 法顯在龍精舍夏坐. 坐訖東南行七由延到罽饒夷城. 城接恒水有二僧伽藍. 盡小乘學. 去城西六七里. 恒水北岸佛為諸弟子說法處. 傳云. 說無常苦空說身如泡沫等. 此處起塔猶在. 度恒水南行三由延到一村. 名呵梨. 佛於此中說法經行坐處盡起塔. 從此東南行十由延. 到沙祇大國出沙祇城. 南門道東佛本在此嚼楊枝已刺土中. 即生長七尺. 不增不減. 諸外道婆羅門嫉妬或斫或拔遠棄之. 其處續生如故. 此中亦有四佛經行坐處. 起塔故在. 從此南行八由延. 到拘薩羅國舍衛城. 城內人民希曠都有二百餘家. 即波斯匿王所治城也. 大愛道故精舍處. 須達長者井壁及鴦掘魔得道般泥洹燒身處. 後人起塔皆在此城中. 諸外道婆羅門生嫉妬心欲毀壞之. 天即雷電霹靂終不能得壞. 出城南門千二百步道西. 長者須達起精舍. 精舍東向開門門戶兩邊有二石柱. 左柱上作輪形右柱上作牛形精舍左右池流清淨樹林尚茂. 眾華異色. 蔚然可觀. 即所謂祇洹精舍也. 佛上忉利天為母說法九十日. 波斯匿王思見佛即刻牛頭栴檀作佛像置佛坐. 處佛後還入精舍像即避出迎佛. 佛言. 還坐. 吾般泥洹後可為四部眾作法式. 像即還坐. 此像最是眾像之始. 後人所法者也. 佛於是移住南邊小精舍. 與像異處. 相去二十步. 祇洹精舍本有七層. 諸國王人民競興供養. 懸繒幡蓋散華燒香燃燈續明日日不絕. 鼠含燈炷燒幡. 蓋遂及精舍七重都盡. 諸國王人民皆大悲惱. 謂栴檀像已燒. 却後四五日開東邊小精舍戶忽見本像. 皆大歡

喜. 共治精舍得作兩重. 還移像本處. 法顯道整初到祇洹精舍. 念昔世尊住此二十五年. 自傷生在邊地. 共諸同志遊歷諸國. 而或有還者. 或有無常者. 今日乃見佛空處愴然心悲. 彼眾僧出問法顯等言. 汝等從何國來. 答曰. 從漢地來. 彼眾僧歎曰. 奇哉邊國之人乃能求法至此. 自相謂言. 我等諸師和上相承以來未見漢道人來到此也. 精舍西北四里有林. 名曰得眼. 本有五百盲人依精舍住此. 佛為說法盡還得眼. 盲人歡喜刺杖著地頭面作禮. 杖遂生長大. 世人重之無敢伐者. 遂成為林是故以得眼為名. 祇洹眾僧中食後多往彼林中坐禪. 祇洹精舍東北六七里. 毘舍佉母作精舍請佛及僧. 此處故在. 祇洹精舍大院各有二門. 一門東向一門北向. 此園即須達長者布金錢買地處. 精舍當中央. 佛住此處最久. 說法度人經行坐處. 亦盡起塔. 皆有名字. 及孫陀利殺身謗佛處. 出祇洹東門北行七十步道西. 佛昔共九十六種外道論議. 國王大臣居士人民皆雲集而聽. 時外道女. 名旃遮摩那起嫉妬心. 乃懷衣著腹前似若妊身. 於眾會中謗佛以非法. 於是天帝釋即化作白鼠嚙其腰帶. 帶斷所懷衣墮地. 地即裂生入地獄. 及調達毒爪欲害佛生入地獄處. 後人皆幖幟之. 又於論議處起精舍高六丈許. 中有坐佛像. 其道東有外道天寺. 名曰影覆. 與論議處精舍挾道相對. 亦高六丈許. 所以名影覆者日在西時. 世尊精舍影則映外道天寺. 日在東時外道天寺影則北映. 終不能得映佛精舍也. 外道常遣人守其天寺. 掃灑燒香然燈供養. 至明旦其燈輒移在佛精舍中. 婆羅門恚言. 諸沙門取我燈自供養佛為爾不止. 婆羅門於是夜自伺候見其所事天神將燈繞佛精舍三匝供養. 供養佛已忽然不見. 婆羅門乃知佛神大. 即捨家入道. 傳云. 近有此事繞祇洹精舍. 有十八僧伽藍. 盡有僧住. 唯一處空此中國有九十六種外道. 皆知今世後世. 各有徒眾亦皆乞食. 但不持鉢. 亦復求福於曠路側. 立福德舍. 屋宇床臥飲食供給行路人及出家人來去客. 但所期異耳. 調達亦有眾在常供養過去三佛. 唯不供養釋迦文佛. 舍衛城東南四里琉璃王欲伐舍夷國.

世尊當道側立立處起塔. 城西五十里到一邑名都維. 是迦葉佛本生
處. 父子相見處. 般泥洹處. 皆悉起塔. 迦葉如來全身舍利亦起大塔.
從舍衛城東南行十二由延到一邑名那毘伽. 是拘樓秦佛所生處. 父
子相見處. 般泥洹處. 亦皆起塔. 從此北行減一由延到一邑. 是拘那
含牟尼佛所生處. 父子相見處. 般泥洹處. 亦皆起塔. 從此東行減一
由延到迦維羅衛城. 城中都無王民甚丘荒. 止有眾僧民戶數十家而
已. 白淨王故宮處. 作太子母形像. 及太子乘白象入母胎時太子出城
東門見病人. 迴車還處皆起塔. 阿夷相太子處. 與難陀等撲象捔射
處. 箭東南去三十里入地令泉水出. 後世人治作井令行人飲. 佛得道
還見父王處. 五百釋子出家向優波離作禮地六種震動處. 佛為諸天
說法四天王等守四門父王不得入處. 　佛在尼拘律樹下東向坐大愛
道布施佛僧伽梨處. 此樹猶在. 瑠璃王殺釋種. 釋種死盡得須陀洹立
塔今亦在. 城東北數里有王田太子坐樹下觀耕者處. 城東五十里有
王園. 園名論民. 夫人入池洗浴出池. 北岸二十步舉手攀樹枝東向生
太子. 太子墮地行七步. 二龍王浴太子. 身浴處遂作井. 及上洗浴池.
今眾僧常取飲之. 凡諸佛有四處常定. 一者成道處. 二者轉法輪處.
三者說法論議伏外道處. 四者上忉利天為母說法來下處. 餘者則隨
時示現焉. 迦維羅衛國大空荒人民希疎道路怖畏. 白象師子不可妄
行. 從佛生處東行五由延有國名藍莫. 此國王得佛一分舍利. 還歸起
塔. 即名藍莫塔. 塔邊有池池中有龍常守護此塔晝夜供養. 阿育王出
世欲破八塔. 作八萬四千塔. 破七塔已次欲破此塔. 龍便現身將阿育
王入其宮中. 觀諸供養具已語王言. 汝供養若能勝是便可壞之持去.
吾不與汝諍. 阿育王知其供養具非世之所有. 於是便還此中荒蕪無
人灑掃. 常有群象以鼻取水灑地. 取雜花香而供養塔. 諸國有道人來
欲禮拜塔. 遇象大怖依樹自翳. 見象如法供養. 道人大自悲感. 此中
無有僧伽藍可供養此塔. 乃令象灑掃. 道人即捨大戒還作沙彌. 自挽
草木平治處所使得淨潔. 勸化國王作僧住處. 已為寺主. 今現有僧

住. 此事在近. 自爾相承至今恒以沙彌為寺主. 從此東行三由延太子遣車匿白馬還處亦起塔. 從此東行四由延到炭塔. 亦有僧伽藍.

　東行十二由延到拘夷那竭城. 城北雙樹間希連禪河邊. 世尊於此北首而般泥洹. 及須跋最後得道處. 以金棺供養世尊七日處. 金剛力士放金杵處. 八王分舍利處. 此諸處皆起塔. 有僧伽藍今悉現在. 其城中人民亦希曠. 止有眾僧民戶. 從此東南行十二由延到諸梨車欲逐佛般泥洹處. 而佛不聽戀佛不肯去. 佛化作大深塹不得度. 佛與鉢作信遣還其家處立石柱. 上有銘題. 自此東行十由延到毘舍離國. 毘舍離城北大林重閣精舍. 佛住處及阿難半身塔. 其城裏本菴婆羅女家. 為佛起塔. 今故現在. 城南三里道西菴婆羅女以園施佛作佛住處. 佛將般泥洹與諸弟子出毘舍離城西門. 迴身右轉顧看毘舍離城告諸弟子. 是吾最後所行處. 後人於此處起塔. 城西北三里有塔名放弓仗. 以名此者恒水流有一國王. 王小夫人生一肉胎. 大夫人妬之言. 汝生不祥之徵. 即盛以木函擲恒水中. 下流有國王遊觀. 見水上木函. 開看見千小兒端正殊特. 王即取養之. 遂便長大甚勇健. 所往征伐無不摧伏. 次伐父王本國. 王大愁憂. 小夫人問王. 何故愁憂. 王曰. 彼國王有千子勇健無比. 欲來伐吾國. 是以愁耳. 小夫人言. 王勿愁憂. 但於城東作高樓. 賊來時置我樓上. 則我能却之. 王如其言. 至賊來時小夫人於樓上語賊言. 汝是我子. 何故作反逆事. 賊曰. 汝是何人. 云是我母. 小夫人曰. 汝等若不信者盡仰向張口. 小夫人即以兩手搆兩乳. 乳作五百道俱墮千子口中. 賊知是其母即放弓仗. 二父王於是思惟皆得辟支佛. 二辟支佛塔猶在. 後世尊成道告諸弟子. 是吾昔時放弓仗處. 後人得知於此處立塔. 故以名焉. 千小兒者即賢劫千佛是也. 佛於放弓仗塔邊捨壽. 佛告阿難言. 我却後三月當般泥洹. 魔王嬈固阿難使不得請佛住世. 從此東行三四里有塔. 佛般泥洹後百年有毘舍離比丘. 錯行戒律. 十事證言. 佛說如是. 爾時諸羅漢及持律比丘. 凡有七百僧. 更撿挍律藏. 後人於此處起塔今亦現

在. 從此東行四由延到五河合口. 阿難從摩竭國向毘舍離欲般泥洹.
諸天告阿闍世王. 阿闍世王即自嚴駕將士眾追到河上. 毘舍離諸梨
車聞阿難來. 亦復來迎. 俱到河上. 阿難思惟. 前則阿闍世王致恨.
還則梨車復怨. 即於河中央入火光三昧燒身而般泥洹. 分身作二分.
一分在一岸邊. 於是二王各得半身. 舍利還歸起塔. 度河南下一由延
到摩竭提國巴連弗邑. 巴連弗邑是阿育王所治城. 城中王宮殿皆使
鬼神作累石起牆闕. 彫文刻鏤非世所造. 今故現在. 阿育王弟得羅漢
道. 常住耆闍崛山. 志樂閑靜. 王敬心欲請於家供養. 以樂山靜不肯
受請. 王語弟言. 但受我請當為汝於城裏作山. 王乃具飲食召諸鬼神
而告之曰明日悉受我請. 無座席各自齎來. 明日諸大鬼神各齎大石
來. 壁方四五步坐訖. 即使鬼神累作大石山. 又於山底以五大方石作
一石室. 可長三丈廣二丈高一丈餘. 有一大乘婆羅門子名羅汰私迷.
住此城裏. 爽悟多智事無不達. 以清淨自居. 國王宗敬師事. 若往問
訊不敢並坐. 王設以愛敬心執手. 執手已婆羅門輒自灌洗. 年可五十
餘. 舉國瞻仰. 賴此一人弘宣佛法. 外道不能得加陵眾僧. 於阿育王
塔邊造摩訶衍僧伽藍甚嚴麗. 亦有小乘寺. 都合六七百僧眾威儀庠
序可觀. 四方高德沙門及學問人. 欲求義理皆詣此寺. 婆羅門子師亦
名文殊師利. 國內大德沙門諸大乘比丘皆宗仰焉. 亦住此僧伽藍. 凡
諸中國唯此國城邑為大. 民人富盛競行仁義. 年年常以建卯月八日
行像. 作四輪車縛竹作五層. 有承攎樑載高二丈許. 其狀如塔. 以白
氎纏上. 然後彩畫作諸天形像. 以金銀琉璃莊挍其上. 懸繒幡蓋四邊
作龕. 皆有坐佛菩薩立侍. 可有二十車. 車車莊嚴各異. 當此日境內
道俗皆集作倡伎樂. 華香供養. 婆羅門子來請佛. 佛次第入城. 入城
內再宿. 通夜然燈伎樂供養. 國國皆爾. 其國長者居士各於城內立福
德醫藥舍. 凡國中貧窮孤獨殘跛一切病人. 皆詣此舍種種供給. 醫師
看病隨宜飲食及湯藥皆令得安. 差者自去. 阿育王壞七塔作八萬四
千塔. 最初所作大塔在城南三里餘. 此塔前有佛跡起精舍. 戶北向

塔. 南有一石柱. 圍丈四五高三丈餘. 上有銘題. 云阿育王以閻浮提
布施四方僧. 還以錢贖. 如是三反塔北三四百步阿育王本於此作泥
梨城泥梨城中有石柱. 亦高三丈餘. 上有師子. 柱上有銘記作泥梨城
因緣及年數日月. 從此東南行九由延至一心孤石山. 山頭有石室. 石
室南向佛坐其中. 天帝釋將天樂般遮彈琴樂佛處. 帝釋以四十二事
問佛一一以指畫石. 畫跡故在. 此中亦有僧伽藍. 從此西南行一由延
到那羅聚落. 是舍利弗本生村. 舍利弗還於此中般泥洹. 即此處起
塔. 今現在. 從此西行一由延到王舍新城. 新城者是阿闍世王所造中
有二僧伽藍. 出城西門三百步阿闍世王得佛一分舍利起塔. 高大嚴
麗. 出城南四里南向入谷至五山裏. 五山周圍狀若城郭. 即是薜沙王
舊城. 城東西可五六里南北七八里. 舍利弗目連初見頞鞞處. 尼犍子
作火坑毒飯請佛處. 阿闍世王酒飲黑象欲害佛處. 城東北角曲中耆
舊於菴婆羅園中起精舍. 請佛及千二百五十弟子供養處. 今故在. 其
城中空荒無人住. 入谷搏山東南上十五里到耆闍崛山. 未至頭三里
有石窟南向. 佛本於此坐禪. 西北三十步復有一石窟. 阿難於中坐
禪. 天魔波旬化作鵰鷲住窟前恐阿難. 佛以神足力隔石舒手摩阿難
肩. 怖即得止. 鳥迹手孔今悉在. 故曰鵰鷲窟山. 窟前有四佛坐處.
又諸羅漢各各有石窟坐禪處. 動有數百. 佛在石室前東西經行. 調達
於山北嶮巇間橫擲石傷佛足指處. 石猶在. 佛說法堂已毀壞. 止有塼
壁基在. 其山峯秀端嚴. 是五山中最高. 法顯於新城中買香華油燈.
倩二舊比丘送法顯到耆闍崛山. 華香供養然燈續明. 慨然悲傷抆淚
而言. 佛昔於此說首楞嚴. 法顯生不值佛. 但見遺跡處所而已. 即於
石窟前誦首楞嚴. 停止一宿. 還向新城. 出舊城北. 行三百餘步道西.
迦蘭陀竹園精舍今現在. 眾僧掃灑精舍. 北二三里有尸摩賒那. 尸摩
賒那者. 漢言棄死人墓田. 搏南山西行三百步有一石室名賓波羅窟.
佛食後常於此坐禪. 又西行五六里山北陰中有一石室名車帝. 佛泥
洹後五百阿羅漢結集經處. 出經時鋪三高座莊嚴挍飾. 舍利弗在左.

目連在右. 五百數中少一阿羅漢. 大迦葉為上座.

時阿難在門外不得入. 其處起塔今亦在. 搏山亦有諸羅漢坐禪石窟甚多. 出舊城北東下三里. 有調達石窟. 離此五十步有大方黑石窟. 昔有比丘在上經行. 思惟是身無常苦空. 得不淨觀厭患是身. 即捉刀欲自殺. 復念世尊制戒不得自殺. 又念雖爾我今但欲殺三毒賊. 便以刀自刎. 始傷肉得須陀洹. 既半得阿那含. 斷已成阿羅漢果般泥洹從此西行四由延到伽耶城. 城內亦空荒. 復南行二十里到菩薩本苦行六年處. 處有林木. 從此西行三里到佛入水洗浴天案樹枝得攀出池處. 又北行二里得彌家女奉佛乳糜處. 從此北行二里. 佛於一大樹下石上東向坐食糜. 樹石今悉在. 石可廣長六尺高二尺許. 中國寒暑均調. 樹木或數千歲乃至萬歲. 從此東北行半由延到一石窟. 菩薩入中西向結加趺坐. 心念若我成道當有神驗. 石壁上即有佛影現. 長三尺許. 今猶明亮. 時天地大動. 諸天在空中白言. 此非是過去當來諸佛成道處. 去此西南行減半由延到貝多樹下. 是過去當來諸佛成道處. 諸天說是語已即便在前唱導. 導引而去. 菩薩起行離樹三十步. 天授吉祥草. 菩薩受之. 復行十五步五百青雀飛來繞菩薩三匝而去菩薩前到貝多樹下. 敷吉祥草. 東向而坐. 時魔王遣三玉女從北來試. 魔王自從南來試. 菩薩以足指案地. 魔兵退散三女變成老母. 自上苦行六年處. 及此諸處. 後人皆於中起塔立像. 今皆在. 佛成道已七日觀樹受解脫樂處. 佛於貝多樹下東西經行七日處. 諸天化作七寶堂供養佛七日處. 文鱗盲龍七日繞佛處. 佛於尼拘律樹下方石上東向坐. 梵天來請佛處. 四天王奉鉢處. 五百賈人授麨蜜處. 度迦葉兄弟師徒千人處此諸處亦盡起塔. 佛得道處有三僧伽藍. 皆有僧住. 眾僧民戶供給饒足無所乏少. 戒律嚴峻威儀坐起入眾之法. 佛在世時聖眾所行以至于今. 佛泥洹已來四大塔處相承不絕. 四大塔者. 佛生處. 得道處. 轉法輪處. 般泥洹處. 阿育王昔作小兒時. 當道戲過迦葉佛行乞食. 小兒歡喜. 即以一掬土施佛. 佛持還泥經行地. 因此果

報作鐵輪王王閻浮提. 乘鐵輪案行閻浮提. 見鐵圍兩山間地獄治罪
人. 即問群臣此是何等. 答言. 是鬼王閻羅王治罪人. 王自念言. 鬼王
尚能作地獄治罪人. 我是人主. 何不作地獄治罪人耶. 即問臣等誰能
為我作地獄主治罪人者. 臣答言. 唯有極惡人能作耳. 王即遣臣遍求
惡人. 見池水邊有一人長壯黑色髮黃目青. 以脚鉤魚口呼禽獸. 禽獸
來便射殺無得脫者. 得此人已將來與王. 王密勅之. 汝作四方高牆.
內植種種華果作好浴池. 莊嚴挍飾令人渴仰. 牢作門戶. 有人入者.
輒捉種種治罪莫使得出. 設使我入亦治罪莫放. 今拜汝作地獄主. 時
有比丘次第乞食入其門. 獄卒見之便欲治罪. 比丘惶怖. 求請須臾聽
我中食. 俄頃復有人入. 獄卒內置碓臼中擣之赤沫出. 比丘見已思
惟. 此身無常苦空如泡如沫. 即得阿羅漢果. 既而獄卒捉內鑊湯中.
比丘心顏欣悅. 火滅湯冷. 中生蓮華. 比丘坐上. 爾時獄卒即往白王.
獄中有奇怪. 願王往看. 王言. 我前有要今不敢往. 獄卒言. 此非小事.
王宜疾往. 更改先要. 王即隨入. 比丘為王說法. 王得信解. 即壞地獄
悔前所作眾惡. 由是信重三寶. 常至貝多樹下悔過自責受八戒齋. 王
夫人問王. 常遊何處. 群臣答言. 恒在貝多樹下. 夫人伺王不在時.
遣人伐其樹倒. 王來見之迷悶躃地. 諸臣以水灑面良久乃蘇. 王即以
塼累四邊. 以百甕牛乳灌樹根. 身四枝布地作是誓言. 若樹不生我終
不起. 作是誓已樹便即根上而生. 以至于今. 高減十丈. 從此南三里
行到一山名雞足. 大迦葉今在此山中. 擘山下入入處不容. 人下入極
遠有旁孔. 迦葉全身在此中住. 孔外有迦葉本洗手土. 彼方人若頭痛
者. 以此土塗之即差. 此山中即日故有諸羅漢住彼. 諸國道人年年往
供養迦葉. 心濃至者夜即有羅漢來共言. 論釋其疑已忽然不現. 此山
榛木茂盛. 又多師子虎狼. 不可妄行. 法顯還向巴連弗邑. 順恒水西
下十由延得一精舍. 名曠野. 佛所住處. 今現有僧. 復順恒水西行十
二由延到迦尸國波羅奈城. 城東北十里許得仙人鹿野苑精舍. 此苑
本有辟支佛住. 常有野鹿栖宿. 世尊將成道. 諸天於空中唱言. 白淨

王子出家學道. 却後七日當成佛. 辟支佛聞已即取泥洹. 故名此處為
仙人鹿野苑. 世尊成道已後. 人於此處起精舍. 佛欲度拘驎等五人.
五人相謂言. 此瞿曇沙門六年苦行. 日食一麻一米尚不得道. 況入人
間恣身口意. 何道之有. 今日來者慎勿與語. 佛到五人皆起作禮處.
復北行六十步. 佛於此東向坐始轉法輪度拘驎等五人處. 其北二十
步佛為彌勒授記處. 其南五十步翳羅鉢龍問佛我何時得免此龍身.
此處皆起塔見在. 中有二僧伽藍悉有僧住. 自鹿野苑精舍西北行十
三由旬有國名拘睒彌. 其精舍名瞿師羅園. 佛昔住處. 今故有眾僧.
多小乘學. 從是東行八由延. 佛本於此度惡鬼處. 亦常在此住經行坐
處. 皆起塔. 亦有僧伽藍. 可百餘僧. 從此南行二百由延有國名達嚫.
是過去迦葉佛僧伽藍. 穿大石山作之. 凡有五重. 最下重作象形. 有
五百間石室. 第二層作師子形. 有四百間. 第三層作馬形. 有三百間.
第四層作牛形. 有二百間. 第五層作鴿形. 有一百間. 最上有泉水循
石室前繞房而流. 周圍迴曲. 如是乃至下重順房流從戶而出. 諸僧室
中處處穿石作窓牖通明. 室中朗然都無幽闇. 其室四角穿石作梯蹬.
上處今人形小緣梯上正得至昔人一脚. 躡處. 因名此寺為波羅越. 波
羅越者天竺名鴿也. 其寺中常有羅漢住. 此土丘荒無人民居. 去山極
遠方有村. 皆是邪見不識佛法. 沙門婆羅門及諸異學. 彼國人民常見
飛人來入此寺. 于時諸國道人欲來禮此寺者. 彼村人則言. 汝何以不
飛耶. 我見此間道人皆飛. 道人方便答言. 翅未成耳. 達嚫國幽嶮道
路艱難. 難知處欲往者. 要當齎錢貨施彼國王. 王然後遣人送展轉相
付示其逕路. 法顯竟不得往. 承彼土人言故說之耳. 從彼波羅奈國東
行還到巴連弗邑. 法顯本求戒律. 而北天竺諸國. 皆師師口傳無本可
寫. 是以遠涉乃至中天竺. 於此摩訶衍僧伽藍得一部律. 是摩訶僧祇
眾律. 佛在世時最初大眾所行也. 於祇洹精舍傳其本. 自餘十八部各
有師資. 大歸不異. 然小小不同. 或用開塞但此最. 是廣說備悉者.
復得一部抄律. 可七千偈. 是薩婆多眾律. 即此秦地眾僧所行者也.

亦皆師師口相傳授不書之於文字. 復於此眾中得雜阿毘曇心. 可六
千偈. 又得一部經. 二千五百偈. 又得一卷方等般泥洹經. 可五千偈.
又得摩訶僧祇阿毘曇故. 法顯住此三年. 學梵書梵語. 寫律道整既到
中國. 見沙門法則. 眾僧威儀觸事可觀. 乃追歎秦土邊地眾僧戒律殘
缺. 誓言自今已去至得佛願不生邊地. 故遂停不歸. 法顯本心欲令戒
律流通漢地. 於是獨還. 順恒水東下十八由延. 其南岸有瞻波大國佛
精舍經行處及四佛坐處. 悉起塔. 現有僧住. 從此東行近五十由延到
摩梨帝國. 即是海口. 其國有二十四僧伽藍盡有僧住. 佛法亦興. 法
顯住此二年寫經及畫像.

　　於是載商人大舶泛海. 西南行得冬初信風晝夜十四日到師子國.
彼國人云. 相去可七百由延. 其國本在洲上. 東西五十由延. 南北三
十由延. 左右小洲乃有百數. 其間相去. 或十里二十里. 或二百里.
皆統屬大洲. 多出珍寶珠璣有出摩尼珠地方可十里. 王使人守護. 若
有採者十分取三. 其國本無人民. 正有鬼神及龍居之. 諸國商人共市
易. 市易時鬼神不自現身. 但出寶物題其價直. 商人則依價雇直取
物. 因商人來往住. 故諸國人聞其土樂悉亦復來. 於是遂成大國. 其
國和適無冬夏之異. 草木常茂田種隨人無有時節. 佛至其國欲化惡
龍. 以神足力一足躡王城北. 一足躡山頂. 兩跡相去十五由延. 王於
城北跡上起大塔. 高四十丈. 金銀莊挍眾寶合成. 塔邊復起一僧伽
藍. 名無畏. 山有五千僧. 起一佛殿金銀刻鏤悉以眾寶. 中有一青玉
像. 高三丈許. 通身七寶焰光威相嚴顯. 非言所載. 右掌中有一無價
寶珠. 法顯去漢地積年所與交接. 悉異域人. 山川草木舉目無舊. 又
同行分披. 或流或亡. 顧影唯己心常懷悲. 忽於此玉像邊見商人. 以
一白絹扇供養. 不覺悽然淚下滿目. 其國前王遣使中國取貝多樹子.
於佛殿傍種之. 高可二十丈. 其樹東南傾. 王恐倒故以八九圍柱柱

樹. 樹當柱處心生遂穿柱而下入地成根. 大可四圍許. 柱雖中裂猶裹
其外. 人亦不去. 樹下起精舍. 中有坐像道俗敬仰無倦. 城中又起佛
齒精舍. 皆七寶作. 王淨修梵行. 城內人敬信之情亦篤. 其國立治已
來無有饑喪荒亂. 眾僧庫藏多有珍寶無價摩尼. 其王入僧庫遊觀. 見
摩尼珠即生貪心. 欲奪取之. 三日乃悟. 即詣僧中稽首悔前罪心. 因
白僧言. 願僧立制. 自今已後勿聽王入庫看. 比丘滿四十臘. 然後得
入. 其城中多居士長者薩薄商人. 屋宇嚴麗巷陌平整. 四衢道頭皆作
說法堂. 月八日十四日十五日鋪施高座. 道俗四眾皆集聽法. 其國人
云. 都可六萬僧. 悉有眾食. 王別於城內供養五六千人. 眾食須者則
持大鉢往取. 隨器所容皆滿而還. 佛齒常以三月中出之. 未出前十
日. 王莊挍大象. 使一辯說人著王衣服騎象上擊鼓唱言. 菩薩從三阿
僧祇劫作行不惜身命. 以國城妻子及挑眼與人割肉貿鴿截頭布施
投身餓虎不恪髓腦. 如是種種苦行為眾生故成佛. 在世四十五年說
法教化. 令不安者安. 不度者度. 眾生緣盡乃般泥洹. 泥洹已來一千
四百九十七歲. 世間眼滅眾生長悲. 却後十日佛齒當出至無畏山精
舍. 國內道俗欲殖福者. 各各平治道路嚴飾巷陌. 辨眾華香供養之
具. 如是唱已王便夾道兩邊作菩薩五百身已來種種變現. 或作須大
拏. 或作睒變. 或作象王. 或作鹿馬. 如是形像皆彩畫莊挍. 狀若生人.
然後佛齒乃出中道而行. 隨路供養到無畏精舍佛堂上道俗雲集燒
香然燈. 種種法事晝夜不息. 滿九十日乃還城內精舍. 城內精舍至齋
日則開門戶禮敬如法. 無畏精舍東四十里有一山中有精舍名支提.
可有二千僧. 僧中有一大德沙門. 名達摩瞿諦. 其國人民皆共宗仰.
住一石室中四十許年. 常行慈心能感蛇鼠. 使同止一室而不相害. 城
南七里有一精舍名摩訶毘可羅. 有三千僧住. 有一高德沙門戒行清
潔. 國人咸疑是羅漢. 臨終之時王來省視. 依法集僧而問. 比丘得道
耶. 其便以實答言. 是羅漢. 既終王即按經律以羅漢法葬之. 於精舍
東四五里積好大薪. 縱廣可三丈餘. 高亦爾近. 上著栴檀沈水諸香

木. 四邊作階. 上持淨好白㲲周匝蒙積作大輿. 床似此間轜車. 但無
龍魚耳. 當闍維時王及國人四眾咸集以華香供養. 從輿至墓所. 王自
華香供養. 供養訖舉著[卄/積]上. 以酥油遍灌. 然後燒之. 火然時人
人敬心各脫上服及羽儀傘蓋遙擲火中以助闍維. 闍維已收斂取骨
即以起塔. 法顯至不及其生存唯見葬. 時王篤信佛法. 欲為眾僧作新
精舍. 先設大會飯食供養已. 乃選好上牛一雙. 金銀寶物莊挍角上.
作好金犁王. 自耕頃墾規郭四邊. 然後割給民戶田宅書以鐵券. 自是
已後代代相承無敢廢易. 法顯在此國聞天竺道人. 於高座上誦經云.
佛鉢本在毘舍離. 今在揵陀衛. 竟若干百年(法顯聞誦時有定歲數.
但今忘耳)當復至西月氏國. 若干百年當至于闐國. 住若干百年當至
屈茨國. 若干百年當復至師子國. 若干百年當復來到漢地. 若干百年
當還中天竺已. 當上兜術天上. 彌勒菩薩見而歎曰. 釋迦文佛鉢至.
即共諸天華香供養七日. 七日已還閻浮提. 海龍王將入龍宮. 至彌勒
將成道時. 鉢還分為四復本頞那山上. 彌勒成道已. 四天王當復應念
佛如先佛法. 賢劫千佛共用一鉢. 鉢去已佛法漸滅. 佛法滅後人壽轉
短. 乃至五歲. 五歲之時粳米酥油皆悉化滅. 人民極惡捉草木則變成
刀杖共相傷割. 其中有福者逃避入山. 惡人相殺盡已還復來出. 共相
謂言. 昔人壽極長. 但為惡甚作非法故. 我等壽命遂爾短促. 乃至五
歲. 我今共行諸善起慈悲心修行信義. 如是各行信義. 展轉壽倍乃至
八萬歲彌勒出世初轉法輪時. 先度釋迦遺法中弟子. 出家人及受三
歸五戒八齋法供養三寶者. 第二第三次度有緣者. 法顯爾時欲寫此
經. 其人云. 此無經本我心口誦耳.

　　法顯住此國二年. 更求得彌沙塞律藏本. 得長阿含雜阿含. 復得一
部雜藏. 此悉漢土所無者.

　　得此梵本已即載商人大舶上可有二百餘人. 後係一小舶海行艱

嶮. 以備大舶毀壞. 得好信風東下. 三日便值大風舶漏水入. 商人欲趣小舶. 小舶上人恐人來多. 即斫絙斷. 商人大怖命在須臾. 恐舶水滿. 即取麁財貨擲著水中. 法顯亦以君墀及澡罐并餘物棄擲海中. 但恐商人擲去經像. 唯一心念觀世音及歸命漢地眾僧. 我遠行求法. 願威神歸流得到所止. 如是大風晝夜十三日到一島邊. 潮退之後見船漏處即補塞之. 於是復前. 海中多有抄賊. 遇輒無全. 大海彌漫無邊不識. 東西唯望日月星宿而進. 若陰雨時為逐風去亦無所准. 當夜闇時. 但見大浪相搏晃若火色. 黿鼉水性怪異之屬. 商人荒懅不知那向. 海深無底. 又無下石住處. 至天晴已乃知東西. 還復望正而進. 若值伏石則無活路. 如是九十許日. 乃到一國. 名耶婆提. 其國外道婆羅門興盛. 佛法不足言. 停此國五月日. 復隨他商人大舶上亦二百許人. 齎五十日糧. 以四月十六日發. 法顯於舶上安居. 東北行趣廣州. 一月餘日夜鼓二時遇黑風暴雨. 商人賈客皆悉惶怖. 法顯爾時亦一心念觀世音及漢地眾僧蒙威神祐. 得至天曉. 曉已諸婆羅門議言. 坐載此沙門. 使我不利遭此大苦. 當下比丘置海島邊. 不可為一人令我等危嶮. 法顯檀越言. 汝若下此比丘亦并下我. 不爾便當殺我. 如其下此沙門. 吾到漢地當向國王言汝也. 漢地王亦敬信佛法重比丘僧. 諸商人躊躇不敢便下. 于時天多連陰海師相望僻誤. 遂經七十餘日. 糧食水漿欲盡. 取海鹹水作食. 分好水人可得二升. 遂便欲盡. 商人議言. 常行時政可五十日便到廣州. 今已過期多日將無僻耶. 即便西北行求岸. 晝夜十二日到長廣郡界牢山南岸. 便得好水菜. 但經涉險難憂懼積日. 忽得至此岸見藜藿菜依然. 知是漢地. 然不見人民及行跡. 未知是何許. 或言未至廣州. 或言已過. 莫知所定. 即乘小舶入浦覓人欲問其處. 得兩獵人即將歸令法顯譯語問之. 法顯先安慰之. 徐問. 汝是何人. 答言. 我是佛弟子. 又問. 汝入山何所求. 其便詭言. 明當七月十五日. 欲取桃臘佛. 又問. 此是何國. 答言. 此青州長廣郡界統屬晉家. 聞已商人歡喜. 即乞其財物遣人往長廣郡. 太守李嶷

敬信佛法. 聞有沙門持經像乘舶泛海而至. 即將人從來至海邊. 迎接
經像. 歸至郡治. 商人於是還向揚州到青州. 請法顯一冬一夏. 夏坐
訖法顯離諸師久欲趣長安. 但所營事重. 遂便南下向都. 就禪師出經
律藏. 法顯發長安六年到中印國. 停經六年. 還經三年達青州. 凡所
遊履減三十國. 沙河已西迄于天竺. 眾僧威儀法化之美. 不可詳說.
竊惟諸師未得備聞. 是以不顧微命淨海而還. 艱難具更. 幸蒙三尊威
靈. 危而得濟. 故將竹帛疏所經歷. 欲令賢者同其聞見. 是歲甲寅.

晉義熙十二年矣. 歲在壽星, 夏安居末, 迎法顯道人, 既至, 留共冬
齋, 因講集之餘, 重問遊歷. 其人恭順, 言輒依實, 由是先所略者, 勸令
詳載. 顯復具敘始末自云顧尋所經, 不覺心動汗流. 所以乘危履險不
惜此形者, 蓋是志有所存, 專其愚直. 故投命於必死之地, 以達萬一
之冀. 於是感歎斯人, 以爲古今罕有. 自大法東流, 未有忘身求法,
如顯之比. 然後知誠之所感, 無窮否而不通, 志之所將, 無功業而不
成. 成夫功業者, 豈不由忘夫所重, 重夫所忘者哉!
法顯傳一卷
丙午歲高麗國大藏都監奉勅雕造

부 록

대실크로드의 주요 루트와
파미르고원을 넘는 갈래길

　국내외적으로 '실크로드학'이 뿌리를 내린 현 시점에서도, 실크로드, 특히 그 인후(咽喉)에 해당되는 파미르고원이나 천산산맥에 대한 고급 여행정보는 별로 보이지 않고 있다. 그 동안 수많은 이들의 노력에 의해서 '초원로'·'오아시스로'·'해양로' 등이 이설이 없을 정도로 명확한 루트가 정해진 것과 비교하면 더욱 그러하다.

　그 이유를 꼽자면, 우선 파미르와 천산에 관한 역사적 자료들이 너무 단편적이고 또한 빈곤한 탓도 있었지만, 그보다도 파미르고원의 범위가 현재도 중국·키르기스스탄·타지키스탄·아프가니스탄·파키스탄·인도에 걸쳐 있고, 또한 위의 여러 나라들의 이해관계로 말미암아 근대에 들어와서는 국경선이 거의 폐쇄되었기에 그 동안 관심 있는 학자들이나 여행자들의 출입이 거의 불가능하였던 탓도 있을 것이다.

　그러다가 중앙아시아 독립연합들(CIS)과 붉은 중국이 차례로 문호를 개방하고 2003년에는 최후의 마지노선이었던, 파미르고원의 외통수 길에 해당되는 '와칸주랑(Wakhan走廊)'을 점령하고 있는 아프가니스탄이 열림으로써 점차로 분위기는 무르익고 있지만, 그래도 아직도 파미르의 정보는 답보 상태에 있는 것이 사실이다.

물론 옮긴이도 그간 오래전부터 자료를 모아가면서 다양한 루트를 정리하면서 정밀하고 다양한 지도를 그려볼 계획을 하였지만, 그 작업은 정말 한 개인이 하기에는 난공사였던지라, 그 동안 끝을 맺지 못하고 있다가 이번 〈실크로드 고전여행기〉 총서의 발간을 기하여 다시 박차를 가하여 마침내 회향을 보게 되어 간략한 개요와 함께 〈실크로드 갈래길 총도〉와 〈파미르고원 횡단도〉를 강호제현들에게 공개하게 되어 어깨가 한 결 가벼워지게 되었다.

1. 초원로(Steppe Road)

문명교류의 초고대 '소통로'의 하나로 유라시아 북방 초원지대를 동서로 횡단하는 장대한 길을 말한다. 한나라에 의한 '오아시스 루트'가 개척되기 이전인 B.C. 7세기경부터 스키타이문화를 비롯하여 B.C. 3~4세기의 채도문화가 이 길을 따라 전파되었으며 흉노족과 몽골족 같은 전형적인 유목민족이 말 달리던 루트로도 이용되었다. 또한 우리 한민족의 원조상들이 먼 파미르고원에서 동쪽으로 동쪽으로 이동하여 한반도에 이르렀다는 내용의 한 '가설'의 실제 경로로 비정되고 있는 길이기도 하다.

그 주요 경로는 압록강 연안에서부터 시작하여 만주–몽골–준가리아 분지–알타이산맥–아랄해 연안–카스피해 연안–남러시아–흑해 동북안–발트해 남안과 헝가리 분지에 이른다.

2. 하서주랑로(河西走廊路)

한나라의 정략적인 서역경영으로 '초원로'에 뒤를 이어 '오아시스로'가 개척되면서 새로운 소통로가 만들어지기 시작하였으나 파미르고원이 장애가 되어 활성화를 하지 못하고 있다가 한무제(漢武帝) 때에 이르러 장건(張騫, ?~B.C. 114)이 파미르고원을 지나 대월지에 이르는 길을 개척함으로써 비로소 완전한 오아시스 길이 열리게 되었다.

'하서주랑'이란 중국 대륙의 출발점인 장안성에서 현 타림분지에 이르는 중간 통로로 그 동쪽은 오초령(烏鞘嶺)에서 서쪽은 옥문관(玉門關) 사이의 남산(南山: 祁連山, 阿爾金山)과 북산(北山: 馬鬃山, 合黎山) 및 용수산(龍首山) 사이의 길이 약 900여km 이르는, 서북–동남 방향으로 늘어선 좁고 긴 평지로, 복도 모양과 같고 또한 황하의 서쪽에 있다 하여 불리는 이름이다.

***그 경유지는 란저우[蘭州]를 지나서 차례로 하서사군(河西四郡) – 우위에(武威 / 凉州), 장예(張掖/ 甘州), 지추엔(酒泉/ 肅州), 안시(安西/ 瓜州) – 을 대략 5일

간격으로 주파하여 한 달 만에 둔황(敦煌/ 沙州)에 도착하여 본격적으로 사막
으로 나아가는 일정이다.

3. 천산북로(天山北路)

(3-1) 아라산(阿拉山) 고개길

서역북로를 따라 투루판[吐魯番]에서 신장위구르의 행정중심지
인 우룸치[烏魯木齊] → [국제기차] → 아라산[阿拉山]고개 → 카자흐
스탄 수도 알마티(Almai) → 우즈베키스탄(Uzbekistan)의 수도 타슈켄
트(Tashkent) → 사마르칸트(Samarqand) → 아프가니스탄(Afganistan)
의 발흐(Balkh) → 카불(Kabul)로 이어지는 새로운 '철(鐵)의 실크로
드'의 대표적인 루트의 하나이다.

(3-2) 코르고스(霍尔果斯) 고개길

우룸치 → 쿠이둔[奎吨] → 이닝[伊寧] → [국제버스] → 코르고스
(Khorgos Pass) → 카자흐스탄의 알마티로 가서 위의 길과 같은 궤적
을 쫓아가는 루트이다.

***위의 통로는 외국 관광객에게 열려진 루트로 일반적으로 이용되고 있다.

(3-3) 베델(別達) 고개길: 일명 현장법사(玄奬法師)길

전통적인 서역북로를 따라 내려오다가 종착지인 카슈가르 도
착 직전 아커스[阿克蘇]에서 노선을 변경하여 신장의 베델(別達)

마을 → 보그콜도이산맥의 베델고개(4,284m) → 키르기스스탄의 베델(Bedel) 마을 → 카라세이(kara-say) → 바르스쿤(Barskoon) → 이시쿨호수의 서쪽 발리크치(Balikchi)를 우회하여 → 키르기스스탄의 비슈케크 → 우즈베크의 타슈켄트 등의 전통적인 천산북로의 오아시스 도시를 따라 인도로 들어가는 루트이다.

***현장이 순례 초기에 고창국(高昌國)에 머무르고 있을 때, 국왕으로부터 천축행로의 편의를 약속 받고, 당시 돌궐의 대칸(大汗)이 머물고 있었던 소엽성(素葉城), 즉 비슈케크 인근의 토크마크(Tokmak)로 행로를 변경하여야만 했기 때문이었다고 『삼장법사전』은 전해주고 있다. 말하자면 현장은 구법승들 중에서는 그 누구도 시도하지 않은 색다른 천산남, 북로를 넘나드는 길을 개척한 셈이다.

(3-4) 토루가르트(吐爾葛特) 고개길

'현장로'를 대신하여 현대에 활성화된 루트로 카슈가르에서 곧장 북쪽의 토르가르트(Torugart, 3,630m)고개를 넘어 키르기스스탄의 나린(Narin) → 이시쿨(Isik-kol)호수 서쪽의 발리크치(Balikchi) → 토크마크(Tokmak) → 비쉬케크(Bishkek) → 우즈베키스탄의 타슈켄트 → 사마르칸트 → 철문(鐵門) → 테르메스(Termes) → 아프간의 발흐(Balkh)로 나가 동·서양으로 갈라지는 루트이다.

***이 길은 현재(2012년 6월) 중국과 키르기스스탄의 국경무역이 활발한 곳으로 외국관광객들에게도 국제버스 또는 여행사를 통한 대절차에 한해 열려 있기는 하지만, 오쉬(Osh)행에 비해 상황변동이 심하니 카슈가르 도착 전에 미리 확인해볼 필요가 있다.

(3-5) 이르케쉬탐 고개길(Irkeshitam Pwy)

서역북로 서쪽 끝자락인 카슈가르에서 서행하여 울루그차트 (Ulugchat)를 지나서 이르케쉬탐고개를 넘어 키르기스스탄의 사리 타쉬(Sari Tash)라는 마을에서 사방으로 갈라진다.

첫 번째로는 북쪽으로 키르기스스탄의 오쉬(Osh) 쪽으로 올라가 훼르가나(Fergana) 계곡을 따라 소그드(Sogd) 지방의 중심지인 사마 르칸트로 나아가거나 두 번째로는 사리타쉬에서 바로 서행하여 타지키스탄의 수도인 두산베(Dushanbe)를 거처 우즈베크의 테르메 즈(Termez)로 가서 아무다리야강을 건너 아프간의 발흐로 나가 파 키스탄, 인도 또는 중동으로 향하거나 세 번째 방법으로는 이른바 '파미르하이웨이'를 타고 남쪽으로 내려가 타지키스탄의 고르노 바닥샨주(GBAO)로 내려가 다시 두산베로 이어지는 루트로 중간 지점인 타지키스탄령 이스카심(Iskashim)에서 아프간 령 와칸주랑 을 마주 바라볼 수 있다.

***이 길은 현재(2012년 6월) 역시 중국과 키르기스스탄이나 타지키스탄으로의 국경무역이 활발한 곳으로 동절기만 제외하고는 외국관광객들에게도 열려진 국경이고 국제버스도 이용할 수 있다. 단 두 번째 도산베로의 직행길은 외국인 에게 열려 있지 않다.

(3-6) 파미르 하이웨이(Pamir Hwy: 일명 M41번 도로)

역시 카슈가르에서 위의 루트들을 이용하여 키르기스스탄으로 들어간 뒤 오쉬를 기점으로 일명 '파미르하이웨이'를 타고 남서행 하여 아래 목록의 〈9번 파미르횡단루트〉와 만나 아무다리야강의 발원천이자 파미르천과 와칸천이 합류하는 판지강을 따라 타지키

스탄의 수도 두샨베(Dushanbe)까지 이어지는 산악루트로 오쉬 →
사리타쉬(Saritash) → 무르갑(Murgab) → 알리초르(Alichor) → 이스
카심(Iskashim)에서 서행하여 아프간의 바닥샨주(州)의 중심지 화
이자바드(Fayzabad) → 쿤두즈 → 발흐로 나아가거나 또는 이스카심
에서 판지강을 따라 북행하여 호록(Khorg) → 두샨베로 이어진다.
***이 길은 최근 타지키스탄 영사관에서 비자와 함께 받을 수 있는 <파미르여행허
가증(P. Permit: GBAO)>을 받은 외국관광객에게 열려진 루트로 현장법사와
우리의 혜초사문 등의 체취가 묻어 있는, 유서 깊은 와칸주랑의 일부가 겹쳐져
있어 의미가 깊은 루트이다.

4~5. 천산남로(天山南路)=서역북로(西域北路)

'천산남로'는 일명 '서역북로'라고 다르게 부르는데, 이 길은 크
게는 <오아시스 루트(Oasis R.)>라고 부르는 양대 통로의 하나로
천산산맥의 남쪽과 타클라마칸 사막의 북쪽 사이의 오아시스를
연결하며 카슈가르에 이르러 여러 갈래로 갈라져 천산산맥 또는
파미르고원을 넘나들게 된다.

역사적으로는 B.C. 2세기 이전에는 둔황 교외의 옥문관(玉門關)
또는 양관(陽關)을 지나 누란(樓蘭/ 鄯善)에서 '서역남·북로'가 갈라
졌으나, 그 이후에는 둔황에서 옥문관을 나와서 하미[哈密]를 경유
하여 이르는 서역북로가 개척됨으로써 현재에 이르기까지 실크로
드의 주된 동맥역할을 하였다.

***장안성을 출발한 대상들이나 순례승들은 하서주랑을 통과하여 둔황에 도착한
다음 다시 낙타대열을 정비하여 → 하미(Hami/ 哈密/ 伊吾) → 투루판(Turfan/
吐魯番/ 高昌) → 옌치(Karashar/ 焉耆/ 阿耆尼國) → 쿠차(Kucha/ 庫車/ 龜玆

/ 屈支) → 아커수(Aksu/ 阿克蘇/ 跋祿迦) → 카슈가르(Kashgar/ 喀什/ 疎勒/
佉沙)에 도착하여 다시 아래와 같은 여러 경로를 통해 파미르고원을 넘게 된다.

6. 서역남로(西域南路)

둔황의 양관을 나와 타클라마칸사막 남쪽과 곤륜(崑崙)산맥 사
이의 오아시스 도시들을 연결하는 길을 따라 카슈가르로 가는 남
쪽 루트를 말한다. 그러나 5세기 법현과 6세기 송운, 혜생과 7세기
현장 등의 구법승들이 지나간 후 점차로 그 기능을 상실하였다.
그 이유로는 기원전부터 둔황에서 호탄까지의 길을 연결해주었던
중요한 요지였던, 고대의 전설적인 왕국인 누란(樓蘭)이 5세기 청
해 지방에서 강대해진 티베트계 토욕혼(吐谷渾)에게 멸망하면서
그 중간거점을 잃은 '남로'도 따라서 쇠락을 길을 걷게 되어 그
역할을 '북로'에게 내어주고 역사 속으로 사라져버렸다.
그래서 현재는 서역남로의 최대 도시인 호탄으로 가는 방법은
먼 길을 우회하여 북로의 쿠알러[庫而勒] 또는 룬타이[輪台]에서 루
어창[若羌]으로 연결되는 새로 만들어진 횡단로를 이용해야 하는
상황으로 변하였다.

***둔황 → 샨샨(Shanshan/ 鄯善/ 樓蘭) → 루어창[若羌] → 체모(Cherchen/ 且
    末) → 니야(Niya/ 尼壤) → 호탄(Khotan/ 和田/ 于闐/ 瞿薩旦那) → 카르갈리크
    (哈爾碣里克/ Karghalik/ 葉城/ 斫句迦國) → 사쳐(Yaekand/ 沙車) → 타쉬쿠르
    간(Tashkurghan/ 塔什庫爾干/ 漢盤陀國) → 카슈가르(Kashgar/ 喀什/ 疎勒/
    佉沙)

7. 토욕혼로(吐浴渾路)

하서주랑을 빠져나와 청해호(靑海湖)를 남쪽으로 돌아 적령(赤嶺: 日月山)을 넘어 차이담[紫達木]분지를 가로질러 알틴타그아타산맥의 지류인 당금산(當金山)고개를 넘어 둔황과 서역남로로 이어지는 루트를 말한다.

이 길이 열렸던 당시가 티베트계인 토욕혼국(吐浴渾國)의 영내인 차이담분지를 통과하기에 붙여진 이름으로 8~9세기 한때 토번(吐蕃)제국이 당시 사주(沙州)로 부르던 현 둔황을 반세기 동안 다스릴 때 무적의 토번기마병들이 말 달리던 군용도로이기도 하다. 전통적인 실크로드 루트가 아닌 사이길로 당 태종의 문성(文成) 공주가 티베트로 시집가던 이른바 '당번고도'와 전반부 루트가 겹쳐진다.

***청해성의 시닝[西寧]이나 걸무[格爾木]에서 둔황으로 가는 버스가 있기는 하지만, 고생길은 감수해야 한다.

8. 토번로(吐蕃路/ 唐蕃古道)

토번의 땅, 티베트 고원을 경유하여 바로 히말라야를 넘어 인도로 가는 '루트'를 말하는데, 이른바 당 태종의 문성(文成) 공주가 티베트로 시집가던 '당번고도'와 '라싸'까지의 행로가 겹쳐진다. 기존의 천축행로가 파미르를 넘는 '우회로'라면 티베트를 경유하는 길은 '직행로'였다. 당시 토번 왕조에는 송첸감포(617~650)라는 불세출의 영웅이 출현하여 세력을 전 중앙아시아에 과시하던 때로 네팔 공주와 문성 공주의 영향으로 그 이전에는 없었던 중원-티베트-네팔-중천축의 불교전파로가 잠시 열리게 되었다. 이 시

기는 현장의 귀국 직전부터 [즉 현장의 순례기간 629~645의 17년
동안] 열렸다가 혜초의 순례길 전에 다시 닫혔다.

***이런 지정학적 배경으로 신라승인 혜륜(慧輪)·현락(玄烙)·혜업(慧業)·현태(玄
　太)가 당 태종의 칙명에 의해 천축으로 떠나는 장안 대흥선사의 현조(玄照)법사
　를 수행하여 인도를 들락거렸다고 기록들은 전하고 있다.
***티베트의 국경도시 잠무(Zammu/ 章木)와 네팔의 코다리(Kodari)를 잇는 루트
　는 현재(2012년 6월) 중국과 네팔 간에 국경무역이 활발한 곳으로 외국관광객
　들에게 제한적으로 열려진 국경이다.

9. 파미르횡단로(Pamir橫斷路)

(9-1) 사리쿨 고개길(Sari-kul Pwy)

　서역남·북로가 합쳐지는 카슈가르에서 남쪽으로 내려오다가 옛 총
령진이라고 불렸던, 현재 중국 국경도시인 타쉬쿠르간(Tashkurghan/
塔什庫爾干) 못 미친 곳에 자리 잡은 카라쿨(Kara-kul)호수와 무즈
타그아타산(Muztag Aata, 7,746m) 근처에서 서쪽으로 맞은편에 길
게 뻗어 있는 사리쿨산맥의 쿨마고개(Kulma Pass, 4,363m)를 넘는
루트를 말한다.
　그 다음 전통적인 천산북로상의 실크로드의 요충지인 키르기스
스탄의 오쉬(Osh)에서 내려오는 옛 대상로(현 파미르하이웨이/ Pamir
Hwy)의 마을들인 무르갑(Murghab) → 나이쟈타쉬고개(Nizatash pass,
4,137m) → 바쉬굼바즈(Bash Gumbaz) → 알리츄르(Alichur) → 제란디
(Jelandy)로 내려와 야실쿨호수(Yasil-kul)에서 발원하여 서행하여
판지강과 합류하는 군트(Gunt)강을 따라 서행하여 타지키스탄 고

르노 바닥샨(Gorno Badakhshan)주의 슈그난(Shugnan) 지방의 중심
도시인 호로그(Khorog)에서 판지강(Ab-i-Panj/ 噴赤河)을 건너 현
아프간 바닥샨(Badakhshan)주의 정부청사가 있는 화이자바드
(Faizabad)에서, 소그드(Sogd)에서 아무다리야강을 건너서 내려오
는 길과 만나는 십자로인 쿤두즈(Kunduz)로 나가서 다시 동·서양
으로 갈라지는 루트를 가리킨다.

***이 길은 지금도 마찬가지이지만 순례로보다는 대상로로 주로 사용되었고 현재
　　외국인에게는 열려 있지 않다.

(9-2) 와칸주랑 북쪽길(Wakhan Corridor north way)

타쉬쿠르간을 지나 현 아프가니스탄에 있는 와칸 계곡의 입구
인 사리쿨 계곡 서쪽의 사리코람고개(Sarikoram pass, 5,558m)를
넘어 퀴질라바드(Qizilrabad) → 자티굼바즈(Jarty Gumbaz) 마을을
지나서, 서양에서는 빅토리아(Victoria Lake)호수라 불리는, 조로
쿨(Zorokul Lake/ 大龍池/ 鵝湖)호수를 따라 돌아서 이 호수에서
새로 발원하는 파미르천의 북안 길을 따라 대(大)파미르고원을 지
나 서남쪽으로 내려가면서 카르구쉬(Kargush) → 랑가르(Langar)
→ 종(Zong) → 이스카심(Iskashim/伊什卡辛)에서 '와칸남로'와 합
류하여, 위의 사리쿨 루트와 같은 궤도를 거치며 바닥샨주로 내려
가 화이쟈바드로 나간다.

***현장법사와 혜초사문이 당나라로 돌아올 때 경유한 루트에 해당되며 일반적으
　　로 많이 이용된 남쪽 길의 상황변화에 따른 우회로에 해당된다.

(9-3) 와칸주랑 남쪽길(Wakhan Corridor south way)

타쉬쿠르간에서 카라코람 하이웨이(KKH)를 따라 남쪽으로 조금 더 내려오다가 서쪽으로 타쉬쿠르간 하천을 거슬러 올라가 밍타카(Mingtaka/ 明鐵蓋) 마을을 지나 와크지르(Wakhjir)고개를 넘어 소(小)파미르고원에 올라서서는 와크지르천과 와칸천을 따라 서행하여 바로길(Barogil) 마을을 지나서, 다시 동북쪽에서 흘러오는 파미르하천을 따라 내려오는 하천과 합류하여 이름을 판지강(Ab-i-Panj/ 噴赤河)으로 바꾸는, 강의 남안길을 따라 위의 북로와 나란히 서행하여 콸라판자(Qala Panja/ 喀剌噴札) → 칸두드(Khandud/ 昏馱多城) → 아프간 측의 이스카셈(Iskashem/ 伊什卡辛)을 지나는 위의 북로의 루트들과 같은 궤적을 그리며 화이자바드(Fayzabad) → 쿤두즈(Kunduz)로 나가 동서양으로 갈라진다.

***이 루트는 파미르를 넘는 직통로이기에 옛부터 일반 대상들이 즐겨 이용하였고 5세기 법현(法顯)을 시작으로 순례 길로 주로 이용되었던 루트이지만, 현재는 아프간과 중국의 관계악화로 인해 통행이 금지된 고갯길이다.

(9-4) 다르코트 고개길(Darkot Pwy/ 高仙芝路)

위의 남로의 바로길 마을에서 남으로 힌두쿠시 산맥의 바로길고개(Barogil, 3,882m)와 다르코트고개(坦駒嶺, 4,703m)를 넘어 다르코트 마을과 구피스(Gupis)를 지나서 둘로 갈라져, 한 길은 스와트(Swat) 계곡으로 내려가 파키스탄의 밍고라(Mingaora) → 페샤와르(Peshawar) → 카이버(Kiber)고개 넘어 아프간으로 가거나, 혹은 인더스 계곡의 카라코람 하이웨이(KKH) 길깃트(Gilgit)를 거처 현 파키스탄의 수도 이슬람아바드(Islamabad) 또는 페샤와르에서 역시 동·

서양으로 갈라지는 길이다.

***북위(北魏)의 송운(宋雲)·혜생(惠生) 등이 이용하였고 또한 일부는 747년 고선
지장군이 소발률(小勃律/ Gilgit)을 점령할 때의 2차 원정로에 해당되기도 한다.

(9-5) 쿤제랍 고개길(Khunjerab Pwy)

타쉬쿠르간에서 위의 와칸로 입구를 지나 조금 더 남쪽으로 내
려와 쿤제랍고개(Khunjerab Pass, 4,655m, 紅其拉甫 山口)를 넘어서
'카라코람 하이웨이(KKH)'를 따라 인더스 계곡의 국경 마을인 소
스트(Sost) → 훈자(Hunja) 마을로 더 알려진 발팃(Baltit) → 길기트
(Gilgit)를 거처 현 파키스탄의 수도인 이슬라마바드 또는 서쪽의
간다라의 중심도시인 페샤와르(Peshawar)로 내려가서 다시 동·서
양으로 갈라지는 길이다.

***현재(2012년 6월) 중국과 파키스탄의 국경무역이 활발한 곳으로 결빙기만을
제외하고는 6개의 파미르횡단로 중에서 유일하게 외국관광객들에게 열려진 국
경이다.

(9-6) 카라코람 고개길(Karakoram Pwy)

파미르고원 동쪽 끝의 카라코람산맥 카라코람고개(Karakoram
Pass/ 磧石嶺, 5,575m)를 넘어 바로 인도 서북부의 카슈미르로 가는
루트로 그 시발점은 서역남로 서쪽 끝에 있는 예칭(葉城/ 哈爾碣里
克/ Karghalik)이나 호탄에서 출발하여 현 '신장공로(新藏公路)'를
이용하여 티베트로 넘어가다가 콩쉬와르(Kongshwar)에서 남으로
방향을 틀어 카라코람고개를 넘어 인도 서북부로 들어가 카슈미

르주의 주도인 스리나가르(Srinagar) 또는 조지라(Zojila, 3,530m)고
개를 넘어 라다크(Ladak)의 레(Leh)로 가는 옛 길이다.

***8세기 '토번로'를 통해 인도를 3차례나 들락거렸던 현조법사의 루트에 해당되
지만, 역시 현재 중국과 인도의 국경분쟁으로 통행이 금지된 루트이다.

10. 서남아로(西南亞路/ 中東路)

천산산맥이나 파미르고원을 넘어 중앙아시아에서 서남아시아
와 아라비아 반도나 로마로 가는 루트를 총칭한다.

- (10-1) 우즈베크의 사마르칸트 → 부하라(Bukhara) → 히바(Kiva)
  → 투르크메니스탄의 메르브(Merv) → 파르티아(Parthia)
  → 이란 → 이라크 메소포타미아 지방 → 지중해 연안 →
  로마
- (10-2) 파키스탄의 페샤와르(Peshawar) → 카이버(Kiber)고개 →
  아프간 카불 → 이란 → 이라크-로마

11. 해양로(海洋路)

이른바 '해양실크로드'로 넓게는 동서양을 잇는 다양한 해양로
를 모두 가리키지만, 좁게는 중국을 중심으로 한 동아시아에서 인
도 지나 반도를 지나 말라카해협을 통과하여 인도 대륙 그리고 다
시 인도양을 거쳐 아라비아 반도나 로마에 이르는 모든 바닷길을
의미한다.

추천의 글

(성함의 가나다순)

初黃 金良植(韓·印文化研究院 代表, 인도박물관장)
김연호(충북문화재단이사)
김풍기(강원대학교 사범대학 국어교육과 교수)
김희준(포항 대동중학교 역사교사, 전국교사불자연합회 문화부장)
朴允煥(변호사, 전 전주지방검찰청 군산지청장)
서용(동덕여대 회화과 교수, 한국돈황학회 회장)
송순현(정신세계원 대표)
옥영경(자유학교 물꼬 교장)
유정길(정토회 에코붓다 전 공동대표, 평화재단 기획위원)
유진규(춘천국제마임축제 예술감독, 마임니스트)
윤창화(불교출판협회 부회장, 민족사 대표)
李光軍(中國 魯迅美術大學 敎授, 美術史博士)
이상기(한국외국어대학교 대우교수)
이외수(작가)
李仁秀(대구교육대학교 음악과 교수)
장영기(수원대 환경에너지공학과 교수)
전상국(소설가)
전인평(중앙대 교수, 아시아음악학회 회장)
桐普 鄭大錫(서울대학교 국악과 교수, 거문고 협주곡 〈수리재〉 작곡가)
정수일(동서문화교류연구소장)
雪山 鐵眼(문경 대승사 선원 수좌)
최돈선(시인)
현각(원주 성불원 회주)
황병기(작곡가, 대한민국예술원 회원)

다정(茶汀)의 만리장성

初黃 金良植(韓·印文化硏究院 代表, 인도박물관장)

그는 평소 별로 말이 없다. 그가 절간을 뒤로 하고 인사동으로, 또 한 번 인사동을 뒤로 하고 강원도 홍천강 기슭에 손수 흙벽돌을 빚어 토굴을 짓고 들어앉은 지도 어언 30년이 되어간다. 그 누구보다도 주경야독(晝耕夜讀)을 몸소 실천하며 조용한 가운데서도 본인의 의지를 고집스럽게 키워나갔다.

나와 다정(茶汀)과의 인연은 거의 30여 년에 이른다. 당시에도 그는 소리 없이 그가 걷는 길에 끊임없이 돌을 다듬어 성을 쌓듯이 먹을 갈아 붓을 들고 창작의 세계 속으로 수신(修身)했다.

1981년 초 필자가 인도문화연구원(印度文化硏究院) 설립 당시, 그는 모든 연구모임에 적극적으로 참여하여 연구지에 글도 쓰기도 했다. 특별히 기억되는 것은 「인도의 시성(詩聖) 타고르의 회화」에 대한 해설과 비평을, 인사동 선화랑에서 발행하는 『選美術』(1983년 가을호)에 한국에서는 처음으로 발표하기도 했다.

그때까지도 한국화단의 어느 누구도 인도의 타고르가 많은 그림을 그렸다는 사실을 알지 못했고 다만 동양에서 처음으로 노벨문학상을 탄 인도의 시성(詩聖)으로만 알고 있었기 때문에 다정의 논문은 큰 파문을 일으키기도 했다.

이렇게 그의 시선은 인도의 문명을 거쳐 끝내는 티베트불교문화의 정수를 찾아 그 멀고 먼 티베트고원의 수미산(須彌山)에 이르기까지 고행의 길을 마다하지 않았다. 그가 선택한 행로는 결코 순탄하지 않았다. 오늘 우리 앞에 선보인 이 방대한 고전의 번역서들은 바로 그가 쌓아올린 만리장성(萬里長城)이라 할 수 있지 않을까?

결코 어느 누구도 선뜻 손을 댈 수 있는 작업이 아니기 때문에 더욱 값진 것이어서 필자는 많이 고맙고 감동되는 바가 크다 하겠다.

그 오랜 인연의 향훈

김연호(충북문화재단이사)

　다정인형(茶汀仁兄)과의 만남은 1974년 가야산 자락 해인사 동구에 봄이라기에는 쌀랑한 기운이 가득 했던 때였습니다. 당시 대학 3학년 시절 대불련(大佛聯)활동을 하던 나는 처음으로 가야산(伽倻山) 해인사(海印寺)를 순례하게 되어 산내암자 원당암(願堂庵)에서 며칠 유하게 되었는데, 그때 승가대학에 재학 중인 가냘픈 체구에 형형한 눈빛만이 빛나던 한 학승을 만나 마음을 열게 되었습니다.

　비록 그는 산문을 나와서 긴 만행(萬行) 길에 들어서 40년 동안 우리나라 차문화의 한 획은 그은 다인(茶人)으로, 개성 있는 화가로, 그리고 우리나라 '티베트학'의 주춧돌은 놓은 티베트문화 연구가로 활동을 해 왔지만, 아마도 우리 둘 모두 영혼이란 화두를 항상 놓지 않고 살아왔기에 해인사에서의 지중한 인연은 지금까지 이어져 이제 앞서거니 뒤서거니 하면서 환갑의 문턱을 넘게 되었습니다.

　저는 작년 여름, 중국 서역으로 실크로드의 길을 따라가면서 오아시스에 우뚝우뚝한 석굴을 만나게 되었습니다. 그때 부처님을 일념으로 그리면서 찾아들었을 구법승의 모습이 오버랩되었는데, 이상하게도 홀연히 먼 옛날의 기억 속의 한 단아한 학승의 이미지가 겹쳐졌습니다.

　한 개인의 원력(願力)으로서는 너무나 힘겨웠을 장대한 역경사업

의 회향을 접하고선 아마도 지금의 다정인형(茶汀仁兄)은 당나라
구법승이었던 어느 한 큰 스님의 환생으로 몸을 받고 났기에 나의
실크로드의 길에서 아른거린 게 아니랴 싶어 그 영광이 이미 다
이루어져 보인 듯도 합니다.

실크로드학의 새로운 길을 여는 작업을 기리며

김풍기(강원대학교 사범대학 국어교육과 교수)

언어와 언어 사이를 넘어서 새로운 길을 내는 사람을 번역가라고 한다. 우리는 매일 번역을 하면서 살아간다. 다른 사람의 말을 듣고 내 말로 번역을 해서 이해하고, 다른 사물의 언어를 번역해서 내 삶을 꾸린다. 번역이 없다면 우리는 소통부재의 깜깜한 암흑세상을 살아가야 한다. 다른 나라의 말, 혹은 이제는 사라진 옛말을 지금의 언어로 번역하는 일이야 더 말해 무엇하랴.

번역을 해본 사람이라면 이 작업이 얼마나 힘들고 고된 것인지 잘 안다. 다른 시대, 다른 나라의 말을 지금 우리의 언어로 바꾸는 일은 지난(至難)하기 그지없다. 그러나 고생한 만큼 그 공로를 인정해주지 않는 나라로 우리나라만한 곳이 없는 것도 사실이다. 번역이 대우를 받아야 우리의 문화와 사유가 더욱 풍성해진다는 건 누구나 알지만, 그 공로를 진심으로 인정하는 사회적 풍토는 아직 턱없이 부족하다.

실크로드학이 더욱 꽃 피우기 위해서 우리는 기본 자료를 읽어야 한다. 그런데 뜻밖에 기본 자료에 대한 번역이 그리 많지 않다. 이런 때에 김규현 선생님의 번역은 이 분야에 새로운 눈을 트이게 해준다. 사실 이 자료를 단순히 번역하는 것이라면 어렵더라도 마음을 낼 수 있다. 그러나 김규현 선생님의 번역은 그 차원을 넘어선다. 자료에 등장하는 지역을 직접 답사하고, 예전의 지명과 지금의 지명을 대조하여 밝힌다. 말이 쉬워서 답사지, 사비를 털어가며 번역을 위해 이런 일을 한다는 것은 사명감 없이는 될 수 없다.

　김규현 선생님의 번역서가 이렇게 빛을 보는 것에 깊은 축하와 감사의 말씀을 드린다. 이렇게 심혈을 기울인 번역서가 또 있을까 싶을 정도로 이 책에 기울인 전문가적 식견과 엄청난 노력을 어찌 말로 표현할 수 있을 것인가. 이 책이 실크로드 연구의 새로운 길을 만들 것이라고 믿어 의심치 않는다.

거대한 기록을 오늘 한국인의 언어로 풀어낸 힘든 작업

김희준(포항 대동중학교 역사교사, 전국교사불자연합회 문화부장)

어린 날, 어머니가 절에서 법 보시 받아 온 『부모은중경』을 읽으며 눈물을 흘렸다. 그때 이후로 어른이 되면 인도에 가서 부처님을 만나고 싶은 소원을 간직하였다. 교과서에서 처음 만났던 그 이름, 혜초 스님의 『왕오천축국전』과 어린이 잡지의 부록으로 나온 만화로 흥미진진하게 읽었던 『서유기』의 원전인 현장법사의 『대당서역기』, 김규현 선생의 『혜초따라 5만리』를 인도순례를 다녀와서 읽었다.

베이징에서 마흔여덟 시간 기차를 타고 설역의 심장부, 포탈라궁이 있는 라싸로 가고, 고려 충선왕이 유배 갔고, 스웨덴의 지리학자 스벤 헤딘이 탐험하였던 시가체에도 꿈결처럼 다녀왔다. 다정 김규현 거사님의 저서들을 여행을 앞두고 읽고 또 들고 갔다. 거사님은 여행 후 나의 궁금증에도 자상하게 답해주었다.

중국문명이 인도의 불교문명을 받아들인 역사는 우리의 상상을 뛰어넘는 장대한 모험의 역정이다. 그 길을 답파한 다정 거사님이 5~8세기 문명 전파의 이 거대한 기록을 오늘 한국인의 언어로 풀어내었다. 그 위업을 찬탄하고 함께 기뻐한다.

아, 실크로드!

朴允煥(변호사, 전 전주지방검찰청 군산지청장)

고등학교를 다니던 어느 때부터인가 나는 실크로드를 여행하고 싶었다. 대학을 다니고 검사생활을 하면서도 나는 늘 실크로드를 꿈꾸었다. 설산, 말, 사막, 오아시스… 그리고 거기 살았던 사람들과 그들의 남겨놓은 역사 등을….

2006년 변호사 개업을 한 후엔 그쪽으로 가고 싶은 병이 더욱 깊어졌다. 실크로드와 관련된 책을 닥치는 대로 읽고 틈틈이 실크로드 일부인 서안·우룸치·투르판·돈황 등을 다녀오기도 했다.

작년 12월, 티베트 여행을 앞두고 서초동 '예술의전당'에서 '라싸' 특강을 들었는데 그때 강사가 다정님이셨다. 워낙 내용이 충실한 강의였던 터라 님께서 운영하시는 인터넷 카페 '티베트문화연구소'에도 가입하였다.

지난 해 7월에는 바이칼호수 여행을 앞두고 홍천강가에 있는 다정님의 연구소를 찾아 사모님으로부터 맛있는 옥수수를 얻어먹고 님과는 소주도 한 잔했다.

그리고는 그때 사인해서 주신 『혜초따라 5만리』(상·하권)도 9월 말 추석을 전후해서 다 읽었다. 그리고는 다정님의 저서는 모두 읽어야 되겠다는 욕심이 생겨났는데, 마침 고전여행기의 백미인 『대당서역기』를 비롯한 대표적인 다섯 권을 모두 완역하고 각주를 상세하게 붙이는 〈실크로드 고전여행기〉 총서를 출간하신다는 소식이 들려왔다. 정말 반갑고 축하드릴 일이다.

나이 60이 된 지금에도 실크로드의 구석구석을 가보고 싶은 꿈은 여전하다. 나도 역마살을 타고난 노마드의 DNA가 섞여 있는 것일까?

단순한 번역서의 차원을 넘는 번역의 '전신(傳神)' 작업

서용(동덕여대 회화과 교수, 한국돈황학회 회장)

다정 김규현 선생께서 이번에 실크로드와 관련된 고전여행기를 집대성한 번역서를 출판하신다는 소식을 접하고 반갑고 고마운 마음까지도 듭니다.

1990년대 중반, 지금부터 십여 년 전 중국 유학생 시절 베이징의 중앙미술학원에서 술잔을 기울이며 인연을 맺은 후 나는 돈황으로, 다정 선생은 티베트 라싸로 홀연히 스며들어가 중국인들도 꺼려하는 오지에서 고행의 길을 자처했던 특이한 사이가 됐습니다. 지인들이 보내준 구호품(?)을 덜어 나눠 보내주며 비록 멀리 떨어져 있지만, 머나먼 이국땅 오지의 한 구석을 지키고 있다는 사실만으로 정신적 동질감을 느꼈던 분입니다.

다정 선생을 처음 만났을 때 여행가라고 자신을 소개 하더니 어느 날엔 판화작가로 활동 하시고 이제는 학자로서 학문적 영역을 넓히시니 다음엔 어떤 모습으로 나타나실지 기대가 됩니다.

이번에 출간하는 '실크로드 고전여행기'는 실크로드 관련 학문의 근간이 되고 있는 비중 있는 다섯 종의 고전여행기들을 집대성했다는 측면에서도 그 의의를 찾을 수 있겠지만 무엇보다 단순한 번역에 그치는 것이 아니고 다정 선생 특유의 부지런함과 성실함으로 일일이 현장을 답사하여 역서를 펴냈다고 하니 그 가치가 남다른 것 같습니다.

중국 남제(南齊) 때 화가이며 화론가인 사혁(謝赫)이라는 사람이 화가의 회화평론 판단의 기본규범으로 6법을 제시하였는데 그 중 '전이모사(傳移模寫)'라는 항목이 있습니다. 그림을 그림에 있어서 선대 화가의 그림을 모사하는 것을 통해 새로운 작품세계를 개척할 수 있다는 것인데, 모사를 할 때 가장 중요한 요소는 단순히 보고 베끼는 것이 아니고 원작자의 정신까지 옮기는 전신(傳神)이 이루어져야 모사작업의 최고의 가치로 인정된다는 것입니다.

다정 선생의 번역서를 접하며 전신(傳神)을 떠올리게 된 것은 그림을 옮기는 것이 모사라면 글을 옮기는 것은 번역인데 이번에 출간하게 된 다정 선생의 책이 단순한 번역서의 차원을 넘어 원작자와 일체가 된 번역서로서의 '傳神'을 이루었다고 생각되기 때문입니다.

고전여행기의 지도화·코드화는
과거의 시공을 찾아가는 의식의 실크로드

송순현(정신세계원 대표)

홍천강 김 첨지께서 이번에 실로 대단한 일을 하셨습니다. 20년 넘게 티베트와 동북아 고대문화 답사와 연구에 몸 바쳐 오시더니 결국 〈실크로드 고전여행기〉 다섯 권의 주해서를 하나의 총서로 묶어내시니 그 빛나는 정신과 노고에 경의를 표하며 큰 박수를 보냅니다.

특히 고전여행기의 지도화와 고대 지명의 코드화는 과거의 시공을 찾아가는 의식(意識)의 실크로드로서 인류의 오래된 미래를 환히 밝히는 획기적인 업적이 아닐 수 없습니다.

과거 제가 운영하던 정신세계사에서 2003년에 다정 선생님의 노작 『티베트 역사 산책』, 2004년에 『티베트 문화 산책』을 발간한 일이 새삼 자랑스럽게 여겨집니다. 다정 선생님의 메마르지 않는 열정 속에 깃들어 있을 하늘의 뜻을 가늠해보며 누구도 막을 수 없는 그 도정(道程)에 영광이 가득하기를 기원합니다.

괴물 다정 선생님의 역작에 부쳐

옥영경(자유학교 물꼬 교장)

스무 살에 이르던 어느 한때 '그리스인 조르바' 어디쯤에서 설산에 사는 수도승들에 대한 이야기로부터 티베트에 대한 꿈을 키웠고, 그 길 한 자락이 다정 선생님께로 흘러들어 실크로드까지 이어졌습니다. 그렇게 달포 가까운 날을 다정 선생님을 좇아 서역의 관문인 둔황의 양관(陽關)을 나가서 혜초와 현장이 걸었던 길을 더듬었더랬지요. 당신 아니었으면 제가 어찌 엄두를 냈을 일이라나요.

어깨 걸고 함께했던 그 시간, 한 인간 안에 사는 지식의 거물이 어떻게 그토록 클 수 있는지, 나아가 그것이 아주 작은 떨림도 지나치지 않는 당신의 감성과 만나 어찌나 거대한 신화를 이루던지, 당신이 들려주시는 '한민족의 기원설'과 실크로드를 걷던 옛 여행가들의 이야기는 황홀하기 그지없었습니다.

사마르칸트에서 오페라 라보엠으로 마감했던 그 여행에서 돌아온 얼마 뒤의 여름 끝자락, 선생님은 홀로 다시 파미르고원의 와칸 계곡을 둘러보러 길을 떠나셨더랬습니다. 아마도 이런 거창한 작업의 마침표를 찍으시려는 듯이….

"끝 날까지 지극하게 살다가 가는 것"이 오직 소망이라며, 게으르기 짝이 없는 날들을 사는 후대에게 당신의 이번 작업이 얼마나 큰 채찍질인지, 당신의 단단한 걸음들 앞에 부끄럽고 고맙고 감사합니다. 선생님, 정말 애쓰셨어요. 축하드립니다. 사랑합니다!

길(道)에서 길(道)을 찾다

: <실크로드 고전여행기>에 붙여

유정길(정토회 에코붓다 전 공동대표, 평화재단 기획위원)

나는 다정 선생을 2002년 아프가니스탄 카불에서 만났는데, 당시 국제개발협력 불교NGO인 정토회(JTS)에서 카불지원팀장으로 활동하고 있었을 때였다. 당시 아프간은 23년 동안의 전쟁이 끝난 직후라서 황폐하기 이를 데 없는 상황에 선생님은 위험을 무릅쓰고 아프간을 방문하여 우리단체와 인연이 되었던 것이다.

우리는 불교를 포교할 생각은 없지만 우리가 활동하고 있는 이 간다라 지역의 불교유적에는 관심이 가지 않을 수 없었다. 그래서 우리가 활동 속에 확인했던 카불 북쪽의 탑타라 마을의 스투파, 동남부의 스투파 등 여러 불교유적을 직접 소개해 드린 적이 있었다.

우리는 이 티베트와 실크로드 전문가를 그냥 보낼 수 없었기에 전기도 들어오지 않는 방에서 남포불을 켜고 이곳 간다라 지방의 역사와 유적 등에 대해『왕오천축국전』등과 같은 고전들을 종횡무진 아우르는 그의 이야기를 너무도 흥미롭게 들었던 기억이 지금도 새롭다.

당시 선생님은『佛光』잡지에 「신왕오천축국전 별곡」을 연재하고 계셨고 이후 아주 재미있게 연재의 글을 읽은 적이 있었다. 아프간에 있었던 4년 동안 여러 번의 메일과 소식이 오갔고 당신이 쓰신 책도 보내주시고 하였지만, 정작 한국으로 돌아온 뒤에도 차

일피일 미뤄 아직도 뵙지 못했던 것이다.

　이후 여러 통로를 통해 다정 선생님의 책이나 활동소식을 듣다가 이번에 다섯 종의 책을 번역하셨다는 말을 듣고는 정말 감탄을 하지 않을 수 없었다. 선생님은 티베트전문가이기도 하지만 실크로드를 누구보다 많이 다니셨던 분으로 이미 여러 권의 책을 내셨던 분이다. 집필에 대한 그의 열정과 노력도 대단하거니와 더욱이 이번 다섯 종의 번역서는 단순히 고전의 언어를 번역한 것이 아니라 현장스님과 혜초스님이 다니신 곳을 당신이 직접 다니며 발로 확인하며 번역한 글이기 때문이다. 티베트의 문화와 실크로드에 대해 이리도 광범하고 집중적인 다수의 집필과 번역의 역작을 만들어내신 분이 동 시대에 함께 있다는 것만으로도 우리는 큰 행복을 누리고 있는 것이다.

바람이 다니는 영혼의 길목에서

유진규(춘천국제마임축제 예술감독, 마임니스트)

먼저 〈실크로드 고전여행기〉 완역이라는 장대한 작업의 끝맺음을 축하드린다. 몇 년 전인가? 다정 선생의 안내로 차마고도 언저리를 여행할 때다. 티베트 쪽으로 다가갈수록 오색영롱한 깃발인 '룽따'들이 눈에 띄기 시작했다. 고원지대를 지나는데 파란 하늘 아래 흩날리는 아름다운 빛깔의 그 깃발들은 정말로 눈부셨다.

온갖 모양으로 산꼭대기에, 중턱에, 계곡에, 물가에 꽂혀 있는 것을 보다보니 궁금한 생각이 들었다. 저것들이 곳곳에 있는데 장소와 무슨 관계가 있는가? 선생께 물었다.

대답은 "영혼이 지나가는 길목에 룽따를 매달아 놓는다"는 것이다.

영혼의 길목… 그곳은 바람이 다니는 길이었다. 이곳 사람들은 바람이 영혼인지 아는 사람들 이었다. 영혼이 지나다니면서 경을 읽을 수 있도록 '바람의 경전(風馬經)'-룽따를 펼쳐놓은 것이다.

그것을 찾아다니다 보면 그것을 닮아갈 수밖에 없다. 그래서 선생은 매년 자신이 만든 룽따를 티베트에 갈 때마다 걸어 놓는다고 했다. 그리고 그의 우거인 홍천강변의 수리재(水里齋)에도 걸어 놓았다. 속세에 살지만 그 속세를 영혼의 바람에 씻는 선생의 삶이 바람을 그냥 바람인 줄로만 아는 우리에게 전하고 싶은 것은 무엇일까?

내 속세의 때를 선생의 바람에 잠시 씻어본다.

고대 인도 불적(佛跡) 여행기의 집대성

윤창화(불교출판협회 부회장, 민족사 대표)

다정 선생님의 〈실크로드 고전여행기〉는 7세기 중국 당(唐) 현장법사의 순례기 『대당서역기』와 8세기 신라 승 혜초(慧超)의 『왕오천축국전』 등 인도 불적(佛跡)을 다룬 여행기 다섯 종을 집대성시킨 것으로 우리나라에서는 보기 드문 대작이라고 할 수 있다.

10여 년 전 불교방송에서 책을 소개할 적에 마침 다정 선생님의 『티베트 역사산책』(정신세계사, 2003)이 나와서 깜작 놀라 소개한 적이 있었는데, 이때부터 이미 다정 선생님은 티베트 등 실크로드 주변을 답사하고 있었다.

이 책은 다섯 종의 인도 고전여행기를 모두 역주한 것이지만, 그렇다고 단순한 역주서가 아니다. 이 책은 철저한 고증과 검토, 그리고 현장을 답사하여 옛 지명과 지금의 지명을 함께 표기해주고 있다. 또 각종 관련 지도를 삽입하여 살아 있는 여행기로서 현재적 의미를 살리고 있어서 더욱 돋보인다. 시간을 뛰어 넘어 고대와 현재를 연결시켜서 생동감을 주고 있는 점은 이 책의 또 하나의 특징임과 동시에 다정 선생의 탁월한 안목의 결과라고 할 수 있다.

특히 다정 선생님의 명언인 "모름지기 번역이란 원저자가 전하고자 하는 요점을 잘 파악하여 제 3의 언어로 정확하게 오롯이 옮기는 작업"이라는 말은 모든 번역자가 귀감으로 삼아야 할 지침이다.

다정 선생과의 인연담

李光軍(中國 魯迅美術大學 敎授, 美術史博士)

　삼장법사(三藏法師)의 『대당서역기(大唐西域記)』를 비롯한 다섯 종류의 고전들은 중국의 전문학자들도 어렵게 여기는 방대한 분량의 고전 중의 고전들인데, 이런 옛 문헌들을 시대에 맞게 현대 한국어로 번역하고 각주(脚註)를 달아 전집으로 묶어 출간을 하게 되었다니 어찌 경사스러운 일이 아니겠습니까?

　더구나 책 서두에 부록으로 붙어 있는 방대한 '사조지로(紗繰之路)', 즉 한국어로 '비단길'의 상세한 지도를 보니 더욱 그러하다고 생각됩니다. 사실 중국 본토에서도 '사조지로 지도'는 그리 여러 루트로 세분되어 있지 않습니다. 그런 것을 다정 선생은 무려 22가지로 분류하여 차례로 상세하게 지도를 만들고, 노정별로 그 루트를 설명하였습니다. 이는 아무나 할 수 없는 장대(莊大)한 작업이라 하겠습니다. 실로 옛 고전을 두루 섭렵한 박학다식한 실력과 자조지로를 두 발로 주파한 경험을 겸비한 내공이 없으면 할 수 없는 일이라 하겠습니다.

　제가 다정 선생을 처음 만난 때는 1993년 베이징 왕푸징의 중앙미술대학(中央美術大學)에서였는데, 당시 선생은 젊지 않는 나이로 중국에 와서 수인목판화(水印木版畵)를 어렵게 전공하고 있었습니다. 그러면서도 틈틈이 티베트(西藏), 둔황(敦煌), 신장위그르자치구(新疆维吾尔自治區) 등 극지를 홀로 돌아다니곤 했습니다. 아마도

그때부터 '사조지로'를 연구하여 20년 후 오늘날의 준비를 하였구
나 생각하니 새삼 그 열정과 집념에 감탄사가 절로 생기며 마음속
으로부터 축하의 말씀 드립니다.

아직 늦지 않았다네. 새로운 길을 찾아 떠나게

이상기(한국외국어대학교 대우교수)

"아직 늦지 않았다네. 새로운 길을 찾아 떠나게." 이게 다정 김규현 선생이 젊은 친구들에게 던지는 메시지다. 그는 이번에 내놓은 〈실크로드 고전여행기〉 총서를 통해, 젊은이들에게 새로운 길을 찾아 나설 것을 부탁한다. 이 책에는 64세의 나이에 실크로드를 따라 서역만리 길을 떠난 법현스님 이야기도 나오고, 국경통과를 불허한 황제의 명을 어기고 옥문관을 돌파한 현장스님 이야기도 나온다. 이들은 삶이 한 편의 여행이라는 생각에서 망설임 없이 새로운 길로 떠났던 것이다.

신라 출신의 혜초스님은 또 어떤가? 해로를 통해 천축에 갔다 육로로 돌아오는 새로운 루트를 개척했다. 이처럼 종교와 문화를 받아들이고 전파하려는 선각자들 덕분에 실크로드라는 새로운 길이 만들어졌다. 지금까지 실크로드는 3대 간선과 5대 지선으로 분류되어 왔다. 그러나 다정 선생의 〈실크로드 고전여행기〉 총서에서는 실크로드가 11개 루트와 22개 갈래로 확대되었다. 그리고 그것이 지도를 통해 상세하고 일목요연하게 정리되었다. '실크로드 갈래길 총도'가 만들어졌고, '파미르고원 횡단도'가 만들어졌다.

그뿐만이 아니다. 다정 김규현 선생은 이들 여행기에 나오는 모든 지명을 데이터베이스화하였다. 그리고 그 지명을 과거에서 현재까지 역사적으로 정리하고, 한자와 영어 표기를 부가하였다. 그는 이것을 지명의 코드화라고 말한다. 그럼 지도화와 지명의 코드화를 추구한 그의 의도는 무엇일까? 바로 이 총서가 실크로드 여행의 가이드북이 되기를 바라기 때문이다. 이처럼 그는 번역과 역주라는 기존의 참고서에서 한 발 더 나가고 있다.

서양문학을 전공한 필자는 타클라마칸 사막 북쪽의 서역북로를 겨우 여행했을 뿐이다. 그렇지만 앞으로 파미르 고원을 넘어 인도까지 여행의 범위를 확대하려고 한다. 그렇다면 이 총서에 의지하지 않을 수 없다. 시대정신의 산물인 〈실크로드 고전여행기〉 총서 발간을 진심으로 축하드린다. 그리고 조만간 다정 김규현 선생과 함께 그 길을 걸을 수 있기를 희망해본다.

실크로드 고전여행기 출간을 축하하며…

이외수(작가)

만행(萬行)의 방랑길에서 싸가지고 돌아온
한 보따리 선물

李仁秀(대구교육대학교 음악과 교수)

저는 불교나 역경 그리고 실크로드에 대해서는 잘 모릅니다만, 인간 다정(茶汀)은 잘 안다고 생각합니다. 다정과 나는, 물론 지연(地緣)이나 학연(學緣) 같은 연결고리는 없지만, 동갑의 나이로 지난 40여 년 동안 같이 음풍농월하며 세월을 보낸 '풍류벗'이기 때문입니다.

자유로운 영혼을 가진 탓인지, 역마살(驛馬煞)을 타고난 것인지, 그간 다정의 삶은 한 곳에 안주하지 않고 출가수행자로, 우리차(茶) 연구가로, 화가로, 티베트문화연구가로 그리고 홍천강변 수리재(水里齋)의 농사꾼으로, 수차례 변신을 거듭하였습니다. 그러면서도 그 세계에서 한 획을 그어왔지만, 그래도 한결같이 '자유로운 영혼'이란 울타리 세계 밖으로는 나오지는 않는 어찌 보면 외골수의 삶을 살아왔다고 보여집니다.

이제 그 오랜 인생이란 이름의 방랑길에서 돌아오면서 그는 한 보따리 귀중한 선물을 우리들 앞에 내려놓았습니다. 바로 〈실크로드 고전여행기〉 총서입니다. 박학다식한 재주꾼이 인생이란 나그네 길을 거의 완주한 경륜을 실어서, 세상에 내놓은 마지막 혼신을 다한 보따리이기에 이번 그의 작업은 더욱 귀중한 것이 아닌가 여겨집니다.

"다정! 수고했소. 그러나 이제는 좀 쉬시게나~"

다정 형님의 <실크로드 고전여행기> 발간을 축하드리며

장영기(수원대 환경에너지공학과 교수)

다정 형님과 나는 같은 DNA의 일부를 공유하고 있는 사촌지간이다. 또한 내가 어릴 때 원주 인동 고택에서 형님은 빡빡 머리 중학생으로 나는 코흘리개로 함께 생활하여 추억의 일부도 공유하고 있다.

그때 형님은 내가 필요한 놀이기구를 조르면 그것을 만들어 함께 놀아주던 우상이었다. 겨울이면 팽이, 연, 썰매 등이 형님 손에서 뚝딱 만들어지고, 나는 그것을 가지고 손이 꽁꽁 얼도록 뛰어다니던 추억이 있다.

그 후 형님은 출가와 환속을 거쳐 마곡 수리재에 정착한 듯하였으나 형님의 책들을 보면 아직도 영혼은 한 곳에 머물기를 거부하는 것 같다. 항상 여행자임을 고집하며 다른 사람까지 여행으로 유혹하고 있다.

나도 수년 전 중국 서부 실크로드의 둔황을 여행한 적이 있다. 끝없이 펼쳐진 사막과 세월의 풍광에 바랜 막고굴의 불교유적, 그리고 명사산의 오아시스.

그때의 감동은 여행이란 지리적으로 돌아다니는 것뿐만 아니라 시간을 돌아다니는 것일 수도 있다는 것을 느끼게 해주었다.

형님의 이번 고전여행기를 보니 지도까지 곁들여 더욱 억누르고 있던 여행 DNA를 자극하고 있다.

　책의 한 구절처럼 앞서 길을 걷던 사문들이 우리들에게 시간과
공간을 뛰어 넘는 유혹을 하고 있다.
　"젊은 친구! 우리는 모두 여행자 아니었던가. 아직 늦지 않았다
네. 자 이제 다시 흰 구름을 따라 길 떠나보지 않겠나."

<실크로드 고전여행기>를 통해
꿈꾸던 내 길 하나 찾을 수 있으리라…

전상국(소설가)

오래 전 홍천강 '수리재'에서 다정 김규현을 만난 뒤 내 오랜 꿈이었던 티베트 여행 계획을 슬그머니 접었다. 이 사람만큼 티베트를 볼 수 없다는 절망이었다. 다정이 바로 티베트였던 것이다. 티베트 고원의 신비를 얘기하는 그의 눈빛에서, 그가 그린 탕카 속에 티베트의 혼불이 타오르고 있었다.

드디어 그 혼불이 일을 냈다. 인류역사상 최고·최대의 5대 인도 여행기를 원전을 넘어서는 오묘한 깊이의 필치로 엮어 묶어낸 일이다.

이 방대한 기획의 <실크로드 고전여행기>는 신라의 혜초, 당의 현장 등 기록으로 전해지는 순례승들이 파미르고원 모래 바람과 대설산을 넘던 고행 속의 그 법열이 생생히 전해지는, 고대에서 현재로 통하는, 업그레이드된 인도 여행의 가이드북 완결판, 그 방면 자료의 보고(寶庫)이다.

이 책이 더욱 소중한 것은 옛 순례승들 못지않은 열정으로 오늘도 그 길을 샅샅이 누비고 있는 다정 김규현의 숨결, 그 철학이 책 갈피갈피에 짙게 배어 있음의 발견이다.

<실크로드 고전여행기>를 통해 꿈꾸던 내 길 하나 찾을 수 있으리란 기대로 가슴 설렌다.

영원한 자유인, 김규현을 말한다

전인평(중앙대 교수, 아시아음악학회 회장)

김규현은 영혼과 몸이 자유로운 사람이다.

제도권에 들어가 편안한 월급쟁이로 살아봄직도 하지만, 그는 한 번도 대학이나 연구소에 들어가 매인 생활을 한 적이 없다. 이렇게 자유로운 생활을 하지만 스스로를 채찍질하며 부지런히 사는 분이다. 그 성과는 『티베트 문화 산책』 등 수많은 저서로 나타나고 있다.

김규현은 미개지를 찾아가는 선구자이다.

그냥 가보는 것도 어려운 티베트에 가서 현지 문화를 연구하고, 한편으로는 카일라스산에서 세계 최초로 전시회를 하기도 하였다. 그리고 티베트 사랑에 빠졌다. 그 열매는 티베트문화연구소의 창립과 활동으로 많은 성과를 내고 있다.

김규현은 훌륭한 문화해설가이다.

그의 저서 제목을 보면 하나같이 어려운 테마를 잡고 있다. 그런데 이 어려운 주제가 김규현의 손을 거치면 중학생도 읽을 만한 쉬운 책이 된다. 그의 손은 미다스의 손이다. 가장 어려운 내용이 그의 손을 거치면 가장 쉬운 대중적인 표현으로 살아난다.

김규현은 소박한 시골 아저씨이다.

이처럼 엄청난 일을 하면서도 전혀 권위를 내세우지 않는다. 시골에서 농사짓는 편안한 아저씨의 풍모로 다가온다. 실제는 그는 농사를 지으며 살고 있다. 언제나 따스한 웃음으로 대하는 김규현 선생을 보면 저절로 마음이 열리고 편안해진다.

이제 〈실크로드 고전여행기〉 총서 다섯 종을 간행한다고 한다. 그 어려운 한자 문헌을 모조리 뒤져 번역을 하였다고 한다. 일천오백여 년 전의 여행기록이 이제 김규현의 손으로 생생한 현대어로 살아난다고 하니 기대가 크다. 여러 사람이 이 책으로 티베트를 더욱 사랑하게 될 것이다.

<실크로드 고전여행기> 총서의 출간을
진심으로 축하드리며

桐普 鄭大錫(서울대학교 국악과 교수, 거문고 협주곡 <수리재> 작곡가)

너무나도 빠르게 지나가는 세월 속에, 많은 이들이 그저 쉽게 습득하고 얻어지는 지식과 정보에 익숙해져 가고 있는 세상입니다. 그러나 보통 사람들로선 그 고통의 시간을 이겨내기 어려운 작업을 소걸음으로 한 걸음씩 묵묵히 걸어가는 사람도 있습니다.

내 오랜 풍류의 벗인 다정(茶汀)화백도 그런 사람 중의 하나일 것입니다. 그런 그가 오랜 세월 동안, 티베트고원과 실크로드의 험난한 사막 등을 답사하며 직접 차근차근 쌓아온 경험을 승화시킨 <실크로드 고전여행기> 총서를 무려 다섯 종이나 동시에 출간한다고 합니다. 우선 그 방대한 분량과 시대정신이 투영된 업그레이드된 해제문 모두에서 눈길을 거둘 수 없게 합니다.

다정의 이번 역저는 우리가 한 번에 얻을 수 없는 여러 경로를 통한 무한한 노력 속에 얻어진 것으로 우리 인간의 모든 마음을 담고 있는 듯합니다. 절대 경험해보지 않고는 느낄 수 없는 수많은 인생의 경로를 이 책을 통해 간접적으로 매우 친밀히 느껴볼 수 있게 하며 삶의 본질이 되어야 할 믿음과 신뢰를 다시금 회복시켜주는 보물같이 귀중한 책이라 생각합니다.

이 총서의 출간을 진심으로 축하드리며 모두에게 이 책과 깊은 인연이 맞닿길 간절히 바랍니다.

술이작(述而作), 학수겸행(學修兼行)

정수일(동서문화교류연구소장)

  '술이작'과 '학수겸행'을 몸소 수범하신 다정 김규현 선생께서 20여 년 동안 갈고 닦아온 〈실크로드 고전여행기〉 총서 역주본을 내놓으셨습니다. 이에 마음속 깊은 경의와 축하를 드립니다.

  '술이작'은 『논어』에 나오는 "술이부작(述而不作)"에 대한 역설입니다, 즉 선인의 학설이나 이론을 서술해 밝힐 뿐만 아니라, 새로운 것을 창작한다는 말입니다. 『주희집주(朱熹集注)』에도 "술 전 구이이 작 즉창신야(述 傳舊而已 作 則創新也)"라고 그렇게 풀이하고 있습니다.

  이 역작에서 다정 선생은 선학들이 행한 다양한 역주를 단순하게 취사선택하거나 모아 밝힌 것이 아니라, 나름대로의 고증과 시정으로 창신을 기했습니다. 특히 선생은 고산대천을 발섭(跋涉)하면서 선인들 그 누구도 해내지 못한 저자들의 행로를 구체적으로 밝혀내고 비정했으며, 그것을 세세히 지도에 앉혀 이해력과 현장감을 더했습니다. 이렇게 선생은 '술이작'의 탐구력을 유감없이 발휘했습니다.

  다정 선생은 배움[學]과 닦음[修]을 겸행(兼行)하면서, '한 나무 아래 사흘을 머물지 않는', 늘 새것을 추구하는 구지와 구도의 나그네입니다. 구지와 구도는 별개가 아니라 하나입니다. 하나일 때, 비로소 배움과 닦음에 공히 천착할 수 있습니다. 선생과는 혜초

연구를 통해 학연을 맺어왔습니다. 5만 리 역정에서 혜초의 참을 구득하셔서 『대하 로드 다큐멘터리: 신왕오천축국전』이란 눅진한 흙 묻은 책을 펴냈습니다. 혜초 연구에서 미제로 남아 있는 입적처를 함께 밝히자면서 친히 모은 귀중한 자료를 서슴없이 보내왔습니다. 그리고 항시 허심탄회하십니다. 학문에서의 겸허는 윤리적 미덕에 앞선 성공의 비결입니다. 다정 선생이야말로 그 체현자이십니다.

다정 선생은 늘 자신은 학자가 아니라고 낮춰 말씀하십니다. '학자비별(學者非別)', 즉 학자란 별 사람이 아닙니다. '배움'이란 화두를 집요하게, 정말로 닳도록 집요하게 틀어쥐고 '술이작'할 때, 학문적 성과가 이루어지고, 그래서 대작이 나오게 되는 법입니다. 이것은 마냥 오늘의 다정 선생을 두고 하는 말 같습니다. 이른바 학벌만이 곧이곧대로 학자의 잣대가 되는 것은 결코 아닙니다. 오히려 학벌타령은 자학(自虐)이 될 수 있습니다.

다시 한 번, 다정 김규현 선생의 노고에 감사하면서, 더 빛나는 학문적 업적이 이루어지기를 두 손 모아 기원하는 바입니다.

소걸음으로 만 리 길을 가다

雪山 鐵眼(문경 대승사 선원 수좌)

비로자나 법신불(法身佛)께 귀의합니다.

고대 천축국(天竺國)을 순례한 순례자들이 쓴 방대한 고전을 모두 완역하여 출간하는 〈실크로드 고전여행기〉 번역총서는 질적, 양적으로 모두 큰 의미를 지닌다고 하겠습니다.

우선 그 분량만 보더라도 장대한 작업으로 불교종단 차원의 역경원 같은 큰 연구기관에서도 힘이 벅찬 작업량인데, 그것을 일개 개인이 20여 년이란 오랜 세월을 거처 해냈다는 것은 찬탄을 금할 길 없습니다. 본인의 출가본사가 한글역경불사의 거점인 봉선사(奉先寺)이기에 더욱 그러합니다. 비유하자면, 마치 "소걸음으로 만 리 길을 가다"라는 구절이 어울리는 일입니다.

더구나 오래된 고전을 시대정신에 맞는 언어로 번역하고 또한 고대의 지명을 철저한 현장 확인과 고증을 거처 현대의 지명으로 코드화한 작업 그리고 본인도 쿰부히말 티베트 스님들의 여정을 찾아다닐 적에 지도와 선배들의 정보가 큰 도움이 되었습니다.

그러나 그 옛날 구법승들은 먼저 목숨을 걸고 걸쳐간 선배들의 뼈와 해골을 이정표 삼아 구법의 길을 가셨습니다. 그 길을 다정거사께서 혜초스님, 현장법사 같은 고대 구법승들이 걸어갔던 그 행로를 꼼꼼히 여러 장의 지도로 만든 것은 일찍이 그 누구도 해내지 못한 쾌거라 더욱 감동을 줍니다.

본인은 다정화백과 해인사 시절부터 인연을 맺어 어언 40여 년
이 되어 갑니다. 그 오랜 세월 곁에서 지켜본 바로는 그간 다정의
삶은, 비록 가정을 이루고 세간에 머물고 있어도, 마치 진리를 추
구하는 수행자의 모습과 다르지 않게 한결같이 화두를 놓지 않고
있었기에 마침내 오늘의 대작불사(大作佛事)를 회향하지 않았나 여
겨집니다.

현대의 수행자들에게 이 책은 필독서로서 그 옛날 구법승들의
열정과 마음을 읽을 수 있는 소중한 책으로 권해드리는 바이며,
다정거사님의 그간의 노고에 위로와 아울러 축하의 말씀도 함께
전하는 바입니다.

언젠가 나도 그를 따라
티베트 고원에 홀로 서 있지 않을까?

최돈선(시인)

다정은 화가이나 또한 티베트 역사를 섭렵한 사람이다. 거의 이십여 년을 티베트 이곳저곳을 여행했다. 그는 인생에서 가장 중요한 시기를 티베트에서 보냈다. 그는 티베트와 관련된 많은 책을 썼다. 그의 책은 티베트 연구에서 핵심적인 텍스트로 되어 있다.

오래 전 일이다. 다정이 티베트에서 돌아온 지 며칠 지난 후다. 전기 합선으로 홍천 수리재가 몽땅 불에 타 없어졌다. 내가 달려갔을 때 그는 불탄 잿더미 곁에 앉아 있었다. 아직 타지 않은 잉걸불이 가느다란 연기를 피워 올렸다.

다정이 나를 보고 말했다.

"책이고 티베트 자료고 뭐고 다 탔어. 근데 불타는 중에 건진 게 있어. 아들의 컴퓨터와 그림 한 장. 이 그림 최 시인이 말하던 조장 그림이야. 당신 줄려고 했던 거야."

그림엔 죽은 자가 반석 위에 누워 있고 독수리들이 주위를 에워싸고 있었다. 스님 한 분이 염불을 하고 있었다. 가느다란 향불이 파리하게 솟아올랐다. 난 그 그림을 가져왔다. 우린 더 이상 아무 말도 하지 않았다.

그리고 세월이 흘러 다정은 수리재를 손수 재건축하고 또 다시 티베트 방랑길이 들어섰다. 그는 죽을 때까지 티베트를 여행할 것이다. 그는 티베트를 연구하고 티베트를 사랑할 것이다. 나는 다정의 그런 역마살을 존경하고 그리워한다. 언젠가 나도 그를 따라 티베트 고원에 홀로 서 있지 않을까 하는 꿈을 꾸면서…. 세상일은 알 수 없는 것이다.

사람은 옛사람이 좋고 물건은 새것이 좋다

현각(원주 성불원 회주)

"사람은 옛사람이 좋고 물건은 새것이 좋다"는 말이 있습니다.

다정 김규현 선생과 처음 만난 지도 40년이 훌쩍 넘는 세월이 흘러서 이제는 서로가 삶의 흔적이 여기저기 묻어나는 나이가 되었네요.

가야산 해인사에서 함께 했던 지난날들이 때로는 삶을 지탱하는 중심이 되기도 하고 때로는 돌아가고픈 고향이 되기도 합니다.

해인사를 떠난 이후 간간이 소식을 접할 때면 예술가로 문필가로 활동을 하시다가 언제부터인가 티베트에 관심을 갖고 서역의 전문가가 되어서 내가 살고 있는 강원도에 터를 잡아 절친한 이웃이 된 것은 아마도 전생의 인연이 계속되고 있다는 생각이 듭니다.

실크로드는 수행자로 반드시 가야 하는 길이기에 해인사에서 함께 수학하던 도반들과 꿈같이 다녀왔는데 이번에 다정 선생의 역작을 통하여 다시 길을 떠나는 느낌을 갖게 됩니다.

그간의 노고에 깊이 경의를 드립니다.

<실크로드 고전여행기> 총서의 발간을 축하하며

황병기(작곡가, 대한민국예술원 회원)

젊은 시절 '실크로드'처럼 나를 설레게 한 주제가 없었다. 그래서 1977년에 〈비단길〉이라는 가야금 곡을 작곡하기도 했다.

이번에 김규현 선생이 〈실크로드고전 여행기〉 총서를 낸다니 참으로 반가운데, 그 내용을 훑어보니 가히 압권이라는 생각이 든다. 한 권만 해도 대단한데 총 5권을 번역하고 더구나 현지를 답사하면서 지도까지 만들었다니 실로 놀랍다.

우리 모두가 기다리던 고전 중의 고전이어서 빨리 읽고 싶은 마음이 앞선다. 김규현 선생의 노고를 치하하고 그가 이룬 위업에 존경의 뜻을 표하고 싶다.

파미르고원 횡단도

<파미르고원 횡단도 정식명칭>
9. 파미르 횡단로(Pamir橫斷路)
 (9-1) 사리쿨 고개길(Sari-kul Pwy)
 (9-2) 와칸주랑 북쪽길(Wakhan Corridor north way)
 (9-3) 와칸주랑 남쪽길(Wakhan Corridor south way)
 (9-4) 다르코트 고개길(Darkot Pwy:高仙芝路)
 (9-5) 쿤제랍 고개길(Khunjerab Pwy)
 (9-6) 카라코람 고개길(Karakoram Pwy)

타지키스탄 두산베
(파미르하이웨이
PARMIR HIGHWAY)

TAJIKISTAN

3-6

3-6

QATARKOHI WAKHAN RANG

야실쿨호수(Yasil-kul Lake)

9-1

조르쿨마을

조르쿨호수(Zorkol Lake

빅토리아호수

BADAKHSHAN

호로그(Khorog)

3-6

토가르카키
(Togarkaki)

파미르천(Parmir River)

파미르 하이웨이(P.hwy)

카르구쉬
(Khargush)

BIG PARMIR

(6,421M)

9-2

WAKHAN CORRIDOR

화이자바드(Faizabad)

종(Zong)

와칸천(Wakha River)

바로길
(Barogil)

9

발흐

쿤두즈(KUNDUZ)

이스카심
(Iskashim)

9-3

괄라판자(Qala Panja)

바로길고개
(Barogil P
3,882m

9-4

다크코
(Darko

이스카셈
(Iskasham)

칸두드(Khandud)

구피스
(Gupis

AFGANISTAN

NWFP

HINDU KUSH RANGE

YASIN

CHITRAL

PAKISTAN

치트랄(Chitral)

Line Of Control

범례

산맥
국경
분쟁국경
강
고개
도로 방향
마을
중요도시
산
유적지
9-1 ~ 9-6 파미르횡단지도 번호
3-6 실크로드총도 번호

치라스
(Chilas

인더스하

KOHISTAN

상그라고개
(Shangla Pass)

9-5

카라코람 하이웨이(KKH)

스왓트강(SWAT River)

나모그람유적지
(Nimogram)

부트카라유적
(Butkara)

아보타바드(Abottabad)

쿤나르강(Kuar River)

코나리강

상게다르수트파
(Shangerdarstupa)

페샤와르(PASHAWAR)

이슬람아바드(ISLAMABAD)

아비이판자강(Ab-i-Panja)